面向"中国制造2025"汽车类专业培养计划

普通高等教育"十三五"规划教材

汽车检测技术

刘国兵　编著

西安交通大学出版社

XI'AN JIAOTONG UNIVERSITY PRESS

图书在版编目（CIP）数据

汽车检测技术/刘国兵编著．—西安：西安交通大学出版社，2018.3
ISBN 978－7－5605－7513－1

Ⅰ．①汽…　Ⅱ．①刘…　Ⅲ．①汽车—故障检测—高等学校—教材
Ⅳ．①U472.9

中国版本图书馆 CIP 数据核字（2018）第 010769 号

书　　　名	汽车检测技术	
编　　　著	刘国兵	
责 任 编 辑	杨　芳　郝　明　于睿哲	

出 版 发 行	西安交通大学出版社	
	（西安市兴庆南路 10 号　邮政编码 710049）	
网　　　址	http：//www.xjtupress.com	
电　　　话	（029）82668357　82667874（发行中心）	
	（029）82668315（总编办）	
传　　　真	（029）82668280	
印　　　刷	陕西元盛印务有限公司	

开　　　本	787mm×1092mm　1/16　印张 16　字数 352 千字	
版 次 印 次	2018 年 6 月第 1 版　　2018 年 6 月第 1 次印刷	
书　　　号	ISBN 978－7－5605－7513－1	
定　　　价	38.00 元	

读者购书、书店添货，如发现印装质量问题，请与本社发行中心联系、调换。
订购热线：（029）82665248　　（029）82665249
投稿热线：（029）82668284

内 容 简 介

    全书共分为 8 章,以在用车性能检测为主线,按照汽车综合性能检测线的工位顺序,遵循检测项目——检测标准——检测设备——检测方法——检测结果诊断分析的步骤,阐述了汽车底盘测功、汽车制动检测、汽车侧滑检测、汽车悬架检测、发动机综合性能检测等内容。

    本书可作为应用型高等院校车辆工程、汽车服务工程等专业学生的教材,也可作为从事汽车相关专业的工程技术人员的参考书。

　　本书立足于社会需求，针对应用型高校专业人才培养目标，以检测诊断分析能力培养为根本，特别注重学生检测诊断分析能力、解决实际问题的能力和创新能力的培养，可为学生今后从事汽车设计试验研究、汽车性能检测、汽车服务等方面工作打下良好的基础。

　　本书以汽车不解体检测诊断分析能力培养为主线，围绕汽车综合性能检测线，阐述了汽车检测基础知识、汽车检测标准和汽车检测站，汽车排放/车速/底盘功率检测，车轮阻滞力/轴荷/汽车制动性能检测，底盘外检/前照灯性能/喇叭声级/转向轮侧滑检测，悬架吸收率/转向轮转弯半径/四轮定位检测，发动机综合性能检测等内容。全书内容上注重应用性，理论联系实际，力求把知识传授与能力培养有机结合。

　　本书是在南京工程学院汽车与轨道交通学院等相关部门的关心和支持下完成的。本书编写过程中，参阅了许多国内出版、发表的文献以及使用了生产企业提供的检测设备使用说明书，在此表示感谢。

　　张雨教授给本书提供了建设性意见，赵建华高级工程师、屈敏副教授给予了实践内容支持，杨雪梅讲师对全书进行了修订工作，徐大海同学进行了校对工作。在此，一并表示谢意。

　　由于作者水平有限，书中难免有错漏之处，恳请读者批评指正。

编者

CONTENTS
目录

第一章

引 言

【导读】本章主要讲述了汽车试验、汽车检测、汽车诊断等基本概念以及相互间关系，讲解了国内外汽车检测技术的发展状况及发展趋势，阐述了课程研究内容与学习要求。

汽车现已成为人们日常生活中必不可少的一种交通工具，在提供便利的同时，也带来了环境污染、噪声污染、城市拥堵、交通安全等诸多问题。目前，解决汽车带来的问题主要有两个途径：一是从汽车研发、生产领域着手，不断推陈出新，开发研制出性能更加优越的汽车；二是在使用上，借助于现代汽车维护和修理技术，来保障汽车技术状况的完好。

汽车是由许多总成、机构和元件有序构成，它是一个复杂的技术系统。其技术状况的好坏，直接关系到汽车生产运输效率，影响到汽车安全性、可靠性。在汽车发展早期，人们主要靠"眼看""耳听""手摸"等手段，依赖于有经验的维修人员去发现汽车的故障及隐患，并作出有针对性的维修。现在，人们则依靠各种先进的仪器设备，对汽车实施不解体检测，安全、迅速、准确地查明汽车故障原因及部位。汽车的维护与修理水平直接依赖于汽车检测技术。

汽车检测技术广泛应用于汽车新产品研究开发、汽车运用、汽车保养、汽车维护、汽车维修、汽车保险、交通安全、环境保护等诸多领域，给交通安全、环境保护、节约能源、降低运输成本和提高运输能力等方面带来了明显的社会效益与经济效益。伴随着汽车工业的飞速发展，其作用与地位越来越重要。同时，由于高新技术的广泛应用，汽车电子化程度越来越高，对汽车技术状况的检测要求也越来越高。

1.1 汽车检测的内容与方法

1.1.1 基本概念

汽车测试技术是伴随着汽车工业的建立和发展而逐渐成长起来的，它是汽车设计、制造的基础，也是汽车工程研究的重要基础。汽车测试技术包含了汽车试验与汽车检测两个部分：汽车试验侧重于研究，常用于新产品的研发；汽车检测侧重于汽车的使用管理。

汽车试验是指在实际使用环境中、专用试验场中或室内试验台上，按照预定程序对汽车或其零部件、材料等进行的试验，用以判明汽车的技术特性、可靠性、耐久性和环境适应性。汽车试验包括定型试验、检查性试验、发展和研究性试验。

汽车检测是指为确定汽车技术状况或工作能力，在不解体（或仅拆卸下个别小件）的条件下，利用汽车检测设备对汽车进行的检查与测量。汽车检测通常包括汽车定期性能检测和汽车发生故障后为诊断故障而进行的检测。

汽车诊断是指汽车发生故障后，在不解体（或仅拆卸下个别小件）的条件下，为确定汽车技术状况或查明故障部位及其原因而进行的检查、分析和判断工作。汽车诊断包括人工经验诊断和利用现代检测诊断设备诊断两种。

汽车检测与汽车诊断都是对汽车进行检查以了解汽车的技术状况，但两者的侧重点不同。汽车检测侧重于汽车检测设备的使用，汽车诊断侧重于汽车发生故障后的分析和判断。汽车检测是一种主动检查行为，如同现在的人们定期体检，主要是为了解汽车的技术状况，及时发现汽车故障隐患。汽车诊断是一种被动检查行为，好比人生病后在医生指导下进行的检查行为，主要是为查明汽车故障发生部位及产生原因，两者的含义不同。当汽车发生故障后，利用检测设备进行故障诊断时，两者含义接近。诊断的基础是检测，检测的目的是诊断。

1.1.2　汽车检测的内容与方法

汽车检测技术是一门涉及机械、电子、计算机与网络、数学、可靠性理论、测试、汽车使用技术等知识的综合应用学科。它以检测技术为基础，诊断为目的，通过对汽车性能参数或工作能力的检测，依靠人工智能科学的确定汽车的技术状况，从而识别、判断故障，甚至预测汽车故障，为汽车继续运行或维修提供可靠的依据。

汽车检测目的是在汽车不解体的条件下，借助于科学技术的新成就，运用必要的仪器、设备，来确定汽车的技术状况，查明在当前规定的期限内到下次检测前，其运动副、组合件、总成等可能发生的故障，确定技术状况参数的允许变化量，以便进一步的满足汽车故障诊断与故障排除需求。

汽车检测主要包括主要技术参数检测、技术性能检测、排放噪声检测等。主要技术参数检测指整车结构与质量参数、主要总成技术参数的检测，它可以从总体上反映整车与主要总成的技术状况；技术性能检测包括动力性、经济性、制动性等检测，它反映汽车技术性能的优劣；排放噪声检测是判断汽车排放和噪声是否符合标准规定限值的要求。

汽车检测分为道路试验和台架试验检测两种方法。道路试验检测通常是在汽车试验场内的各种典型路面和场地上进行，其检测结果真实可信，但试验条件、气象条件难以控制；台架试验检测是利用室内的各种检测设备对整车和总成进行检测，检测重复性好，设备投资较少，但道路与试验条件模拟难以与汽车实际运行工况一致。

1.2 汽车检测技术发展概况

1.2.1 国外发展概况

早在 100 多年前，汽车开始使用后，就存在着对汽车的检查和故障检测问题，不过当时的检测手段还比较简单。

20 世纪 40 年代，国外出现了以故障检测和性能调试为主的单项检测技术和单项检测设备。

60 年代后期，国外汽车检测技术获得了较大发展，大量应用电子、光学、光机电、理化机电一体化检测技术。例如：非接触式车速仪、前照灯检测仪、车轮定位仪等设备都是光机电、理化机电一体化的检测设备。这个时期，开始出现由几种检测项目连成的检测线，既能做维修检验又能进行汽车性能测试。

60 年代末到 70 年代初期，计算机技术获得迅猛发展并向各行各业渗透。汽车检测技术应用了计算机测量与控制技术后，实现了检测过程自动化，通过计算机控制来完成检测数据采集、数据处理和数据打印等各项工作，大大提高了检测效率。

80 年代中期，汽车检测向随车检测诊断发展，随车检测诊断已成为故障诊断的主流。1984 年，随车检测诊断技术已超过 50 个项目。如：通用公司的 1987 年车型上，随车检测诊断项目已达到 120 项以上，可存储故障数据、提示故障，也能显示故障码，便于查明故障原因。

近年来，随着高新技术的广泛应用，国外汽车检测诊断技术正不断取得新的进展。在汽车检测与维修新理论、新技术、新设备、新标准和新方法上均获得了迅猛发展，国外检测仪器设备的性能、功能和智能化水平都有了进一步提高。目前，工业发达国家汽车检测与维修设备的制造工艺与产品技术含量均处于世界领先水平，其产品已形成了系列化、标准化和规范化，如：美国大熊公司、奥地利 AVL 公司、博世公司等，其产品代表了当代汽车检测技术的先进水平。

1.2.2 国内发展概况

20 世纪 60 年代，我国开始研究汽车检测技术，为满足汽车维修需要，当时交通部主持进行了发动机气缸漏气量检测仪、点火正时灯等检测仪器的研究与开发。这个时期，我国虽然从国外引进过一些检测设备，但由于种种原因，检测技术基本处于停滞状态。

70 年代，我国大力发展汽车检测技术，汽车不解体检测技术及设备被列为国家科委的开发应用项目。由交通部主持研制开发了反力式汽车制动试验台、惯性式汽车制动试验台、发动机综合检测仪、汽车性能综合检验台。这个时期，国内仅能生产少量简单的检测、诊断设备。

80 年代，我国汽车制造业和公路交通运输业发展迅猛，对汽车检测诊断技术和设备的需求也与日俱增。同时，我国机动车保有量迅速增加，国家对安全、环保问题高度重视，这些都极大的促进了汽车诊断与检测技术的发展。交通部主持研制开发了汽车制动试验台、侧滑试验台、轴（轮）重仪、速度试验台、灯光检测仪、发动机综合分析仪、底盘测功机等检测设备，建立了汽车检测站并形成了全国的汽车检测网。国家在"六五"期间重点推广了汽车检测与诊断技术。1982 年 5 月，辽宁省朝阳市建成了我国第一个汽车安全技术检测站。此后，各地的检测站如雨后春笋般兴建起来。

1990 年，交通部发布第 13 号部令《汽车运输业车辆技术管理规定》和 1991 年交通部发布第 29 号部令《汽车运输业车辆综合性能检测站管理办法》以后，全国又掀起了建设汽车综合性能检测站的高潮。

进入 21 世纪，交通、公安两部门的汽车检测站已建至县市级城市，中国已基本形成了全国性的汽车检测网。

在检测设备方面，1985 年以前我国是以进口为主。例如：深圳市联城机动车检测站，当时是全套引进日本弥荣公司的设备。20 世纪 80 年代后期，我国东南沿海和内地大城市如深圳、广州、肇庆、西安、北京、武汉等，从引进消化到自行研制，先后推出了部分国产和全部国产化的检测仪器设备。目前，除交通部门外，机械、城建、高等院校等部门也进入汽车检测设备研制、开发、生产、销售领域。除少数专用设备之外，绝大部分检测设备都已经实现国产化，基本满足了国内需求。我国现已能自己生产全套汽车检测设备，如：大型的技术复杂的汽车底盘测功机、发动机综合分析仪、四轮定位仪、悬挂检验台、制动检验台、排气分析仪、灯光检验仪等。

在检测制度方面，为了配合汽车检测工作，国内已发布实施了有关汽车试验和检测的国家标准、行业标准、计量检定规程等，从汽车综合性能检测站建站到汽车检测的具体检测项目，基本做到了有法可依。近年来国家和各部颁布的有关法律法规主要有：

1987 年 9 月 5 日，全国人民代表大会通过《中华人民共和国大气污染防治法》，提出对机动车船污染大气实施监督管理。

1988 年 3 月 9 日，国务院发布《中华人民共和国道路交通管理条例》，提出对机动车辆上路行驶的要求。

1989 年 2 月 22 日，公安部发布第 2 号令《机动车安全技术检测站管理办法》，提出安全检测站应有的功能和管理办法。

1990 年 3 月 7 日，交通部发布第 13 号令《汽车运输业车辆技术管理规定》，提出运输车辆技术状况的要求、技术等级以及车辆的检查、维修、报废等条件。

1991 年 4 月 23 日，交通部发布第 29 号令《汽车运输业车辆综合性能检测站管理办法》，主要对交通部门建立的综合性能检测站的功能和等级作出了规定。

国家和各部颁布的主要标准有：

1989 年 11 月发布，1990 年实施的国家标准《汽车安全检测设备检定技术条件》（GB11798.1～11798.6-1989），提出对安全检测设备进行标定的方法。

1995 年 2 月 25 日，交通部发布了两个行业标准《汽车技术等级评定标准》（JT/T198-95）与《汽车技术等级评定的检测方法》（JT/T199-95），将汽车根据技术状况分为一、二、三级，并提出了评定等级的检测方法。

1997 年 4 月 9 日发布、1998 年 1 月 1 日实施的国家标准《机动车运行安全技术条件》（GB7258-1997），是根据 1987 年发布的同一标准修订的。

1999 年 11 月 8 日发布，2000 年 8 月 1 日实施的国家标准《汽车综合性能检测站通用技术条件》（GB/T17993-1999），是依据交通部 1990 年第 13 号令《汽车运输业车辆技术管理规定》、1991 年第 29 号令《汽车运输业车辆综合性能检测站管理办法》以及 1998 年第 2 号令《道路运输车辆维护管理规定》中提出的检测站的主要任务、等级、职能和检测条件等要求制定的。该标准明确规定了汽车综合性能检测站的检测项目、设备、厂房、人员、场地以及管理制度等条件。

国家质量技术监督局于 2000 年 12 月 28 日发布了强制性国家标准《在用车排气污染物限值及测试方法》（GB18285-2000）。该标准是参考了美国国家环保局 1996 年 7 月发布的一个相关标准《加速模拟工况试验规程、排放标准、质量控制要求及设备技术要求技术导则》（EPA-ALRSPDIM-96-2）制定的。在对排气污染物的限制方面，比以前的标准严格了很多。在测试方法和使用设备方面也与 GB7258-1997 有很大不同。这说明，在控制在用车的尾气排放方面，我国开始逐步与国际接轨。

2001 年 12 月 13 日发布，2002 年 8 月 1 日实施的国家标准《营运车辆综合性能要求和检验方法》（GB18565-2001）是依据国家有关安全、节能、环保等方面的政策、法规和我国汽车运输车辆技术管理有关规定，并参照先进国家相关标准制定的。该标准大量引用国家标准《机动车运行安全技术条件》（GB7258-1997）及其相关标准，所以也具有与 GB7258-1997 类似的框架结构。其中在排放污染物限值和测量方法方面，则引用了国家标准 GB18285-2000。后者是参考了较先进的国际标准制定的。

2004 年 7 月 12 日发布、2004 年 10 月 1 日实施的国家标准《机动车运行安全技术条件》（GB7258-2004），是在 GB7258-1997 基础上修订的，这是机动车检测的一个权威性标准。

2005 年 5 月 30 日，国家环境保护总局批准，2005 年 7 月 1 日起实施《点燃式发动机汽车排气污染物排放限值及测量方法》（GB18285—2005）。

2012 年 5 月 11 日，国家质量监督检疫总局和国家标准化管理委员会发布了国家标准 GB725-2012《机动车运行安全技术条件》，并于 2012 年 9 月 1 日实施。

▼ 1.2.3 汽车检测技术的发展趋势

国内外的汽车检测技术发展趋势主要表现在：新的检测设备和检测方法不断涌现；汽车检测设备向"自动化、智能化、精密化和综合化"方向发展；汽车检测技术基础向规范化方面发展；汽车检测管理向网络化方面发展。

1. 新型检测设备和检测方法不断涌现

汽车新技术的不断涌现，要求采用新的检测设备和检测方法来检测其性能。如：我国汽车产业发展规划中的新能源汽车，将需一批新的检测设备与检测方法与之适应；对于技术要求的提高，如汽车排放标准的提高，除要求检测汽车排放中的 HC 和 CO 的含量，还要检测 NOx 的含量，则需要五组分排放分析仪进行检测；在检测方法方面，如汽车的排放检测，采用双怠速法检测汽车排放时，汽车是静止状态，与汽车实际运行情况有较大的差距，而采用工况法则可以模拟汽车的实际运行情况，实现动态检测汽车的排放水平，这样就能比较真实的反映汽车的实际排放状况。

2. 汽车检测设备向"自动化、智能化、精密化和综合化"方向发展

（1）自动化

检测设备自动化是指集合检测工艺、操作、数据采集、检测结果显示与打印等功能一体的汽车检测设备，如全自动前照灯检测仪、发动机综合性能检测仪等。通过网络技术，可以将多台检测设备远程控制，实现同时自动测量，实现汽车检测线全自动化。

（2）智能化

检测设备智能化指测量仪表的智能化。主要体现在以下几个方面：

①具备自诊断功能。

测量仪表能对检测设备本身技术状况进行自诊断，找出故障发生部位，从而引导维修人员迅速排除故障。

②具备自校准功能

测量仪表能对测试数据、曲线、图形自动进行零点修正、温漂修正和曲线拟合，直接得出正确的检测结果，而无须人工干预。

③具备数据处理功能

测量仪表利用软件可进行各种复杂计算和修正误差等数据处理。

④智能化控制

通过计算机和传感器配合，实现测试过程自动化。如：前照灯检测仪采用计算机和 CCD 传感器实现对汽车前照灯光轴的自动跟踪找正，迅速和准确的找到汽车前照灯的光轴中心。

⑤可扩展能力强

测量仪表可通过改变硬件和软件配置，灵活的扩展用户所需要的功能。

（3）精密化

精密化是指汽车检测设备采用高精度传感技术。如：四轮定位仪采用 CCD 摄像头代替 PSD 光电传感器后，精度更高。

（4）综合化

综合化是指将汽车的一些检测功能集中在一起，方便汽车检测，节约检测时间。如：平板式制动检测台集成了制动、轴重等检测功能。

3. 汽车检测技术基础向规范化方面发展

我国正进行检测方法、限值标准等基础性技术的研究。主要任务有：制定完善汽

车检测项目的检测方法和限值标准，制定营运车辆技术状况检测评定细则、统一规范检测要求与操作技术，制定用于综合性能检测站的大型检测设备的型式认证规则。

4. 汽车检测管理向网络化方面发展

随着技术和管理的进步，今后汽车检测将实现真正的网络化。从检测站内部来讲，是一个功能齐全、检测流程合理、管理严密、工作效率和专业化程度较高的局域网。通过内部局域网，可以完成汽车检测自动化，汽车维修、检测管理，数据统计查询，结果告示，财务管理等功能。检测站与检测站之间，通过广域网可做到信息资源共享、硬件资源共享、软件资源共享。在此基础上，将全国的汽车安全检测站、汽车综合性能检测站、汽车质量保证检测线和汽车修理厂用检测线联成一个全国范围的广域网，使上级车辆管理部门可以及时了解各地区不同行业车辆的技术状况。

1.3 本课程研究内容

本课程主要以在用车检测为对象，以汽车综合性能检测线为基础，遵循检测项目—检测标准—检测设备—检测方法—检测结果分析的步骤，系统介绍了汽车底盘测功、汽车制动性能检测、汽车侧滑性能检测、汽车悬架性能检测、发动机综合性能检测等内容。

汽车检测技术涉及了汽车构造、汽车电子电气、汽车理论、汽车运用工程等多门课程知识，是多种学科知识的综合运用，其涉及面宽，实践性强。学生在学习过程中，要注意知识的连贯性，掌握汽车检测相关知识的同时，需注重自己检测、分析能力和解决实际汽车故障问题能力的培养，达到学以致用的目的。

复习思考题

1. 什么是汽车试验？
2. 什么是汽车检测技术？
3. 什么是汽车诊断技术？
4. 汽车检测与汽车诊断有何异同点？
5. 汽车检测的目的是什么？
6. 汽车检测内容有哪些？
7. 汽车检测方法有哪些？有何优缺点？
8. 汽车检测技术发展趋势是什么？

第二章

汽车检测基础

【导读】汽车是在一定道路和交通条件下完成交通运输任务的。汽车使用性能和使用条件是否相适应，是评价汽车选型是否合理的重要依据。本章主要讲述了汽车的使用条件、汽车的主要使用性能以及汽车在使用过程中，其汽车技术状况的变化规律，阐述了汽车使用性能检测诊断参数与标准，介绍了汽车检测设备及检测数据处理等基础知识。

2.1 汽车使用条件

汽车使用条件，是指影响汽车完成运输工作的各类外界条件。它包括气候条件、道路条件、运输条件和汽车安全运行技术条件等。

汽车在复杂的外界条件下工作时，外界条件（春夏秋冬、风沙雪雨、阴晴昼夜、道路、运输等）是随着空间与时间变化而产生改变的，而这些外界条件将直接影响到汽车的使用效果。

汽车运输效率取决于驾驶操纵水平、汽车性能以及汽车对外界的适应性。随着外界条件的变化，汽车须能不断地调节自身使用性能以适应其变化。如：在恶劣的道路条件下，需通过换低档来降低汽车速度，提高其通过能力。另外，汽车运行速度、燃料经济性、各总成和轮胎可靠性、耐久性以及驾驶员疲劳程度等，都与汽车使用条件息息相关。

2.1.1 气候条件

我国幅员辽阔，各地气候条件差异很大。有高原寒冷和干燥地区、北方寒冷和干燥地区、南方高温和潮湿地区等，大多数地区一年四季温度和湿度差别很大。如：东北北部地区最低气温可达 $-40℃$，南方炎热地区夏季气温高达 $40℃$。

气候条件主要包括环境温度、湿度与降水量、大气压力等，其对汽车运用有着直接影响。

1. 环境温度

汽车各总成在最佳热工况范围内工作时，效率最高。如：发动机冷却液温度最佳温度为 80~90℃。此时，发动机热效率最高，燃料经济性最好，零件磨损最小。环境温度对汽车，特别对发动机的热工况影响很大。

在寒冷地区，发动机起动困难，运行油耗增加，机件磨损量增大；风窗玻璃容易结霜、结冰；冰雪天行车视线不清，车轮易打滑，道路易发生交通事故。在炎热地区，发动机容易过热，供油系易产生气阻，燃料消耗增加，发动机动力下降；轮胎升温快，易爆破；高温可能造成润滑脂溶化，润滑条件变差，机件磨损增加，导致故障；高温易引起驾驶员疲劳困倦，影响行车安全。

2. 湿度与降水量

我国降水季节性较强，全国大部分地区降水集中在 5~10 月份。东南沿海和长江中、下游地区，常年温暖潮湿。梅雨季节阴雨连绵，行车视线不清，道路湿滑，行车危险。

气候干燥、风沙大时，汽车及其各总成的运动副因风沙侵入，磨料磨损严重会加速零件磨损率。大气湿度过高，会使汽车车身和裸露的金属零件迅速腐蚀损坏，电气系统工作变得不可靠。湿度大也会降低发动机气缸的充气效率，造成汽车动力性和燃料经济性下降。

3. 大气压力

大气压力变化会引起汽车发动机循环充气量和点火时刻的变化，造成发动机的输出功率和燃料经济性下降。

在高原地区，空气稀薄，大气压力低，水的沸点下降，且一天内温差大，易使发动机的混合气过浓，真空点火提前调节器失效，冷却水易沸腾，气压制动系统气压不足，驾驶员出现体力下降、头晕和四肢无力等现象，易引发行车事故。

4. 其他

风力和风向会影响汽车行驶阻力与油耗，侧向风还会影响汽车行驶稳定性。雾、太阳辐射等变化会对车辆运行、道路条件和交通环境直接产生不良影响，易引发交通事故。

不同气候条件对车辆结构和使用提出了不同的要求，应针对具体的气候和季节条件，使用相应的变型汽车或对标准型汽车进行技术改造，以提高汽车与气候的适应性。汽车运输企业需针对当地的气候特点，合理选用汽车，制定相应的技术措施，努力克服或减少气候条件所造成的各种困难，做到合理使用，才能取得较佳的使用效果。

2.1.2 道路条件

道路条件是指由公路和城市道路状况所决定的，对汽车运行效率和交通安全产生影响的因素。汽车结构、汽车运行工况、汽车技术状况都与汽车运行的道路条件密切相关。

汽车运输对道路的要求是：在充分发挥汽车速度特性的情况下，保证车辆安全行驶；满足该地区对此道路所要求的最大通行能力；车辆通过方便，乘客有舒适感；车辆通过此道路的运行材料消耗量最低，零件损坏最小。

车辆运行速度和道路通行能力是道路条件的主要特征指标。它们是确定道路等级、车道宽度、车道数、路面强度以及道路纵断面和横断面的依据。

道路条件对汽车运行速度、行驶平顺性及装载质量利用程度的主要影响来自道路等级和道路养护水平。例如，汽车在良好路面上行驶，可获得较高车速和良好燃料经济性；汽车在崎岖不平的道路上行驶，平均技术速度低，需要频繁地进行换档和制动操作，加剧了零件的磨损，增加了油耗和驾驶员工作强度；路面不平也使零部件冲击载荷增加，加剧汽车轮胎磨损。

1. 道路等级

道路等级是影响汽车运用的一切道路因素的基础，是起决定性作用的道路条件，汽车的使用效果很大程度上取决于道路的等级。

交通部 JTGB01-2014《公路工程技术标准》从汽车运行质量、控制出入、车道数与车道内是否专供汽车行驶等几个方面考虑，将公路根据使用任务、功能和适应的交通量分为高速公路、一级公路、二级公路、三级公路和四级公路。

高速公路单向至少设置两个车道，对允许进入的车辆进行限制、设置中央分隔带分隔对向交通，采用立交接入等措施全部控制出入，排除纵横向干扰，为通行效率最高的公路。

一级公路单向至少设置两个车道，根据功能需要采取不同程度的控制出入。具备干线功能的一级公路，为保证其快速、大容量、安全的服务能力，通常采用部分控制出入措施，只对所选定的相交公路或其他道路提供平面出入连接，而在同其他公路、城市道路、铁路、管线、渠道等相交处设置立体交叉，并设置隔离设施以防止行人、低速车辆、非机动车以及牲畜等进入；而当一级公路用作集散公路时，纵横向干扰都较大，通常采取接入管理措施，合理控制公路和周围土地接口的位置、数量、形式，提高安全保障和服务水平。

二级公路是在行车道内供汽车行驶的双车道公路。当慢行车辆交通量较大，街道化程度严重时，可采取加宽硬路肩的方式增设慢行车道，减少纵、横向干扰，保证行车安全。

三、四级公路为供汽车、非汽车交通混合行驶的双车道公路（四级公路在交通量较小时采用单车道），允许拖拉机等慢行车辆和非机动车使用行车道，其混合交通特征明显，抑制干扰能力最弱。

目前，美国拥有约 10 万公里高速公路，完成了以州际为核心的高速公路网，连接了所有 5 万人以上的城镇。截至 2014 年底，我国大陆高速公路的通车总里程达 11.195 万公里，国家高速公路网基本建成，高速公路覆盖了 90% 以上的 20 万以上城镇人口城市。我国高速公路通车总里程已跃居世界第一，这极大的推动了我国现代化建设步伐。

2. 公路技术特性

影响车辆使用效率的公路主要技术特性有：

（1）水平面内：曲线段的平曲线半径

汽车弯道上行驶时，受离心力作用可能会引起侧滑，汽车操控性变差，舒适性下降。平曲线过小时，轮胎侧向变形增大，车轮滚动阻力增加，油耗增加；曲线路段还影响驾驶视线，易引发事故；过长的直线路段，易使驾驶员注意力不集中，也不利于行车安全。

（2）纵断面内：纵坡、纵坡长度、竖曲线半径

公路纵坡使汽车受到坡道阻力影响，其动力下降，油耗增加。上坡，易使汽车上坡熄火；下坡，易使汽车加速行驶，发生下坡制动失灵，诱发事故。竖曲线过小，也影响驾驶员的视距。

（3）横断面内：车道宽度、车道数、路肩宽度等

车道宽度、车道数、路肩宽度等直接影响到公路的通行能力、汽车的平均技术速度、汽车行驶安全性和舒适性。

3. 公路养护水平

公路养护水平的两个评定指标是"好路率"和"养护质量综合值"。根据"公路养护质量检查评定暂行办法"，评定项目包括路面平整、路拱适度、行车顺适、路肩整洁、变坡稳定、标志完善鲜明、行道树齐全，将公路养护质量分为优、良、次、差四个等级。满分为100分，其中路面、路基和其它分别为50、20和30分。公路养护评分值和优、良等级公路要求见表2.1。

表 2.1　公路养护等级评分值（JT/J 075－94 公路养护质量检查评定标准）

公路养护等级	优	良	次	差
总分	>90	>75	>60	<60
路面	>45	>38	－	－

好路率和养护质量综合值与车辆运行无关，但它们直接影响汽车速度、平顺性和总成的使用寿命。因而，它们可粗略地表征道路状况，用于粗评价道路对汽车运用的影响。

2.1.3　运输条件

运输条件，是指由运输对象的特点和要求所决定的，影响车辆使用的各种因素。汽车运输可分为货运和客运两种类型。

1. 货运条件

货运条件主要包括货物类别、货物运量、货运距离、装卸条件、运输类型和组织特点。

（1）货物类别

货物是指从接受承运起到送交收货人止的所有商品或物资。通常，根据汽车运输过程中的货物装卸方法、运输和保管条件以及批量对货物进行分类。

第一，按装卸方法分

货物按装卸方法可分为堆积、计件和灌装三类。堆积货物指没有包装的，不好计个数的货物，如煤、砂、土等，宜采用自卸汽车运输；计件货物指可计个数的货物，包装可有可无，可采用普通栏板式货车、箱式货车及保温箱式货车运输；灌装货物指无包装的液体货物，通常采用自卸罐车运输。

第二，按运输和保管条件分

按运输保管条件分，货物可分为普通货物和特殊货物。普通货物指在运输过程中无特殊要求，可用普通车厢运输的货物；特殊货物指在运输过程中，必须采取特别措施，才能保证完好无损的承运货物。特殊货物包括那些特大、超长、沉重、危险和易腐的货物。

第三，按货物批量分

按货物批量分，货物可分为大批货物和小批货物。大批货物指大批量运输的货物，又称大宗货物；小批货物指少量运输的货物，又称为零担货物，如食品、邮件等。

（2）货物运量

货物运量——在货物运输中，完成或需要完成的货物运输数量，通常以吨（t）为计量单位。

货物周转量——在货物运输中，完成或需要完成的货物运输工作量，即货物的数量和运输距离的乘积，以吨公里（t·km）为计量单位。

货物运输量——货运量和货物周转量的统称。

（3）货物运距

货物运距是货物由装货点至卸货点间的运输距离，一般用公里（km）作为计量单位。货物运距在很大程度上影响运输车辆利用效率指标，其对车辆的结构和性能要求不同。当运距较短时，要求车辆结构能很好地适应货物装卸的要求，以缩短车辆货物的装卸作业时间，提高车辆短运距的生产率；当运距较长时，要求增加汽车的吨位。因为提高长途运输车辆的速度性能与增大车载质量，车辆运输生产率显著增加，但汽车的最大轴重受到国家法规的限制。

（4）货物装卸条件

货物的装卸条件决定了汽车装卸作业的停歇时间、装卸货的劳动量和费用，从而影响汽车的运输生产率及运输成本。装卸条件受货物类别、运量、装卸点的稳定性、机械化程度以及装卸机械等诸多因素的影响。一般而言，运距越短，要求装卸条件越好。

（5）货运类型及组织特点

货物运输类型有多种分类方法，如短途货运、长途货运、城市货运、城间货运、营运货运、自用货运、分散货运、集中货运等。自用货运指车辆拥用单位的车辆完成本单位货运任务；分散货运指在同一运输服务区内，若干汽车货运企业或有车单位各自独立地调度车辆，分散地从事货运工作；集中运输指在同一运输服务区内的车辆和完成某项货运任务的有关单位车辆，集中由一个机构统一调度，组织货物运输工作。货运组织特点主要取决于车辆运行路线。

2. 客运条件

客运可分为市内客运和公路客运。客运对汽车使用性能的最基本要求是为旅客提供最佳的方便性。各种客运应配备不同结构型式的客车，市内客车适宜采用车厢式的多站位车身，座与站位比为1：2，通道要宽，车门数目要多，车厢地板要低；城市间客车要求有较高的行驶速度和乘坐舒适性。通常座位宽大舒适，椅背倾斜可调，车门数少，其它辅助设施较齐全；为了适应旅游的需要，高级旅游客车还配备卫生间、微型酒巴以及汽车两侧下部设有较大空间的行李舱。

2.1.4 汽车运用水平

汽车运用水平主要包括汽车驾驶员操作技术水平、汽车运输组织管理水平、汽车保管水平、汽车维修水平、汽车运行材料供应水平。驾驶员操作水平直接关系到汽车零部件的磨损、燃油经济性能以及污染物排放。相同交通和道路条件下，操作熟练的驾驶员可使汽车行驶平均速度提高 15% ~20%，汽车大修里程延长 40% ~50%，燃料节约 20% ~30%。汽车维修费用占汽车运输成本的 15% ~20%，良好的运输组织管理、保管以及维修，可以提高汽车利用的经济效益。

2.1.5 汽车安全运行技术条件

1. 机动车运行安全技术条件

为保证车辆安全可靠运行，机动车必须符合国家标准《机动车运行安全技术条件》（GB7258 - 2012）规定的技术条件。汽车运行安全技术条件主要如下：

一是车辆外观整洁，装备齐全、紧固可靠，各部件应完好，并具有正常的技术性能。

二是发动机动力性能良好，运行平稳，不得有异响；燃润料消耗正常，无漏油、漏水、漏气、漏电现象。

三是底盘各总成连结牢固，无过热，无异响，性能良好，各润滑部位不缺油、钢板弹簧无断裂或错开现象，轮胎气压正常，汽车、挂车连接和防护装备齐全、可靠。

四是转向轻便灵活，转向节及臂、横直拉杆及球销不得松旷，性能良好，前轮定位符合要求。

五是车辆制动性能符合规定，挂车与牵引车意外脱离后，挂车应能自行制动，牵引车的制动仍然有效。

六是客车车厢、货车驾驶室内应不进尘土，不漏雨，门窗关闭严密，开启灵活；挡风玻璃视线清晰；客车座椅齐全整洁、牢固；货车车厢无漏洞，栏板销钩牢固、可靠。

七是车辆的噪声及废气排放应符合有关规定。

八是灯具、讯号、仪表和其他电气设备应配备齐全，工作正常、可靠。

2. 汽车危险货物运输规则

车辆运载具有易爆、易燃、有毒、放射性等危险货物时，必须符合《汽车危险货物运输规则》（JT617 - 2004）的规定。其主要技术条件：

一是车辆的车厢、底板平坦良好，栏板牢固、衬垫不得使用松软易燃材料。

二是运载危险货物的车辆左前方悬挂黄底黑字的"危险品"标志。

三是根据车内装运危险货物的性质，车辆必须配备相应的消防器材等用具。

四是车辆行驶和停车必须严格遵守交通、消防、治安等法规要求。

五是必须指派熟悉车内危险物性质的人员担任押运人员，严禁搭乘无关人员。

六是车辆总质量超过桥梁、渡船标定承载质量时，或车辆装载超高、超宽、超长时，均应采取安全有效措施，报请当地交通、公安主管部门批准。未经允许，不得冒险通过。

2.2 汽车使用性能

汽车使用性能是指在一定的使用条件下，汽车以最高效率工作的能力。它是决定汽车利用效率和方便性的结构特性表征。汽车的使用性能好坏与其使用条件是息息相关的。汽车的使用性能好，表征汽车与其使用条件是适应的；反之，即为不适应。

汽车作为一种高效灵活的交通运输工具，其技术水平的高低，主要通过其使用性能的优劣来反映，它是汽车选型配备的主要依据。目前，我国采用的汽车主要使用性能指标见表2.2。

表 2.2 汽车主要使用性能指标

汽车使用性能		量标和评价参数
动力性		最高车速，加速能力，爬坡能力，平均行驶速度
燃料经济性		最低燃料耗量，平均最低燃料耗量
使用方便性	操纵轻便性	每百公里平均操纵作业次数，操作力，驾驶员座椅可调程度，照明、灯光、视野、信号完好
	出车迅速性	汽车起动暖车时间
	乘客上下车和货物装卸方便性	车门和踏板尺寸及位置，货厢地板高度，货厢栏板可倾翻数，有无随车装卸机具
	可靠性和耐久性	大修间隔里程，主要总成的更换里程，可靠度、故障率，故障停车时间
	维修性	维护和修理工时，每千公里维修费用，对维修设备的要求
行驶安全性	稳定性	纵向倾翻条件，横向倾翻条件
	制动性	制动效能，制动效能恒定性，制动时方向稳定性
乘坐舒适性	平顺性	振动频率，振动加速度及变化率，振幅

续表

汽车使用性能	量标和评价参数
通过性	汽车最低离地间隙，接近角，离去角，纵向通过半径，前后轴荷分配，轮胎花纹及尺寸，轮胎对地面单位压力，前后轮辙重合度，低速档动力性，驱动轴数，最小转弯半径
环保性	噪声级，排放量，电波干扰
容载量	额定装载质量，单位装载质量，货厢单位有效容积，货厢单位面积，座位数和可站立人数

2.2.1 汽车动力性

汽车动力性是指汽车在良好、平直的路面上行驶时，由汽车所受到的纵向外力决定的，汽车所能达到的平均行驶速度。动力性表征了汽车以最大可能的平均行驶速度运送货物或乘客的能力，它是汽车各种使用性能中最重要、最基本的性能。汽车动力性好坏通常以汽车的最高车速、加速能力、最大爬坡度等项目作为评价指标。

1. 汽车的最高车速

汽车的最高车速指在水平良好的路面（混凝土或沥青）上汽车能达到的最高行驶速度。

2. 汽车的加速能力

汽车加速能力是指汽车在各种使用条件下迅速增加汽车行驶速度的能力，通常以原地起步加速时间和超车加速时间表示。原地加速时间指汽车用Ⅰ档或Ⅱ档起步，以最大的加速强度逐步换至最高档后到某一预定车速所需时间。超车加速时间指用最高档或次高档由某一较低车速全力加速至某一高速所需的时间。汽车加速过程中加速用时越短、加速度越大和加速距离越短的汽车，加速性能就越好。

3. 最大爬坡度

汽车最大爬坡度指汽车满载时，以最低档位在良好路面上所能通过的最大道路坡度。不同类型的汽车对上述三项指标要求各有不同。轿车与客车偏重于最高车速和加速能力，载重汽车和越野汽车则对最大爬坡度要求较严。但不论何种汽车，为保障通行效率，必须具备一定的平均速度和加速能力。

2.2.2 汽车的燃料经济性

汽车燃料经济性是指汽车在一定的使用条件下，以最少的燃料消耗完成单位运输工作量的能力。它是汽车使用经济性能的一个重要指标，是评价汽车营运经济效果的综合性指标。

汽车的燃料经济性通常用一定运行工况下行驶百公里的燃料消耗量（L/100km）或单位运输工作量的燃料消耗量（L/100tkm、L/tpkm）作为评价指标。前者用于比较相同容量的汽车燃料经济性，也可用于分析不同部件（如发动机、传动系等）装在同一种汽车上对汽车燃料经济性的影响；后者常用于比较和评价不同容载量的汽车燃料经济性。其数值越大，汽车的经济性越差。

汽车燃料经济性也可用汽车消耗单位量燃料所行驶的里程（km/L）作为评价指标，称为汽车经济性因数。例如，美国采用每加仑燃料能行驶的英里数，即 MPG 或 mile/Usgal。其数值越大，汽车的燃料经济性越好。

由于汽车在使用过程中，载荷和道路条件对汽车燃料的消耗影响很大，也可采用燃料消耗量 Q（L/100km）与有效载荷 Ge（t）之间的关系曲线，评价在不同道路条件下汽车燃料经济性，称之为平均燃料运行消耗特性。

统计资料表明，我国汽车使用成本中，汽车燃料费及维修费用占总成本达 50% ~ 67%。对其消耗与节约的研究，对提高汽车使用经济具有重要作用。

2.2.3　汽车使用方便性

汽车使用方便性是汽车的一项综合使用性能，它用于表征汽车运行过程中，驾驶员和乘客的舒适性和疲劳程度，以及对保证运行货物完好无损和装卸货物的适用性。

1. 操纵轻便性

操纵轻便性决定了驾驶员的工作条件，对减轻驾驶员的疲劳，保证行车安全，具有重要作用。它的主要评价指标为操纵力、操作次数、驾驶员座位参数与调整参数、驾驶员的视野参数。

驾驶员控制操纵机构的力，一般用测力计测定。为降低驾驶员的操纵力，常设置转向助力器等助力装置。

驾驶员的操作次数通常用换档、踏离合器和制动的次数表征。驾驶操作次数是通过在该类车常用路况下，在典型道路上的使用试验确定，并将试验路段上各类操作次数换算为 100km 行程的操作次数。一般选用多辆同型号汽车进行试验，以排除驾驶员技术水平和操作习惯差异的影响。

驾驶员座椅的构造和操纵杆件的配置是否舒适方便，也影响汽车使用方便性。适当增加驾驶座椅的高度，减小座垫与靠背的倾角，可显著改善驾驶员劳动条件。为了保证不同身高的驾驶员都能有适合的驾驶操作姿势，驾驶座椅设计成可沿着水平和垂直方向调节，并且座椅和靠背的倾角也可调节，即驾驶座椅应具有多维调节的功能。同时，方向盘的位置还应按着驾驶员的需要调节。

为了提高汽车的操纵轻便性，各种操纵机构应有良好的接近性，应设置速度、机油压力、油、冷却液温度、燃料耗量以及电参数等的显示仪表。当控制参数进入临界值时，发出声、光信号，以便驾驶能及时掌握车辆状况。控制显示仪表应具有必需的显示精度，以利于驾驶员观察。

为了改善驾驶员的工作环境，提高劳动效率，在驾驶室内应设空调及采暖通风装置。

驾驶员的视野性能主要取决于座椅的布置、高度及座垫和靠背的倾角，车窗尺寸、形状、布置和支柱的结构等。

2. 出车迅速性

出车迅速性是指汽车运行前必须准备的时间长短，它主要取决于发动机的起动性。我国有关标准规定，不采用特殊的低温起动措施，汽油机在 - 10℃、柴油机在 - 5℃以下的气温条件下，起动时间应不大于 15s。

汽车在低温条件下使用时，发动机起动困难，尤其是柴油机，由于起动阻力大、起动转速高等原因，其低温起动性能更差。若露天停放，除使用中应采取预热等措施外，选购汽车时，应考虑柴油机是否有改善起动性能的起动辅助装置（独立预热装置、起动液喷射器、电热塞等）。

3. 乘客上下车方便性

乘客上下车方便性作为使用方便性之一，影响城市公共汽车站点的停车时间，从而影响汽车的线路运行时间。乘客上下车的方便性，主要取决于车门的布置和踏板的结构参数。

对于轿车，主要取决于车门支柱的布置。特别是两门轿车保证后座出入方便的影响尤其明显。车门支柱倾斜适当，可改善乘客出入的方便性。

对于客车，主要取决于踏板高度、深度、级数、能见度及车门的宽度。踏板高度和深度应与日常生活中所习惯的楼梯台阶相同。有的国家城市公共汽车，为了方便残疾人轮椅和童车的上下，公共汽车的踏板设计成高度可调或自动升降式。

4. 装卸货物方便性

装卸货物方便性，是指车辆对装卸货的适应性。它用车辆装卸所耗费的时间和劳动力评价。装卸货物方便性的结构因素主要包括：货箱和车身地板的装卸高度；从一面、两面、三面或上面装卸货物的可能性；箱式车车门的构造、布置和尺寸；有无随车装卸装置及其效率。

在载货汽车的技术规格中，一般不给出货箱地板的高度。但此参数在汽车使用中很重要，尤其在人工装卸，或货物批量小的场合，货箱地板的高度越大，装货时间和劳动力消耗就越大。目前，对汽车货箱地板高度尚无统一的标准和要求。在机械化装卸的场合，货箱地板高度对装卸效率无明显影响。

通用栏板汽车可在三面进行装货，它较单门箱式汽车、栏板货箱更易适应装卸货点的需要，减少在装卸点的调头时间。

5. 可靠性和耐久性

汽车的可靠性和耐久性是评价汽车技术水平的综合性的使用性能。

（1）汽车的可靠性

汽车的可靠性是指汽车在规定的条件下和规定的时间内，完成规定功能的能力。汽车的可靠性主要取决于零件的刚度，主要部件结构的合理性，机构调整的稳定性，主要机构总成的技术水平、制造工艺水平和质量，以及使用水平（驾驶水平、汽车维修技术水平和质量）。汽车可靠性的常用指标有：平均首次故障里程、平均故障间隔里程、故障率和当量故障率。

（2）汽车的耐久性

汽车的耐久性是指汽车在规定的使用和维修条件下，达到某种技术或经济指标极限时完成规定功能的能力。汽车极限技术状况是汽车技术状况参数达到了技术文件规定的极限值的状况。汽车的耐久性一般用汽车从投入使用到进入极限状况时的总行程或使用延续期表示。

汽车耐久性的评价指标主要有：第一次大修前的平均行程（大修里程）、大修间的平均行程（大修间隔里程）和 γ% 行程。γ% 行程是指汽车以 γ% 的概率使用到极限状况的行程，如：80% 的汽车第一次大修里程不低于 20 万 km，又称为 80% 的耐久性（寿命）。大修间隔里程是指车辆两次大修之间的行程，主要是用来考核评价车辆大修的质量。在修理技术水平和配件供应水平相等的条件下，车辆大修间隔里程取决于车辆原有的技术水平。

（3）汽车的使用寿命

汽车的使用寿命是指新制汽车开始使用，直至注销为止的总使用时间（或行程），分为物理寿命、技术使用寿命、经济使用寿命和折旧使用寿命。

汽车物理寿命是指汽车从汽车从全新状态投入生产开始，直到在技术上不能按原有用途继续使用为止的年限，也称为自然寿命。它与汽车制造质量、运行材料品质、使用条件、驾驶操作技术、维修质量等因素有关。

汽车的技术使用寿命是指汽车运行到完全不可用的状况，在技术上无法恢复（不含更换基础件）其工作能力时总的使用延续期或总行程。

汽车的经济使用寿命指汽车在使用过程中有了严重耗损，若经修复继续使用，经济上不如重置使用同类新型汽车合算，即注销报废，所运行的总时间或总行程。

汽车折旧寿命指按国家规定或企业自行规定的折旧率，把汽车总值扣除残值后的余额，折旧到接近于零所经历的时间或里程。一般，汽车折旧寿命介于技术寿命或经济寿命与物理寿命之间。

6. 维修性

汽车维修性是指汽车在规定的条件下和规定的时间内，按规定的程序和方法维修时，保持或恢复到完成规定功能的能力。维修性的评价指标包括技术利用系数、完好率、修复率、维护周期等。决定汽车维修性的结构特性主要有：要求定期维护（润滑、紧固、调整和技术状况检测）点的数量；要求维护的部件、机构的易接近性；总成和部件的连接方式，单独拆卸、更换总成的可能性，总成部件在整车中紧固的简便性，取下沉重总成的简便性；总成和部件拆装的简便性；易损件更换和修理的简便性；同一总成中各零件具有等寿命和相等的耐磨性；零、部件规格的统一和互换性，以及采用的工具、器具和润滑材料规格的统一和互换性。

2.2.4　汽车行驶安全性

汽车以最小的交通事故概率和最少的公害适应使用条件的能力，称为汽车的安全性。

汽车的安全性是由一系列结构性能而组合体现的。我国汽车强制性标准分为三大部分，即：安全、污染控制和节能，其中安全性标准项目包括主动安全、被动安全和防火安全。汽车行驶安全性主要包括操纵稳定性和制动性两大方面。

安全性是汽车的重要使用性能之一（节能、降污、安全是汽车使用所必具备的能力），它直接关系到人们的生命和健康，以及汽车和运输货物的完好。汽车的速度性能发挥如何，很大程度上取决于汽车的安全性能是否达到。特别是随着汽车保有量的日益增加和汽车速度的提高，对汽车的安全性要求也愈来愈严格。如20世纪90年代日本提出的ASV（Advanced Safety Vehicle），就是一种在传统安全技术的基础上，装备先进电子技术的高度智能化安全汽车。它主要采用了安全预防技术、事故避免技术、减少损伤和碰撞后伤害与防护技术，是汽车安全技术研究应用的代表。

2.2.5 乘坐舒适性

汽车乘坐舒适性在很大程度上取决于座位的结构。座椅的结构参数主要是座位的宽度和深度、靠背高度和倾角，以及座椅上乘员的上下自由空间。座椅的结构应符合人体工程学的要求，为乘客提供最佳的方便性和最舒适的乘坐姿势。

座椅应具有良好的柔和性。通常用它的振动特性（振幅、频率）和消振速度评价座椅的柔和性。当座椅上乘员的自振频率与车身振动频率的比值为 $1.6 \sim 2.0$ 时，座椅的舒适性最好；另外，乘坐舒适性也与车身的密封性有关。保护乘员空间不受发动机气体排放物的污染，防止尘土侵入，保暖、供冷、通风、调温等，也是提高客车舒适性的重要措施。

2.2.6 汽车通过性

汽车的通过性是指在一定装载质量下，不用其他辅助措施，能以足够高的平均车速通过各种坏路及无路（松软的土壤、沙漠、雪地、沼泽）地带和克服各种障碍物（陡坡、侧坡、台阶、壕沟等）的能力。

表征汽车通过性能的主要指标有汽车的几何通过性（轮廓通过性）和支承通过性（力学通过性）。汽车的通过性主要取决于地面的物理性质及汽车的结构参数和几何参数。同时，还与汽车其它性能，如动力性、平顺性、稳定性、视野性等有关。

2.2.7 汽车环保性

汽车的环保性是指汽车对环境的危害程度。汽车对环境的危害主要有汽车排放污染物、汽车噪音和电磁干扰。

汽车排放污染物是指由排气管或其他部位排放出的污染物，如 CO、HC、NO_X、铅化物及碳烟等。汽车噪音主要包括发动机的噪音、排气噪音、车体振动噪音、传动装置噪音及轮胎噪音等。

2.2.8 容载量与质量利用

1. 容载量

汽车容载量指汽车能够装载货物的数量或乘坐旅客的人数。汽车容载量与汽车的装载质量、车厢尺寸、货物密度、座位数和站立乘客的地板面积等有关。

载货汽车的容载量常用比装载质量和装载质量利用系数评价。

即

$$比装载质量 = \frac{汽车装载质量}{车厢容积} \quad (t/m^3)$$

$$装载质量利用系数 = \frac{货物容积质量（t/m^3）\times 车厢容积（m^3）}{汽车装载质量（t）}$$

比装载质量、装载质量利用系数表征了汽车结构对各种货物需要的适应能力。它决定了某车型装载何种货物能够装满车厢，或充分地利用汽车的全部装载能力。普通货车装载密度低的货物时，不能充分利用汽车的装载质量。为了避免汽车超载，不宜增加栏板高度，来适应轻泡货物的需要。汽车栏板的标准设计高度一般不大于600mm。汽车装载质量越大，就越不适合装载密度低的货物。

2. 质量利用

汽车质量利用描述了汽车整备质量与装载质量的关系。通常利用质量利用系数或整备质量利用系数作为评价指标，评价汽车质量利用的优劣。

$$质量利用系数 = \frac{汽车装载质量}{汽车干质量}$$

一般汽车技术资料不列出汽车的干质量，只给出汽车整备质量，所以，通常采用汽车整备质量利用系数。

$$装备质量利用系数 = \frac{汽车装载质量}{车厢容积} \quad (t/m^3)$$

整备质量利用系数与汽车的部件、总成、结构的完善程度以及轻型材料的使用率有关。它表明汽车主要材料的使用水平，进而反映了该车型的设计、制造水平，也间接反映了汽车使用经济性。在装载质量相同和使用寿命相同的条件下，整备质量利用系数越高，该车型的结构和制造水平就越高。

整备质量利用系数的提高是现代载货汽车制造技术进步的重要标志之一。除了不断完善汽车结构和汽车制造技术外，降低汽车的整备质量的主要途径是利用轻型材料，特别是应用强度高、质量轻的高强度铝合金和复合塑料。

汽车整备质量利用系数随装载质量的增加而提高，轻型货车约1.1，中型货车约1.35，重型货车约1.3~1.7。所以，国际目前流行中型汽车列车运输。

平头汽车的整备质量利用系数一般比长头汽车的高。由货车变形的自卸汽车，因改装后整备质量的增加，整备质量利用系数比基本型汽车的低。

2.3 汽车技术状况变化规律

汽车在使用过程中，由于汽车本身缺陷、外界使用条件等多种因素的影响，汽车使用性能不断下降，汽车技术状况不断发生变化。随着行驶里程的增加，汽车技术状况逐渐变差，汽车故障率增加。

2.3.1 汽车技术状况

汽车技术状况是指定量测得的表征某一时刻汽车外观和性能参数值的总和。

汽车是由机构、总成组成的，而机构与总成则是由零件组成。零件是汽车的基本组成单元，零件的技术状况对汽车来说至关重要，它们是决定汽车技术状况的关键性因素。现代汽车种类繁多，零件各异。特别是近年来电子技术在汽车上得到广泛的应用，如：安全气囊控制系统、EFI 电子控制燃油喷射系统、GPS 卫星定位系统和 ABS 制动防抱死系统等的应用，使得汽车零件和系统更为复杂。据统计，目前汽车按品牌分类大约有 1.5 ~ 1.8 万种；汽车零件约有 7000 ~ 9000 种。这些零件在使用过程中，零件相互间、零件与工作介质和工作产物间、汽车与外部环境之间均存在着相互作用，在机械负荷、热负荷和化学腐蚀多重作用下，引起磨损、发热、腐蚀等一系列物理和化学变化，约有 3000 ~ 4000 种零件会逐渐失去原有性能，引起汽车工作质量下降，从而影响汽车技术状况发生变化。汽车技术状况的变化取决于组成零件的综合性能。

随着汽车行驶里程（时间）的增加，汽车的技术状况将逐渐变坏，汽车的动力性、经济性、使用方便性和可靠性下降，直至最后达到使用极限。汽车运行工作的效率、安全性及对运行环境的污染和干扰的程度，完全由车辆运行时的技术状况决定。因而，掌握控制汽车技术状况的理论，具有十分重要的意义。

2.3.2 汽车技术状况变化的分类

《汽车维修术语》（GB5624 – 2005），将汽车技术状况分为完好、不良和极限三种状况。

1. 汽车完好技术状况

指汽车完全符合技术文件规定要求的状况。处于完好技术状况的汽车，不仅性能发挥正常，而且外观外形均符合有关技术文件的要求。

2. 汽车不良技术状况

指汽车不符合技术文件规定的任一要求的状况。处于不良技术状况的汽车，可能是主要性能指标不符合技术文件规定，不能完全发挥其应有的功能，也可能是主要性能指标完全符合技术文件要求，但外观、外形及其他次要性能指标不符合技术文件规定，但不影响汽车完全发挥它的功能。

3. 汽车极限技术状况

汽车技术状况参数达到了技术文件规定的极限值的状况。

2.3.3 汽车故障及其类型

汽车故障是指汽车部分或完全丧失工作能力的现象。如：汽车拉缸属于完全丧失工作能力的故障，汽车制动尾灯不亮属于部分丧失工作能力的故障。

汽车在运用过程中，由于技术状况的变坏，将会出现各种故障。汽车的故障，一般可按下列方法进行分类。

1. 按故障对汽车工作能力影响程度分类

分为一般故障和关键故障。所谓一般故障是指：汽车运行中能及时排除的故障，或不能排除的局部故障。例如：车厢内照明灯泡灯丝烧断，虽然不能照明，但汽车仍可工作，故属于一般故障；而汽车制动系或转向系一旦发生故障，汽车行驶安全性就失去了保障，汽车无法继续行驶工作，因而属于关键故障。

2. 按故障产生原因分类

可分为设计原因引起的故障和运用原因引起的故障。设计原因包括结构设计欠合理、加工工艺不完善等引起的故障；使用原因主要是违反行车的规定，如汽车超载、使用不符合标准的燃料和润滑油以及没有按规定进行汽车维护等造成的故障。

3. 按故障对其他零件引起的后果分类

可分为独立性故障和牵连性故障。独立性故障影响面小，独自发生后，不会引起其他零件的损坏；而牵连性故障影响面大，发生后会引起其他零部件的损坏。例如：发动机连杆大头螺栓断裂后，可能会引起连杆、气缸筒、曲轴和轴瓦的损坏，这就是一种牵连性故障；而发电机皮带断裂故障，只会造成发电机停转不发电，一般不会引起其他零件的损坏，因而属于独立性故障。

4. 按故障发生规律和预报性分类

可分为渐变性故障和突变性故障。渐变性故障从单一技术参数来看，它发展平稳、缓慢。如图2.1所示，汽车上的一般零件都是按这种规律出现故障和发生损坏的。

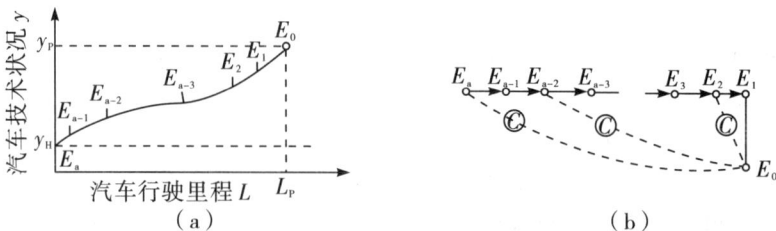

图2.1 故障发生规律图

a）渐变性故障　　b）突发性故障

E_n，E_{n-1}…E_2，E_1. 汽车工作能力情况　E_0. 故障状况　En. 初始状况　x. 汽车工作到发生故障的时期

对于渐变性故障来说，汽车（或总成、零件）技术状况的变化是一个连续的过程，

由初始状况（完好的技术状况）E_n变到故障状况E_0，要经过一系列的中间过程（如图2.1a）。这里所说的渐变性故障，是以单一技术参数评价为前提的，渐变性故障之所以发展平稳、缓慢，是由于对汽车进行及时维护的结果，这样才能由技术状况E_{n-1}，缓慢过渡到E_{n-2}，而不至于一下子达到E_0。在全部的汽车故障中，有40%～70%属于渐变性故障。

突变性故障的特点是技术性能参数产生跃变，突变性故障在任何时候都可发生（例如：汽车超载而引起的某一零件突然损坏）。从图2.1b中可以看出，突变性故障是汽车从任意一种工作能力E_i突然下降到E_0的状况。

5. 按故障出现的周期分类

可分为短周期故障（汽车行驶里程$x < 3000～4000km$发生一次）；中等周期故障（$3000～4000km \leqslant x < 12000～16000km$）；长周期故障（$x > 12000～16000km$）。

6. 按排除故障所需工作量大小分类

可分为简单故障、中等故障和复杂故障。对于现代汽车，排除一个简单故障约需$1.2～2$人工时；排除中等故障约需$2～4$人工时；排除一个复杂故障所用工时与劳动量都要更多。调查表明，汽车一般出现的故障为简单故障和中等故障，复杂故障发生较少。例如：前苏联JIHA3汽车使用中，主要的故障（87%）是排除时间小于2人工时的简单故障和2～4人工时的中等故障，其余13%是复杂故障，这部分故障所占比例虽然较小，但是所占用的工时可长达汽车总停修工时的82%，所用劳动量占汽车总停修工作量的78%。

7. 按故障影响汽车工作时间分类

可分为影响汽车工作时间的故障和不影响汽车工作时间的故障。对于不影响汽车工作时间的故障，可暂不排除，待进行汽车维护作业时一并排除或在汽车非工作时间进行排除，从而不占用汽车工作时间。而影响汽车工作时间的故障，则必须占用汽车工作时间来排除。前苏联MA3-500型汽车各总成故障排除时所占用汽车工作时间情况如表2.3（按百分比计算）所示。

表2.3 苏联 MA3-500 汽车各总成故障排除时间

总成名称	车架	发动机	变速器	离合器	车厢
故障排除耗时	100%	78%	75%	65%	61%
总成名称	后桥	前桥	电气设备	悬架	供油系
故障排除耗时	29%	29%	23%	21%	17%

2.3.4 汽车故障产生原因

汽车故障形成的内因是零件失效，外因是运行条件。

汽车在运用过程中，汽车零部件之间，工作介质、燃油和燃烧产物与相应零部件之间，均存在相互作用，从而引起零部件受力、发热、变形、磨损、腐蚀等，使汽车在整个使用寿命期内，故障率增加，技术状况逐渐变坏。外界环境（如：道路、气候等）对上述相互作用过程的影响而成为汽车故障发生和技术状况变化的重要因素。

汽车零件主要损坏的形式可分为：

1. 磨损

磨损是汽车零件损坏的主要原因，是汽车故障形成和技术状况变坏的主要原因。

磨损是相互接触的物体在相对运动中表层材料不断磨耗的过程，它是伴随摩擦而产生的必然结果。影响汽车技术状况变化的零件磨损形式可分为粘着磨损、磨料磨损、表面疲劳磨损和腐蚀磨损。

粘着磨损指相互作用的摩擦副间产生表面物质撕脱和转移的磨损（如：拉缸、烧瓦）。其产生除与零件材料的塑性和配合表面的粗糙度有关，还与工作条件、润滑条件等有关。

磨料磨损是相互摩擦表面之间有坚硬、锐利的微粒，对摩擦表面产生破坏作用的结果（如：制动蹄摩擦衬片与制动鼓的磨损等）。磨料主要是来自空气中的灰尘、油料中的杂质、零件表面的磨屑及燃烧积碳。

表面疲劳磨损是指在摩擦面间接触应力反复作用下，因表面材料疲劳而产生物质损失的现象（如：汽车上齿轮、滚动轴承、凸轮等，经过一定时间的使用后，摩擦面所产生的麻点或凹坑）。

腐蚀磨损是指在摩擦表面有氧化物、酸、碱等有害物质腐蚀的情况下，零件表面既受腐蚀作用又有机械磨损导致零件表面物质损失的现象（如：气缸筒、气门和气门座等的磨损）。其磨损速度比单纯磨损要快得多。

2. 塑性变形与断裂

零件所受载荷超过材料的弹性变形极限，就要发生塑性变形或损坏。若超过屈服点，零件产生永久变形；超过强度极限，零件发生断裂。产生变形与断裂通常都是由于零件原设计计算的错误或违反运用规定所造成的（如：汽车超载引起的车轴、车架变形、断裂等）。

3. 蚀损

零件在周围介质作用下产生表面物质损失或损坏的现象。按发生机理的不同，可分为腐蚀、气蚀和浸蚀。

腐蚀指零件在有腐蚀性的环境里工作而产生损坏的现象。氧化作用可以使材料坚固性下降，并能导致零件外观形状变坏；酸、碱腐蚀作用会使零件表面产生疏松、剥落（如：车身锈蚀、蓄电池导线接头腐蚀等）。

气蚀指在压力波和腐蚀共同作用下产生的破坏现象。它常发生在与液体接触并有相对运动的零件表面（如：水泵叶轮表面）。

浸蚀指由于高速液流对零件的冲刷导致其表面物质的损失或损坏的现象。易发生浸蚀的零部件有发动机的进、排气门等。

4. 其他损坏

如老化、失调、烧蚀、沉积等也是汽车某些零部件发生故障的重要原因。

老化是零件材料受到物理、化学、温度和光照等条件变化的影响，而引起缓慢损坏的一种形式。汽车上的一些橡胶制品（如：轮胎、油封、膜片等）和电气元件（如：

电容器、晶体管等），长期受环境气氛和温度的影响，原有性能会逐渐衰退而老化。温度的冷、热作用；油类及液体的化学作用；太阳光的辐射作用等，都会使橡胶制品失去弹性并出现表面龟裂。

失调指某些可调元件或调整间隙由于调整不当，或在使用中偏离标准值而引起相应机构功能降低或丧失的故障形式。如：气门间隙调整不当，会影响汽车进、排气过程，对汽车动力性能、经济性能造成影响。

烧蚀指零部件在强电流、强火花作用下产生烧蚀，其工作性能下降或丧失。如：火花塞、灯泡、电子元件等易发生烧蚀。

磨屑、灰尘、积碳、水垢等沉积在某些零件的工作表面，可引起其性能下降或丧失。如：空气滤清器、机油滤清器堵塞，燃烧室积碳等。

掌握零件损坏的原因，目的是为了改进汽车设计，改善使用条件，以便在汽车运用过程中，减少零件的损坏，防止故障的发生，保证汽车技术状况的完好。

2.3.5 汽车技术状况变化规律

1. 汽车技术状况与汽车工作能力

汽车在运用过程中，要与外界环境（阳光、空气、风沙和雨雪等）相接触，汽车内部的零件也要在气体或液体的氛围中相互接触、摩擦，其结果是引起零件发热、磨损和腐蚀等一系列变化。这些变化既有物理方面的（如变形、磨损等），也有化学方面的（如氧化、腐蚀等）。其变化过程的参数有：零件几何形状与尺寸的改变、零件相互装配位置的变化和配合间隙的改变等。如：发动机的气缸活塞组件的尺寸；曲柄连杆机构的尺寸；离合器主、从动盘及摩擦衬片的尺寸；制动蹄与制动鼓的间隙等，它们在汽车使用过程中都在发生变化。汽车技术状况的变化，将取决于这些组成零件的总合特性的变化。

汽车工作能力（或称汽车寿命）是指：汽车按技术文件规定的使用性能指标，执行规定功能的能力。汽车工作能力的大小可以按汽车使用时间（使用年限）或行驶里程（行驶千米）来计算。汽车工作能力，也可以认为是汽车工作到技术状况参数达到了最大极限状态时的行驶里程，如图 2.1 中的 L_p。汽车无故障的工作里程 L_i 应该满足 $0 \leq L_i \leq L_p$。也就是说．在小于 L_p 的行驶里程内，为汽车无故障工作区域；而超过 L_p 的行驶里程后，为汽车有故障工作区域。

2. 汽车运用性能的变化

汽车的主要运用性能，是由设计与制造工艺所确定的。这些性能有动力性、燃料经济性、安全性、生产率和舒适性等。每个性能都有表明其特征的参数（一个或几个）或物理量，这些参数可以作为衡量汽车工作能力的指标。例如：表示货车生产率的指标参数是货运量和货物周转量。货运量单位是每年（或每月、或每工作班）所完成的货物运输总量，吨（t）；而货物周转量的单位是每年（或每月、或每工作班）所完成的货物运箱总量与运距的乘积，吨·公里（t·km）。大多数性能指标，主要取决于原车产品质量。当然，在汽车工作过程中，这些性能也是在改变着的。

一辆技术状况完好的载货汽车，投入运输生产使用一段时间后，其运用性能将逐渐下降，表现为运输生产率的降低和维修工作量的增加，假设技术状况完好的某种型号的新车，第一年的生产率为100%、维修工作量为100%，其随后逐年变化的情况如表2.4所示：

表2.4 汽车运行性能变化

汽车工作年限	生产率（%）	维修工作量（%）
第1年	100	100
第4年	75～80	160～170
第8年	55～60	200～215
第12年	45～50	280～300

公共汽车投入使用后，其技术状况的指标也在发生变化。例如：俄罗斯ЛИАЗ-667型公共汽车，噪声水平变化情况为，新车时驾驶员坐席处测得的噪声为87dB。而汽车行驶40万km之后，噪声上升为96dB，增加了10.3%。

汽车各种运用性能的变化情况，一般可按使用时间或行驶里程表示为：

$$A_k(t) = A_{k1}\exp\left[-k(t-1)\right] \tag{2-1}$$

式中：$A_k(t)$——在用车的性能；

$\quad\quad A_{k1}$——新车初始性能；

$\quad\quad t$——汽车连续工作时间，年；

$\quad\quad k$——根据汽车工作强度改变的系数。

由式（2-1）可以看出，汽车使用时间（或行驶里程）越长，运用性能降低越多。因此，在评价汽车运用性能时，一定要考虑汽车运用时间（或行驶里程）。

在用车的实际性能，是由汽车总的使用时间或总的行驶里程所确定的平均质量指标。实际性能可由下式表示：

$$A_k(t) = \frac{A_{k1}\exp k}{t}\sum_{t=1}^{t}\exp[-kt] \tag{2-2}$$

汽车运用性能随使用时间或行驶里程的变化曲线如图2.2所示。汽车的初始性能是由生产制造时所确定下来的。在使用过程中，随着使用时间和行驶里程的增长，汽车使用性能按指数规律下降。

汽车实际运用性能3是从汽车初始性能1开始，随着使用时间 t 的长短（使用强度的大小）而变化的。

在汽车运用方面，可以通过合理运用车辆来影响汽车的运用性能。具体如图中曲线4所示，由于合理运用的结果，可使汽车实际运用性能3提高到图中曲线5所示的高度。这需要技术人员，对汽车技术状况的管理采取有效手

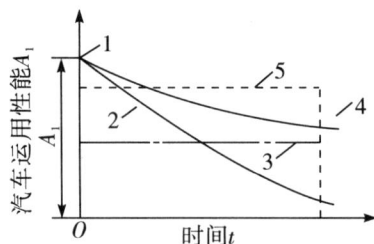

图2.2 汽车运用性能随时间变化的过程
1. 汽车初始性能 2. 汽车运用性能随时间变化曲线 3. 汽车实际运用性能 4. 汽车合理运用对性能的影响 5. 通过合理使用可以提高实际运用性能

段，及时维护修理，消除故障隐患或排除故障，保证汽车技术状况良好，延长汽车使用寿命。

2.4 汽车检测诊断参数

对于汽车的性能检测与诊断，不仅要求有完善的检测、分析、诊断的手段和方法，而且要有正确的理论指导。为此，在检测诊断汽车技术状况时，必须选择合适的检测参数，确定合理的检测参数标准和最佳检测周期。

检测参数、检测参数标准、最佳检测周期是从事汽车检测工作必须掌握的基础理论。

2.4.1 汽车检测参数

1. 检测参数概述

参数，是表明某一种重要性质的量。检测参数，是指供检测用的，表征汽车、总成及机构技术状况的物理或化学量。

在不解体的条件下，直接测量汽车结构参数（如磨损量、间隙量等）通常是不可能的。因此，在检测汽车技术状况时，常采用一种与结构参数有关且又能表征技术状况的间接指标量，通过对这些间接指标量的测量来确定其技术状况的好坏。这种间接指标被称为检测参数。

汽车检测参数包括工作过程参数、伴随过程参数和几何尺寸参数。

（1）工作过程参数

工作过程参数指汽车、总成或机构工作过程中输出的一些可供测量的物理量和化学量。如发动机功率、驱动车轮输出功率或驱动力、汽车燃料消耗量、制动距离或制动力或制动减速度、滑行距离等，往往能表征检测对象工作过程中总的技术状况，适合于总体检测。例如：通过检测得知底盘输出功率符合要求，这说明汽车动力性符合要求，也说明发动机技术状况和传动系统技术状况均符合要求；反之，通过检测得知底盘输出功率不符合要求，说明汽车动力性不符合要求，也说明发动机输出功率不足或传动系统损失功率太大。因此，可以整体上确定汽车和总成的技术状况，为深入检测提供依据。

汽车不工作时，工作过程参数无法测得。

（2）伴随过程参数

该参数是伴随汽车、总成或机构工作过程输出的一些可测量。例如，工作过程中出现的振动、噪声、异响、过热等，可提供检测对象的局部信息，常用于复杂系统的深入检测。

汽车不工作（过热除外）时，伴随过程参数无法测得。

（3）几何尺寸参数

该参数可提供总成或机构中配合零件之间或独立零件的技术状况。如间隙、自由行程、车轮定位值等，都可以作为检测参数来使用。它们提供的信息量虽然有限，但却能表征检测对象的具体状态。

虽然每一类检测参数都有不同的含义，但在确定汽车技术状况或判断某些复杂故障时，需采用不同的检测参数进行综合检测。

2. 汽车常用检测参数

汽车常用检测参数见表2.5。

表2.5　汽车常用检测参数

诊断对象	检测参数	诊断对象	检测参数
汽车总体	最高车速（km/h） 最大爬坡度（%） 0～100km加速时间（s） 驱动车轮输出功率（kW） 驱动车轮驱动力（kN） 汽车燃料消耗量［（L/100km），L/（100t·km）］	汽油机供给系统	汽油泵出口关闭压力（kPV） 化油器浮子室液面高度（mm） 空燃比或燃空比 过量空气系数 电喷发动机喷油器的喷油量（mL） 电喷发动机各缸喷油不均匀度（%）
发动机总体	额定转速（r/mm） 怠速转速（r/mtn） 功率（kW） 燃料消耗量（L/h） 单缸断火（油）功率转速下降率（%） 汽油车废气成分、体积分数（%） 柴油车排气中可见污染物（消光系数）	柴油机供给系统	输油泵输油压力（kPa） 喷油泵高压油管最高压力（kPa） 喷油泵高压油管残余压力（kPa） 喷油器针阀开启压力（kPa） 喷油器针阀关闭压力（kPa） 喷油器针阀升程（mm） 各缸供油不均匀度（%） 供油提前角（°） 各缸供油间隔（°） 每一工作循环供油量（mL/工作循环）
曲柄连杆机构	气缸压力（MPa） 气缸间隙（mm） 曲轴箱窜气量（L/mm） 气缸漏气量（kPa〉 气缸漏气率（%） 进气管真空度（KPa）	制动系统	制动距离（m） 制动力（N） 左右制动力差值（N） 制动阻滞力（N） 制动减速度（m/s²） 制动系协调时间（s） 制动完全释放时间（s）
配气机构	气门间隙（mm） 配气相位（°）		
点火系统	蓄电池电压（V） 一次电路电压（V） 各缸点火电压（kV） 各缸短路点火电压（kV） 各缸断路点火电压（kV） 断电器触点间隙（mm） 断电器触点闭合角（°） 各缸点火波形重叠角（°） 点火提前角（°） 电容器容量（μF）	转向系统	车轮侧滑量（m/km） 车轮前束（mm〉 车轮外倾角（°） 主销后倾角（°） 主销内倾角（°） 转向轮最大转向角（°） 转向盘最大自由转动量（°） 转向盘外缘最大切向力（N）

续表

诊断对象	检测参数	诊断对象	检测参数
润滑系统	机油压力（kPa） 机油温度（℃） 理化性能指标变化量 清净性系数的变化量 介电常数的变化量 金属微粒的含量、质量分数（%） 机油消耗量（kg）	冷却系统	冷却液温度（℃） 散热器冷却液入口与出口温度（℃） 风扇传动带张力〔N/（10～15mm）〕
		行驶系统	车轮静不平衡量（g） 车轮动不平衡量（g） 车轮端面圆跳动量（mm） 车轮径向圆跳动量（mm）
传动系统	传动系统游动角度（°） 传动系统机械传动效率（%） 传动系统功率损失（KW） 滑行距离 传动系统噪声（dB） 总成工作温度（℃）	其他	前照灯发光强度（cd） 前照灯光束照射位置（mm） 车速表允许误差范围（%） 喇叭声级（A声级）（dB） 车外最大加速噪声级（A声级）（dB） 车内噪声级（A声级）（dB）

3. 汽车检测参数选择原则

在汽车的使用过程中，检测参数的变化规律与汽车技术状况变化规律之间有一定的关系。能够表征汽车技术状况的参数有很多，为了保证检测结果的可信性和准确性，应该选择那些符合下列要求或具有下列特性的检测参数：

（1）灵敏性

灵敏性用灵敏度评价。灵敏度是指检测对象的技术状况在从正常状态到进入故障状态之前的整个使用期内，检测参数相对于技术状况参数的变化率，通常用 K_r 表示。

$$K_r = dP/du \qquad (2-3)$$

式中：dP——汽车检测参数 P 相对于 du 的增量；

du——汽车技术状况参数的微小增量。

灵敏度越高，检测参数的灵敏性越好。选用灵敏度高的检测参数检测汽车的技术状况时，可使检测的可靠性提高。

（2）单值性

单值性是指汽车技术状况参数从初始值 u_0 变化到极限值 u_l 的过程中，检测参数 P 与技术状况参数值 u 一一对应。即：检测参数无极值

$$dP/du \neq 0 \qquad (2-4)$$

否则，同一检测参数将对应两个不同的技术状况参数，给检测技术状况带来困难。所以，具有非单值的检测参数没有实际意义。

（3）稳定性

稳定性是指在相同的测试条件下，多次测得同一检测参数得到的测量值，具有良好的一致性（重复性）。检测参数的稳定性越好，其测量值的离散度（或方差）越小。稳定性不好的检测参数，其灵敏性也降低。

把检测参数测量值看成随机变量，则取值的稳定性和离散性用样本方差大小来衡量。即：

$$\sigma_T(u) = \frac{\sum_{i=1}^{n} \left[Ti(u) - \overline{T}(u) \right]^2}{n=1} \qquad (2-5)$$

式中：$\sigma_T(u)$——检测参数测量值的样本方差；

$T_i(u)$——检测参数的第 i 次测量值，$i=1,2,\cdots n$；

$\overline{Ti}(i)$——检测参数 n 次测量值的平均值。

（4）信息性

信息性是指检测参数对汽车技术状况具有的表征性。表征性好的检测参数，能表明和揭示汽车技术状况的特征和现象，反映汽车技术状况的全部信息。所以，检测参数的信息性越好，包含汽车技术状况的信息量越高，得出的检测结论越可靠。

（5）经济性

经济性是指获得检测参数的测量值所需要的检测作业费用的多少，包括人员、工时、场地、设备和能源消耗等项费用。经济性高的检测参数，所需要的检测作业费用低。如果检测作业费用很高，这种检测参数是不可取的，它没有经济意义。

（6）方便性

方便性是指所确定的检测参数在用于实际检测时，其设备简单，工艺简便，测量容易。

4. 检测参数与测量条件和测量方法的关系

检测参数与测量条件和测量方法是不可分割的整体。不同的测量条件和不同的测量方法，可以测得不同的检测参数值。

汽车检测参数需要在一定的检测条件（如温度条件、速度条件、负荷条件等）下测量，大多数的汽车检测参数的测量需要汽车运行至正常工作温度，只有少数检测参数可在冷态下进行。如：发动机功率的检测，需在一定的转速和节气门开度下进行；汽车制动距离的检测，需在一定的制动初速度和载荷（空载或满载）下进行。

对检测参数的测量方法也有规定。如：对在用汽油车排放污染物的测量采用双怠速法，规定排气的主要组分采用不分光红外线检测仪进行检测；柴油车自由加速烟度的测量采用滤纸烟度法，规定采用滤纸式烟度计进行检测。

没有规范的测量条件和测量方法无法统一尺度，因而测得的检测参数值也就无法评价汽车的技术状况。所以，要把检测参数及其测量条件、测量方法看成是一个不可分割的整体。

2.4.2 检测标准

检测标准是对汽车检测的方法、技术要求和限值等的统一规定，而检测参数标准仅是对检测参数限值的统一规定，有时也简称为检测标准，它是检测标准的一部分。

1. 检测标准类型

汽车检测标准与其它技术标准一样，分为国家标准、行业标准、地方标准和企业标准四种类型。

(1) 国家标准

国家标准是国家制定的标准，冠以中华人民共和国国家标准字样。国家标准一般由某行业部、委提出，由国家质量技术监督局批准、发布，全国各级各有关单位和个人都要贯彻执行，具有强制性和权威性（推荐性标准除外）。

(2) 行业标准

该标准也称为部、委标准，是部级或国家委员会级制定、发布并经国家质量技术监督局备案的标准，在部、委系统内或行业内贯彻执行，一般冠以中华人民共和国某某部或某某行业标准，也在一定范围内具有强制性和权威性，有关单位和个人也必须贯彻执行。

(3) 地方标准

该标准是省（直辖市、自治区）级、市地级、市县级制定并发布的标准，在地方范围内贯彻执行，也在一定范围内具有强制性和权威性，所属范围内的单位和个人必须贯彻执行。省、市地、市县三级除贯彻执行上级标准外，可根据本地具体情况制定地方标准或率先制定上级没有制定的标准。地方标准中的限值可能比上级标准中的限值要求还要严格。

(4) 企业标准

该标准包括汽车制造厂推荐的标准、汽车运输企业和汽车维修企业内部制定的标准和检测设备制造厂推荐的参考性标准三部分。

汽车制造厂推荐的标准是汽车制造厂在汽车使用说明书中公布的汽车使用性能参数、结构参数、调整数据和使用极限等，从中选择一部分作为检测参数标准来使用。该种标准是汽车制造厂根据设计要求、制造水平，为保证汽车的使用性能和技术状况而制定的。

汽车运输企业和汽车维修企业的标准是汽车运输企业、汽车维修企业内部制定的标准，只在企业内部贯彻执行。有条件的企业除贯彻执行上级标准外，往往还能根据本企业的具体情况，制定企业标准或率先制定上级没有制定的标准。企业标准中有些检测参数的限值要比上级标准要严格，以保证汽车维修质量和树立良好的企业形象。一般情况下，企业标准应达到国家标准和上级标准的要求，一般应严于国家标准和上级标准的要求。

检测设备制造厂推荐的参考性标准是检测设备制造厂针对本设备所检测的检测参数，在尚没有国家标准和行业标准的情况下制定的检测参数限值，通过检测设备使用说明书提供给使用单位作参考性标准。

任何一级标准的制定和修订，都要既考虑技术性和经济性，又要考虑先进性，并尽量靠拢同类型国际标准。

2. 检测参数标准组成

为了定量地评价汽车、总成及机构的技术状况，确定维护、修理的范围和深度，预报无故障工作里程，单有检测参数是不够的，还必须建立检测参数标准，提供一个比较尺度。这样，在检测到检测参数值后与检测参数标准值对照，即可确定汽车是继续运行还是进厂（场）维修。

检测参数标准一般由初始值 P_f、许用值 P_d 和极限值 P_n 三部分组成。

（1）初始值 P_f

此值相当于无故障新车和大修车检测参数值的大小，往往是最佳值，可作为新车和大修车的检测标准。当检测参数测量值处于初始值范围内时，表明检测对象技术状况良好，无需维修便可继续运行。

（2）许用值 P_d

检测参数测量值若在此值范围内，则检测对象技术状况虽发生变化但尚属正常，无需修理（但应按时维护）可继续运行到下一个检测周期。

（3）极限值 P_n

检测参数测量值超过此值后，检测对象技术状况严重恶化，汽车须立即停驶修理。此时，汽车的动力性、经济性和排放性能大大降低，汽车行驶安全性得不到保证，有关机件磨损严重，甚至可能发生机械事故。所以，汽车必须立即停驶修理，否则将造成更大损失。

可以看出，通过对汽车进行检测，当检测参数测量值在许用值以内，汽车可继续运行；当检测参数测量值超过极限值，须停止运行进厂修理；检测参数测量值在许用值 P_d 与极限值 P_n 之间，汽车勉强可用，但应及时安排维修，否则，汽车带病行车，故障率上升，可能行驶不到下一个检测周期。因此，将检测参数测量值与检测参数标准值比较，就可得知汽车技术状况，并做出相应的决断。

检测参数标准的初始值、许用值和极限值，可能是一个单一的数值，也可能是一个数值范围。

3. 检测周期

检测周期是汽车检测诊断的间隔期，以汽车的行驶里程或时间表示。如汽车年检的规定，新车每 2 年检 1 次，而 6 年后汽车每年年检 1 次，它是按时间划定的汽车检测周期。根据公安部、国家质监总局发布的《关于加强和改进机动车检验工作的意见》，自 2014 年 9 月 1 日起，6 年以内的在用私家小汽车免予上线检验，但车辆每两年仍须申领检验标志，私家车自注册登记后的第 15 年起车辆需要一年进行两次年检，超过 20 年的从第 21 年起每年定期检验 4 次。

最佳检测周期，是指能保证车辆完好率最高而消耗的费用最少的检测周期。最佳检测周期的确定，既要考虑到使汽车在无故障的状态下工作，又要贯彻我国汽车维修制度中"定期检测、强制维护、视情修理"的要旨，使费用减至最低。

制定最佳检测周期，主要要考虑以下因素。

（1）汽车技术状况

涉及到汽车新旧程度、行驶里程、技术状况、使用性能、故障规律、配件质量等诸多因素，一般情况下，新车或大修车、行驶里程少、技术状况等级一级的车辆，最佳检测周期应制定的长些，反之则短些。

（2）汽车使用条件

汽车使用条件差的汽车，最佳检测周期要短些，反之则长些。如气候恶劣、道路状况差、经常超载、驾驶水平差、拖挂行驶等条件下使用的汽车，最佳检测周期要短些。

(3) 费用

费用主要包括检测诊断、维护修理、停驶损耗等。若使检测诊断、维护修理费降低，则最佳检测周期应延长，但会引起停驶损耗费用的增加；若降低停驶损耗费用，汽车最佳检测周期缩短，则会引起检测诊断、维护修理费用的增加，两者间需协调。

大量资料表明，实现单位里程内的费用最少和技术完好率最高，在一定的范围内是可行的。

最佳诊断周期应满足下条件：

$$\frac{d}{dt}\left\{\frac{M[U(\tau)]}{M[V(\tau)]}\right\}=0 \tag{2-6}$$

式中：$M[U(\tau)]$——在诊断周期 τ 下，检测诊断和维修费用的数学期望值；

$\qquad M[V(\tau)]$——在诊断周期 τ 下，检测诊断和维修费用系统（车辆或机构）

$\qquad\qquad$ 工作时间的数学期望值。

上式经处理后，可得到确定最佳检测周期的一般方程式

$$\frac{F'(\tau)}{[1-F(\tau)]^2}\int_0^\tau[1-F(l)]dl+ln[1-F(\tau)]-\frac{C_Z}{C_X}=0 \tag{2-7}$$

式中：C_Z——完成检测诊断和维护的费用；

$\qquad C_x$——完成小修的费用；

$\qquad \tau$——所求的最佳检测周期；

$\qquad l$——故障间行程。

利用公式计算比较复杂，而用图解法来确定最佳检测周期则比较简单。汽车走合期后，汽车的使用状况能经历一个相当长的稳定的使用期。在这段使用期内，虽然发生故障（失效）的具体磨损特性不同，但是按指数规律相关的形式分布。最佳系数 t 和费用比 C_Z/C_X 也按照指数规律分布，可以通过从统计资料中查知费用比后，从关系曲线上求得最佳系数 t。最后，利用 $\tau=t/\lambda$，计算出最佳诊断周期 τ 的值，λ 为单位时间（里程）内发生故障的比率，再经过修正后获得最佳检测周期。

汽车二级维护周期是我国目前使用的最佳检测诊断周期。但由于我国地域辽阔，汽车使用条件复杂，车辆结构性能、制造水平不同，因此，我国对各种车型的二级维护周期没有统一的规定。目前，汽车二级维护周期基本上是参照生产企业的汽车使用说明书的规定和以往的使用经验来确定。通常，中型货车的二级维护周期约为 10000 ~ 15000km；轿车二级维护周期约为 30000km。

2.5 汽车检测基础知识

2.5.1 汽车检测设备

现代汽车检测设备一般由试验条件模拟装置、取样装置、检测系统和辅助系统等

组成。

模拟装置常用于室内检测台，用来模拟汽车道路测试条件。如：底盘测功机中用滚筒来模拟连续运动的路面，用功率吸收装置来模拟汽车行驶时的道路阻力，用飞轮组来模拟汽车转动惯量。汽车检测设备若具有模拟装置，常被称为检测台，若无模拟装置，则被称为检测仪（计）。

取样装置常用于将测试中产生的原始被测量传递给传感器，它随着被测量参数性质不同而不同。如：底盘测功机中的取样装置为测力杠杆，排放分析仪中的取样装置为取样探头。

检测系统通常由传感器、变换及测量装置、记录与显示装置、数据处理装置等组成。传感器处于检测系统输入端，它的性能直接影响到测量精度，是检测系统的关键部件。它是将被测对象的各种非电物理量转换为有对应关系的、便于测量的电信号的装置；变换及测量装置是一种将传感器送来的电信号变换成易于测量的电压或电流信号的装置；记录与显示装置是一种将变换及测量装置送来的电信号进行记录和显示的装置；数据处理装置是一种用来对检测结果进行分析、运算处理的装置。

辅助系统是保证测试顺利进行所需的辅助装置。如：举升装置、安全保障装置等。

2.5.2 检测传感器

1. 传感器组成

传感器一般由敏感元件、转换元件和测量电路组成，必要时还需要辅助电源电路，组成框图如图2.3所示。

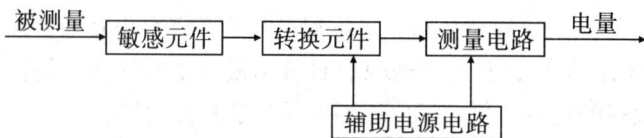

图 2.3 传感器组成框图

敏感元件指传感器中能直接感受或响应被测量的部分，又被称为预变换器。非电量转换成电量的过程中，并非所有的非电量都能利用现有手段直接变换为电量，往往需先将被测非电量预先转换为另一种易于变换成电量的非电量，然后再转变换为电量。如：传感器中各种类型的弹性元件被称为敏感元件。

转换元件指将感受到非电量直接转换为电量的器件。并非所有的传感器都包括敏感元件和转换元件，它们也可以合二为一。如：热敏电阻传感器、压敏电阻传感器等。

测量电路是将转换元件输出的电量转变成便于显示、记录、控制和处理等电信号的电量。测量电路类型取决于转换元件的类型，常见类型有电桥电路、脉冲调制电路、振荡电路、高阻抗输入电路等。

2. 传感器分类

传感器种类繁多，检测试验台采用的传感器一般按以下几个方面分类。

（1）按测量性质分

可分为机械量传感器（位移传感器、速度传感器、加速度传感器、力传感器等）、热工量传感器（温度传感器等）、化学量传感器和生物量传感器等类型。如：侧滑试验台采用了位移传感器，来检测侧滑位移量；制动试验台轴重检测用了力传感器，来测试轴重；制动减速度仪采用了加速度传感器，来检测减速度。

（2）按输出量性质分

可分为参量型传感器（输出为电阻、电感、电容等无源电参量，如电阻式传感器、电感式传感器、电容式传感器等）、发电型传感器（输出为电压和电流信号，如热电偶传感器、光电传感器、磁电传感器、压电传感器等）。如：制动试验台轴重检测采用了电阻应变片式传感器；动平衡机测试采用了压电式传感器；不透光烟度计采用了光电传感器。

2.5.3 智能化检测系统

智能化检测系统一般是指以计算机为基础的一种新型检测系统，它以微处理器作为控制单元，把系统中各个测量环节有机的结合起来，并赋予计算机所特有的诸如编程、自动控制、数据处理、分析判断、存储打印等功能，是一种自控性很强的智能化检测系统。

智能化检测系统通常由传感器、放大器、A/D 转换器、微机系统、显示器、打印机、电源等组成。它与一般检测系统相比具有以下一些特点：

1. 自动零位校准和自动精度校准

智能化检测系统采用程序控制的方法，在输入接地的情况下，将漂移电压存入随机存储器 RAM 中，经过运算即可从测量值中消除零位偏差，实现自动零位校准功能。

2. 自动量程切换

智能化检测系统中的量程切换一般通过软件来实现。编制软件采用逐级比较的方法，从大到小（从高量程到低量程）自动进行，软件一旦判定被测参数所属量程，程序即自动完成量程切换。

3. 功能自动选择

智能化检测系统中的功能选择实际上是在数字仪表上附加时序电路，是用一个 A/D 采集多通道的信号，在程序控制下，通过电子开关来实现。只需对智能化检测系统中的各功能键（温度、流量等）统一编码，然后 CPU 发送各种控制字符，通过接口芯片来控制各个电子开关的启闭。这样，在测量过程中，检测系统能自动选择或改变测量功能，功能改变由用户事先设定。在程序中发送不同的控制字符，相应的电子开关便接通，从而实现功能的自动选择。

4. 自动数据处理和误差修正

智能化检测系统有很强的自动数据处理功能。如：能按线性关系、对数关系及乘法关系求取测量值相对于基准值的各种比值，并能进行各种随机量的统计分析和处理，求取测量值的平均值、方差值、标准偏差值、均方根值等。对于系统误差的修正，因往往事先知道被测值的修正量，修正就很简单。此外，智能检测系统还能对非线性参数进行线性补偿，使仪器读数线性化。

5. 自动定时控制

智能化检测系统自动定时控制有两种方法：一种是用硬件完成，利用微处理器中的硬件定时器，向 CPU 发送定时信号，CPU 响应并进行处理；另外一种是利用软件来实现，通过编制固定的延时程序，实现自动定时控制。软件实现定时控制方法简单，但精度稍差。

6. 自动故障诊断

智能化检测系统内可设置故障自检系统，能在遇到故障时，自动显示故障部位，大大缩短了故障诊断的时间，实现检测系统自身的快速诊断。

7. 功能丰富

一些综合性的智能化检测系统，如发动机综合性能检测仪、解码器等，不仅能对国产车进行检测诊断，而且能对亚洲车系、欧洲车系、美洲车系进行检测诊断；不仅能检测诊断发动机的电控系统，而且能检测自动变速器、防抱死制动装置、安全气囊、电控悬架等；不仅能读出故障码、清除故障码，而且能读出数据流、进行系统测试等多项功能。

▼ 2.5.4 检测设备的测量误差

使用检测设备对汽车技术状况检测时，由于被测量、检测系统、检测方法、检测条件等受到变动因素的影响及检测人员的情绪变化，使检测人员不可能测量到被测量的真值。测量值和真值之间不可避免地存在差异，在数值上表现为误差。尽管如此，人们一直设法改进检测系统、检测方法和检测手段，并通过对检测数据的误差分析和处理，使测量误差保持在允许范围之内，即使检测达到一定的测量精度，从而使检测结果合理可信。

测量误差主要来源于系统误差、环境误差、方法误差和人员误差等，一般可按有误差的性质分类和按误差的表示方式分类。

1. 按误差的性质分类

可分为系统误差、随机误差和粗大误差。

（1）系统误差

系统误差又叫规律误差。它是在一定的测量条件下，对同一个被测尺寸进行多次重复测量时，误差值的大小和符号（正或负值）保持不变；或者在条件变化时，按一定规律变化的误差。

系统误差产生的原因主要有：①仪器误差：这主要是因为仪器本身的缺陷或没有按照规定条件使用仪器而造成的。如：仪器的零点不准，仪器未调整好，外界环境对测量仪器影响产生的误差。②理论误差（方法误差）：测量所依据的理论公式本身的近似性，或实验条件下不能达到理论公式所规定的要求，或是实验方法本身不完善所带来的误差。③操作误差：这主要是观测者个人感官和运动器官反应或习惯不同而产生的误差，它因人而异，与当时个人精神状况有关。

系统误差是固定不动的或是一个确定的时间函数。在测量条件完全相同时，系统误差可以重复出现。系统误差总是造成测量结果偏向一边，或偏大、或偏小，因此，多次测量求平均值不能消除系统误差。

消除或减少系统误差的方法主要有两种：一是事先研究系统误差的性质和大小，以修正量的方式，从测量结果中修正。对于定值系统误差一般采用加修正值的方法，对于间接测量结果的修正，可以在每个直接测量结果上修正后，根据函数关系式计算出测量结果。修正值可以逐一求出，也可以根据拟合曲线求出。修正值本身也有误差，所以测量结果经修正后并不是真值，只是比未修正的测得值更接近真值，它仍是被测量的一个估计值，仍需对测量结果的不确定度作出估计；二是用排除误差源的办法来消除系统误差。要求测量者对所用标准装置，测量环境条件、测量方法等仔细分析、研究，尽可能找出产生系统误差的根源，进而采取措施。

（2）随机误差

相同条件下，多次重复测量同一被测量时，测量误差的大小和符号均无规律变化，这种误差称为随机误差，也称偶然误差。

随机误差产生的主要是由于检测仪器或测量过程中无法控制的随机因素造成的。①测量装置方面：仪器零部件性能不稳定、传动部件存在间隙或摩擦、连接件的弹性变形、零件表面油膜不均匀等。②环境方面：温度、湿度、气压的微小变化，光强、电磁场的变化等。③人员方面：实验者感官灵敏度有限或技巧不够熟练，读数不稳定等。

随机误差往往是由于偶然因素影响而随机产生的，它不能用实验方法或引入修正值的方法来消除，它无法避免，但可以通过概率统计处理的方法来减少其影响。随机误差能够反映测量结果的分散程度。随机误差越小，说明多次测量时的分散性越小，通常称为精密度。一个精密的测量结果可能是不准确的，因为它包括有系统误差在内。一个既精密又准确的测量结果才能比较全面的反映检测的质量。

（3）粗大误差

粗大误差指明显偏离约定真值的误差。

产生粗大误差的原因有：①客观原因：电压突变、机械冲击、外界振动、电磁干扰、仪器故障等引起测试仪器的测量值异常或被测物品的位置相对移动。②主观原因：使用了有缺陷的量具；测量人员操作失误、读错、记错数据；环境条件的反常突变等。

2. 按误差的表示方式分类

按误差的表示方式可分为绝对误差和相对误差。

（1）绝对误差

绝对误差是指测量值 X 和被测量真值 X_0 间的差值，可用 δ 表示为：

$$\delta = X - X_0 \tag{2-8}$$

绝对误差可以直接反映测量结果与被测量真值间的偏差值，但不能作为衡量测量精度的指标。绝对误差有正、负符号和单位，单位与被测量的单位相同。例如：测量某电路电压时，两次测量绝对误差都是 0.2mv，若测量值为 1v 时，可以认为误差很小，精度很高，但若测量值为 1mv 时，就不能认为误差很小了，而是误差较大，精度很低。

（2）相对误差

相对误差 r 是指用测量值的绝对误差 δ 与被测量真值 X_0 的比值，用百分数表示，如下式所示：

$$r = \delta / X_0 \times 100\% \qquad (2-9)$$

绝对误差不能作为完全反映测量精度的指标，相对误差则完全可以。但其只能表示不同测量结果的精确程度，不适用衡量检测设备本身的测量精度。因为同一台检测设备在其测量范围内的相对误差也是发生变化的，随着被测量的减少，相对误差变大，为此，引入了"引用误差"的概念。

引用误差 r_0 是绝对误差 δ 与指示仪表量程 L 的比值，用百分数表示，如下式所示：

$$r_0 = \delta / L \times 100\% \qquad (2-10)$$

则最大引用误差 r_{0m} 可以表示为：

$$r_{0m} = \delta m / L \times 100\% \qquad (2-11)$$

对于一台检测设备，最大引用误差是一个定值。检测设备一般采用最大引用误差不能超过的允许值，作为划分精度等级的尺度。

常见的精度等级有 0.1、0.2、0.5、1.0、1.5、2.0、2.5、5.0 级。精度等级 1.0 的检测设备，表示在指示仪表的整个量程内，其绝对误差的最大值不会超过量程的 ±1.0%。可见对于精度等级已知的检测设备，只有被测量值接近满量程时，才能发挥其测量精度，因此，使用检测设备时，需合理选择量程，才能提高仪器的测量精度。

2.5.5 检测数据处理

汽车检测一般有静态检测和动态检测两种方式。静态检测时，被测量静止不变，或相对于观察时间而言变化非常缓慢，测量误差基本相互独立；动态检测时，被测量随时间和空间而变化，测量系统处于动态的情况下，测量误差具有相关性。对于静态和动态测量数据的处理方法是完全不同的。

1. 静态检测数据处理

（1）数据处理方法

表格法：通过检测得到了大量数据后，一般先将其整理归纳后列出表格，可以大致观察出函数是递增、递减或是周期变化的。数据列出表格后，可以方便后续计算，也是图示法和经验公式法的基础。

图示法：把相互关联的检测数据，按照自变量和因变量的关系在适当的坐标系中绘制成几何图形，用以表示被测量的变化规律和相关变量之间的关系。通过作图，可以直观看出函数的变换规律，是否存在最大值、最小值等，但无法进行数学分析。

经验公式法：经验公式法利用回归分析法确定经验公式的函数类型及其参数。经验公式一般与图示法中所作曲线对应。经验公式简明紧凑，可以对公式进行必要的数学运算，但它不可能完全准确的表达全部检测数据。

（2）回归分析与曲线拟合

回归分析是根据最小二乘法原理确定经验公式的数理统计方法。处理两个变量之间的关系称为一元回归分析，处理多个变量之间的关系称为多元回归分析。若两个变量之间是线性关系，称为直线拟合或一元线性回归，若变量之间是非线性关系，则称为曲线拟合或一元非线性回归。

直线拟合：假如对两个变量 x，y 进行了 n 次测量，得到 n 对测量数值 $(x_1，y_1)$，…，$(x_n，y_n)$，在直角坐标系中，将其对应的坐标点绘出，若各点分布在一条直线附近，则可以用一元线性回归方程来代表 x，y 之间的关系，即：

$$y = a + bx \tag{2-12}$$

根据最小二乘法，回归系数 a，b 为

$$a = \bar{y} - b\bar{x} \tag{2-13}$$

$$b = \frac{\sum (x_i - \bar{x})(y_i - \bar{x})}{\sum (x_i - \bar{x})^2} \tag{2-14}$$

$$\bar{x} = \frac{1}{n}\sum_{i=1}^{n} x_i，\bar{y} = \frac{1}{n}\sum_{i=1}^{n} y_i \tag{2-15}$$

曲线拟合：可分为化曲线为直线回归和多项式回归两种。

一是化曲线为直线回归。

先选取适合的函数类型，通过变量转换把非线性函数关系转化为线性关系，然后再进行一元线性回归分析。通过变量反转换，将求出的线性关系还原为非线性关系，即得到所要求的拟合曲线。常用典型曲线通过变量转换化成直线的经验公式有：

a. 双曲线　$\frac{1}{y} = a + \frac{b}{x}$，令 $Y = \frac{1}{y}$，$A = a$，$B = b$，则 $Y = A + BX$

b. 幂函数　$y = ax^b$，令 $Y = lny$，$X = lnx$，$A = lna$，$B = b$，则 $Y = A + BX$

c. 指数曲线　$y = ae^{bx}$，令 $Y = lny$，$X = x$，$A = lna$，$B = b$，则 $Y = A + BX$

d. 对数曲线　$y = a + blnx$，令 $Y = t$，$X = lnx$，$A = a$，$B = b$，则 $Y = A + BX$

二是多项式回归。

若检测结果与前面任何一条曲线都不相符时，则需要按多项式回归处理。多项式形式为：

$$y = a_0 + a_1x + a_2x^2 + \cdots + a_mx^m \tag{2-16}$$

2. 动态测试数据处理

动态数据处理，要先进行数据准备工作，然后根据数据类型与性质，采用不同的分析方法。

首先是数据准备。

a. 异常数据的剔除。绝大多数测量数据的随机误差服从正态分布规律，对于某一测量数列，如果各测定值仅含有随机误差，其残差 v_i 落在 $\pm 3\delta$ 外的概率仅有 0.27%，可以认为凡是 $|v_i| > 3\delta$ 者，都是粗大误差，需剔除。

b. 零均值化处理。将要分析的数据转化成零均值数据，即中心化处理。设 $\{u_n\}$，$n = 0，1，2，\cdots，N-1$ 为连续采样所得的一组数据，其均值为：

$$m_u = \frac{1}{n} \sum_{n=0}^{N-1} u_0 \tag{2-17}$$

令 $\{x_n\} = \{u_n - m_u\}$, $n = 0, 1, 2, \cdots, N-1$

则 $\{x_n\}$ 的均值为 0, 后续的数据分析以 $\{x_n\}$ 为基础展开。

c. 消除趋势项。测试过程中, 若存在某种系统误差的干扰, 所得数据会出现某种线性的或缓慢的趋势性误差。在连续信号中周期大于样本记录长度的频率称为趋势项。趋势性误差的存在会严重影响相关分析与功率谱分析, 最常用的消除趋势项的方法是最小二乘法。

其次是数据性质判断与分析。

一般采用频谱分析的方法, 来判断数据是确定性数据还是随机性数据。若一段时间历程的频谱是离散的, 则一定是确定性数据, 若频谱是连续的, 则为随机性数据。

确定性数据一般可寻求数学函数式或经验公式来分析, 而随机性数据, 可以用时域分析、幅值域分析或频域分析。

a. 时域分析

相关系数: 相关是指变量之间的线性关系。对于确定性数据, 两个变量之间可以用函数关系来描述。而对于两个随机变量, 无法找到一个确定的函数关系式来描述其两者间的关系。但是如果两个变量间具有某种内在关系, 可以通过大量统计计算发现。

变量 x, y 间的相关程度用相关系数 ρ_{xy} 表示:

$$\rho_{xy} = \frac{E\left[(x - \mu_x)(y - \mu_y)\right]}{\partial x \partial y} \tag{2-18}$$

当 $|\rho_{xy}| = 1$ 时, 说明 x, y 两变量间为线性关系; 当 $|\rho_{xy}| = 0$ 时, 说明 x, y 完全没有关系; $|\rho_{xy}| < 1$ 时, x, y 间的相关程度取决于 $|\rho_{xy}|$ 的大小。

自相关分析: 若 $x(t)$ 是某各态历经随机过程的一个样本, $x(t+\tau)$ 与 $x(t)$ 时移差为 τ, 则 $x(t+\tau)$ 与 $x(t)$ 的相关系数为

$$\rho_{x(t)x(t+\tau)} = \frac{\lim_{T\to\infty}\frac{1}{2T}\int_{-\infty}^{\infty}[x(t)-\mu_x][x(t+\tau)-\mu_x]d\tau}{\delta_x^2} = \frac{\lim_{T\to\infty}\frac{1}{2T}\int_{-\infty}^{\infty}x(t)x(t+\tau)dt - \mu_x^2}{\delta_x^2}$$

用 $Rx(\tau)$ 表示自相关函数,

$$R_x(\tau) = \lim_{T\to\infty}\frac{1}{2T}\int_{-T}^{T}x(t)x(t+\tau)dt \tag{2-19}$$

$$\rho_{x(t)x(t+\tau)} = \frac{R_{x(\tau)} - \mu_x^2}{\sigma_x^2} \tag{2-20}$$

自相关函数性质: 周期函数的自相关函数是频率相同的周期函数; 自相关函数是偶函数; 当 $\tau = 0$ 时, $R_x(0)$ 的最大值为 $\sigma_x^2 + \mu_x^2$。

互相关分析: 对于各态历经随机过程, 两个随机信号 $x(t)$, $y(t)$ 的互相关函数 $R_{xy}(\tau)$ 为

$$R_{xy}(\tau) = \lim_{T\to\infty} = \frac{1}{2T}\int_{-T}^{T}x(t)y(t+\tau)dt \tag{2-21}$$

$$R_{yx}(\tau) = \lim_{T\to\infty} = \frac{1}{2T}\int_{-T}^{T}y(t)x(t+\tau)dt \tag{2-22}$$

互相关函数性质：互相关函数不是 τ 的偶函数，也不是奇函数，而是可正可负的实函数，即 $R_{xy}(\tau) = R_{yx}(-\tau)$；当 $\tau = \tau_0$ 时，$R_{xy}(\tau_0)$ 的最大值为 $\sigma_x\sigma_y + \mu_x\mu_y$；对于同频率的两周期信号，其互相关函数是同频率的周期信号，且保留了原信号的相位信息。

b. 幅值域分析

均值：反映数据的平均性质。各态历经信号的均值为 $\mu_x = \lim_{T\to\infty}\frac{1}{T}\int_0^T x(t)dt$，其中 $x(t)$ 为样本的时间历程函数，T 为所处理信号的记录时间。

均方值：描述信号的强度，是样本函数 $x(t)$ 平方的均值。其计算公式为 $x_{rms}^2 = \lim_{T\to\infty}\frac{1}{T}\int_0^T x^2(t)dt$

方差：反映了随机信号对于均值的离散程度。其计算公式为 $\sigma_x^2 = \lim_{T\to\infty}\int_0^T [x(t) - \mu_x]^2 dt$

在数据分析处理中，均值、均方值和方差的估计值分别为

$\hat{\mu} = \frac{1}{N}\sum_{n=1}^{N-1} x_n$；$\hat{x}_{rms}^2 = \frac{1}{N-1}\sum_{n=1}^{N-1} x_n^2$；$\hat{\sigma}_x^2 = \frac{1}{N-1}\sum_{n=1}^{N-1}(x_n - \hat{\mu}_x)^2$，其中，$x_n$ 为信号经时域采样后得到的数值序列，$n = 0, 1, 2, \cdots, N-1$，N 为采样点数，$N = T/\Delta t$，Δt 为采样时间间隔。

概率密度函数：反映信号瞬时值落在某指定区间内的概率。其计算公式为

$$p(x) = \lim_{\Delta x\to 0}\frac{P(x < x(t) \leq x + \Delta x)}{\Delta x} = \lim_{\Delta x\to 0}\frac{1}{\Delta x}\left[\lim_{T\to\infty}\frac{Tx}{T}\right]$$

概率密度函数的估计值为 $\hat{p}(x) = \frac{Tx}{T\Delta x}$，$Tx$ 为 $x(t)$ 落在中心 x，宽度 Δx 的窄振幅窗中的时间。

c. 频域分析

第一，周期性数据（采用谐波分析法）。根据傅里叶级数理论，在满足狄利克雷条件（分段连续和分段光滑）下，任何周期 T 的时间历程 $x(t)$ 都可以展开成傅里叶级数。这种周期性数据展开成傅里叶级数的方法称为谐波分析法。

第二，非周期性数据（傅里叶积分变换法）。若非周期性瞬变数据的时间历程 $x(t)$ 满足傅里叶积分存在条件（狄利克雷条件）和函数在无限区间上绝对可积，则频谱分析可表示为

$$X(f) = \int_{-\infty}^{\infty} x(t)e^{j2\pi ft}dt$$

$$X(t) = \int_{-\infty}^{\infty} x(f)e^{j2\pi ft}dt$$

实际应用时，$X(f)$ 是通过 $x(t)$ 离散的快速傅里叶变换（DFFT）获得。

第三，随机性数据（采用功率谱分析法）。随机数据的信号时间历程不满足函数在无限区间上的绝对可积的条件，其频率特性不能直接利用傅立叶积分变换法，常采用功率谱分析法。

自功率谱函数密度：假定 $x(t)$ 为各态历经随机过程的一个样本，其均值 μ_x，且

没有周期性分量，则根据傅里叶变换公式，可得自相关函数 R_x (x) 的傅里叶变换 S_x (f) 及其逆变换 R_x (τ)。

$$S_x(f) = \int_{-\infty}^{\infty} R_x(\tau) e^{-j2\pi ft} dt \qquad (2-23)$$

$$R_x(\tau) = \int S_x(f) e^{-j2\pi ft} dt \qquad (2-24)$$

S_x (f) 称为 x (t) 的自功率谱密度函数，简称功率谱密度函数、自功率谱或自谱。

互功率谱函数密度：若互相关函数 R_{xy} (τ) 满足傅里叶积分变换条件，则 S_{xy} (f) 定义为信号 x (t) 和 y (t) 的互功率谱密度函数，即

$$S_{xy}(f) = \int_{-\infty}^{\infty} R_{xy}(\tau) e^{-j2\pi ft} d\tau \qquad (2-25)$$

$$R_{xy}(\tau) = \int_{-\infty}^{\infty} S_{xy}(f) e^{j2\pi ft} df \qquad (2-26)$$

$$S_{yx}(f) = \int_{-\infty}^{\infty} R_{yx}(\tau) e^{-j2\pi ft} d\tau \qquad (2-27)$$

$$R_{yx}(\tau) = \int_{-\infty}^{\infty} S_{yx}(f) e^{j2\pi ft} df \qquad (2-28)$$

相干函数：用于判断输出 y (t) 中有多少成分来自输入 x (t)，有多少来自噪声。定义相关函数

$$\gamma_{xy}^2(f) = \frac{|G_{xy}(f)|^2}{G_x(f) G_y(f)} \qquad (2-29)$$

$$H(f) = \frac{G_{xy}(f)}{G_x(f)} \qquad (2-30)$$

可以证明，$0 \leqslant \gamma_{xy}^2$ (f) $\leqslant 1$

当 γ_x^2 (f) $=1$ 时，说明 y (t) 和 x (t) 完全相关，没有噪声干扰。否则，测量过程中可能存在噪声干扰，也可能系统是非线性的，还有可能是 y (t) 是 x (t) 和其它输入的综合输出。

复习思考题

1. 我国公路是如何分级的？
2. 汽车的使用性能指标有哪些？
3. 什么是汽车的技术状况？什么是汽车检测？什么是汽车诊断？
4. 汽车检测参数分类及参数选用原则有哪些？什么是最佳检测周期？
5. 我国汽车检测技术的发展趋势是什么？
6. 什么是系统误差？什么是随机误差？
7. 什么是绝对误差？什么是相对误差？
8. 如何对检测后的数据进行处理？

第三章

在用汽车检测标准和汽车检测站

【导读】汽车检测依赖于检测设备与检测标准。本章解读了在用汽车的检测标准，讲解了汽车综合性能检测站的要求以及汽车检测站的组成、工位设置、检测工艺流程等相关知识。

3.1 机动车运行安全技术条件

国家标准《机动车运行安全技术条件》（简称"GB 7258"）是我国机动车运行安全管理最基本的技术标准，是进行注册登记检验和在用机动车检验、机动车查验、事故车检验的主要技术依据，同时也是我国机动车新车定型强制性检验、新车出厂检验及进口机动车检验的重要技术依据之一。

该标准规定了机动车的整车及主要总成、安全防护装置等有关运行安全的基本技术要求，以及消防车、救护车、工程救险车和警车及残疾人专用汽车的附加要求。它适用于在我国道路上行驶的所有机动车，但不适用于有轨电车及并非为在道路上行驶和使用而设计和制造、主要用于封闭道路和场所作业施工的轮式专用机械车。

以下摘录了 GB7258 – 2012 部分内容。

3.1.1 整 车

1. 核载（质量参数核定）

（1）机动车在空载和满载状态下，转向轴轴荷（或转向轮轮荷）与该车整备质量和最大允许总质量的比值应大于等于：

——乘用车　30%；

——三轮汽车、正三轮摩托车　18%；

——其他机动车　20%

（2）清障车在托举状态下，转向轴轴荷应大于等于总质量的15%

（3）汽车或汽车列车驱动轴的轴荷应大于等于汽车或汽车列车总质量的25%

2. 比功率

低速汽车及拖拉机运输机组的比功率应大于等于 4.0kW/t，除无轨电车外的其他机动车的比功率应大于等于 5.0kW/t。

注：比功率为发动机最大净功率（或 0.9 倍的发动机额定功率或 0.9 倍的发动机标定功率）与机动车最大允许总质量之比。

3. 侧倾稳定角及驻车稳定角

（1）按 GB/T 14172 规定的方法，客车在乘客区满载、行李舱空载的情况下测试时，向左侧和右侧倾斜最大侧倾稳定角均应大于等于 28°（对专用校车均应大于等于 32°）；且除定线行驶的双层（公共）汽车外，在空载、静态条件下，向左侧和右侧倾斜最大侧倾稳定角均应大于等于 35°。

（2）罐式汽车和罐式挂车在满载、静态状态下，向左侧和右侧倾斜最大侧倾稳定角应大于等于 23°。

（3）其他机动车在空载、静态状态下，向左侧和右侧倾斜最大侧倾稳定角应大于等于：

——三轮机动车（包括三轮汽车和三轮摩托车，下同）　25°；

——总质量为整备质量的 1.2 倍以下的机动车　30°；

——总质量不小于整备质量的 1.2 倍的专项作业车和轮式专用机械车　32°；

——其他机动车（特型机动车、两轮普通摩托车及轻便摩托车除外）　35°

4. 漏水检查

在发动机运转及停车时，散热器、水泵、缸体、缸盖、暖风装置及所有连接部位均不得有明显渗漏现象。

5. 漏油检查

机动车连续行驶距离不小于 10km，停车 5min 后观察，不得有明显渗漏现象。

6. 车速表指示误差（最高设计车速不大于 40km/h 的机动车除外）

车速表指示车速 V_1（单位：km/h）与实际车速 V_2（单位：km/h）之间应符合下列关系式：

$$0 \leqslant V_1 - V_2 \leqslant (V_2/10) + 4$$

7. 驾驶人耳旁噪声要求

汽车（低速汽车除外）驾驶人耳旁噪声声级应小于等于 90dB（A）。

8. 环保要求

机动车的排气污染物排放及噪声控制应符合国家环保标准的规定。

3.1.2　发动机

发动机应动力性能良好，运转平稳，怠速稳定，无异响，机油压力正常。发动机功率应大于等于标牌（或产品使用说明书）标明的发动机功率的 75%。

3.1.3 转向系

1. 机动车方向盘的最大自由转动量应小于等于：

最高设计车速不小于 100km/h 的机动车 15°；三轮汽车 35°；其它机动车 25°

2. 机动车在平坦、硬实、干燥和清洁的水泥或沥青道路上行驶，以 10km/h 的速度在 5s 之内沿螺旋线从直线行驶过渡到外圆直径为 25m 的车辆通道圆行驶，施加于方向盘外缘的最大切向力应小于等于 245N

3. 汽车和汽车列车（不计具有作业功能的专用装置的突出部分）、轮式拖拉机运输机组应能在同一个车辆通道圆内通过，车辆通道圆的外圆直径 D1 为 25.00m，车辆通道圆的内圆直径 D2 为 10.60m。汽车和汽车列车、轮式拖拉机运输机组由直线行驶过渡到上述圆周运动时，任何部分超出直线行驶时的车辆外侧面垂直面的值（外摆值）应小于等于 0.80m（对铰接客车和铰接式无轨电车外摆值应小于等于 1.20m），其试验方法见 GB 1589

4. 汽车（三轮汽车除外）的车轮定位应与该车型的技术要求一致。对前轴采用非独立悬架的汽车（前轴采用双转向轴时除外），其转向轮的横向侧滑量，用侧滑台检验时侧滑量值应在 ±5m/km 之间

3.1.4 制动系

1. 行车制动

(1) 行车制动在产生最大制动效能时的踏板力或手握力应小于等于：

——乘用车和正三轮摩托车 500N；

——摩托车（正三轮摩托车除外）350N（踏板力）或 250N（手握力）；

——其他机动车，700N

(2) 汽车列车行车制动系的设计和制造应保证挂车最后轴制动动作滞后于牵引车前轴制动动作的时间小于等于 0.2s

(3) 车长大于 9m 的公路客车、旅游客车和未设置乘客站立区的公共汽车，所有专用校车、危险货物运输车和半挂牵引车，总质量大于等于 12000kg 的货车和专项作业车及总质量大于 10000kg 的挂车应安装符合 GB/T 13594 规定的防抱死制动装置

2. 应急制动

应急制动应保证在行车制动只有一处管路失效的情况下，在规定的距离内将汽车停住。

3. 驻车制动

(1) 驻车制动应通过纯机械装置把工作部件锁止，并且驾驶人施加于操纵装置上的力：

——手操纵时，乘用车应小于等于 400N，其他机动车应小于等于 600N；

——脚操纵时，乘用车应小于等于 500N，其他机动车应小于等于 700N

（2）驻车制动控制装置的安装位置应适当，操纵装置应有足够的储备行程（开关类操作装置除外），一般应在操纵装置全行程的三分之二以内产生规定的制动效能；驻车制动机构装有自动调节装置时允许在全行程的四分之三以内达到规定的制动效能。驻车制动使用电子控制装置时，锁止装置应为纯机械装置，发生断电情况锁止装置仍应保持持续有效。棘轮式制动操纵装置应保证在达到规定的驻车制动效能时，操纵杆往复拉动的次数不得超过三次

4. 采用液压制动的机动车，制动管路不应存在渗漏（包括外泄和内泄）现象，在保持踏板力为 700N（摩托车为 350N）达到 1min 时，踏板不得有缓慢向前移动的现象

液压行车制动在达到规定的制动效能时，踏板行程应小于等于踏板全行程的四分之三，制动器装有自动调整间隙装置的机动车踏板行程应小于等于踏板全行程的五分之四，且乘用车应小于等于 120mm，其他机动车应小于等于 150mm。

5. 采用气压制动的机动车，在气压升至 600kPa 且不使用制动的情况下，停止空气压缩机工作 3min 后，其气压的降低值应小于等于 10kPa。在气压为 600kPa 的情况下，停止空气压缩机工作，将制动踏板踩到底，待气压稳定后观察 3min，气压降低值对汽车应小于等于 20kPa，对汽车列车、铰接客车及铰接式无轨电车、轮式拖拉机运输机组应小于等于 30kPa

采用气压制动的机动车，发动机在 75% 的额定转速下，4min（汽车列车为 6min，铰接客车和铰接式无轨电车为 8min）内气压表的指示气压应从零开始升至起步气压。

6. 路试检验制动性能

机动车行车制动性能和应急制动性能检验应在平坦、硬实、清洁、干燥且轮胎与地面间的附着系数大于等于 0.7 的混凝土或沥青路面上进行。

检验时发动机应与传动系统脱开，但对于采用自动变速器的机动车，其变速器换挡装置应位于驱动挡（"D" 挡）。

（1）行车制动性能检验

第一，制动距离检验行车制动性能

机动车在规定的初速度下的制动距离和制动稳定性要求应符合表 3.1 规定。对空载检验的制动距离有质疑时，可用表 3.1 规定的满载检验制动距离要求进行。

表 3.1　制动距离和制动稳定性要求

机动车类型	制动初速度 km/h	空载检验制动距离要求 M	满载检验制动距离要求 M	试验通道宽度 m
乘用车	50	≤19.0	≤20.0	2.5
总质量不大于 3500kg 的低速货车	30	≤8.0	≤9.0	2.5
其他总质量不大于 3500kg 的汽车	50	≤21.0	≤22.0	2.5
铰接客车、铰接式无轨电车、汽车列车	30	≤9.5	≤10.5	3.0
其他汽车	30	≤9.0	≤10.0	3.0

第二，用充分发出的平均减速度检验行车制动性能

汽车、汽车列车在规定的初速度下急踩制动时充分发出的平均减速度及制动稳定

性要求应符合表 3.2 的规定，且制动协调时间对液压制动的汽车应小于等于 0.35s，对气压制动的汽车应小于等于 0.60s，对汽车列车、铰接客车和铰接式无轨电车应小于等于 0.80s。对空载检验的充分发出的平均减速度有质疑时，可用表 3.2 规定的满载检验充分发出的平均减速度进行。

表 3.2 制动减速度和制动稳定性要求

机动车类型	制动初速度 km/h	空载检验充分发出的平均减速度 m/s²	满载检验充分发出的平均减速度 m/s²	试验通道宽度 m
乘用车	50	≥6.2	≥5.9	2.5
总质量不大于 3500kg 的低速货车	30	≥5.6	≥5.2	2.5
其他总质量不大于 3500kg 的汽车	50	≥5.8	≥5.4	2.5
铰接客车、铰接式无轨电车、汽车列车	30	≥5.0	≥4.5	3.0
其他汽车	30	≥5.4	≥5.0	3.0

第三，进行制动性能检验时的制动踏板力或制动气压应符合以下要求：

a. 满载检验时

气压制动系：气压表的指示气压 ≤额定工作气压；

液压制动系：踏板力， 乘用车 ≤500N；

其它机动车 ≤700N。

b. 空载检验时

气压制动系：气压表的指示气压 ≤600kPa；

液压制动系：踏板力， 乘用车 ≤400N；

其它机动车 ≤450N。

第四，汽车、汽车列车在符合第三项规定的制动踏板力或制动气压下的路试行车制动性能若符合第一项或第二项，即为合格。

（2）应急制动性能检验

汽车（三轮汽车除外）在空载和满载状态下，按表 3.3 所列初速度进行应急制动性能检验，应急制动性能应符合表 3.3 的要求。

表 3.3 应急制动性能要求

机动车类型	制动初速度 km/h	制动距离 m	充分发出的平均减速度 m/s²	允许操纵力不应大于 N	
				手操纵	脚操纵
乘用车	50	≤38.0	≥2.9	400	500
客车	30	≤18.0	≥2.5	600	700
其它汽车（三轮汽车除外）	30	≤20.0	≥2.2	600	700

（3）驻车制动性能检验

在空载状态下，驻车制动装置应能保证机动车在坡度为 20%（对总质量为整备质量的 1.2 倍以下的机动车为 15%)、轮胎与路面间的附着系数不小于 0.7 的坡道上正、反两个方向保持固定不动,其时间不应少于 5min。

7. 台试检验制动性能

(1)行车制动性能检验

第一,汽车、汽车列车在制动检验台上测出的制动力应符合表 3.4 的要求。对空载检验制动力有质疑时,可用表 3.4 规定的满载检验制动力要求进行检验。

表 3.4　台试检验制动力要求

机动车类型	制动力总和与整车重量的百分比		轴制动力与轴荷[a]的百分比	
	空载	满载	前轴[b]	后轴[b]
乘用车、其他总质量不大于 3500kg 的汽车	≥60	≥50	≥60[c]	≥20[c]
其他汽车	≥60	≥50	≥60[c]	≥50[d]

[a] 用平板制动检验台检验乘用车时应按左右轮制动力最大时刻所分别对应的左右轮动态轮荷之和计算。

[b] 机动车(单车)纵向中心线中心位置以前的轴为前轴,其他轴为后轴;挂车的所有车轴均按后轴计算;用平板制动试验台测试并装轴制动力时,并装轴可视为一轴。

[c] 空载和满载状态下测试均应满足此要求。

[d] 满载测试时后轴制动力百分比不做要求;空载用平板制动检验台检验时应大于等于 35%;总质量大于 3500kg 的客车,空载用反力滚筒式制动试验台测试时应大于等于 40%,用平板制动检验台检验时应大于等于 30%。

第二,制动力平衡要求(两轮、边三轮摩托车和轻便摩托车除外)

在制动力增长全过程中同时测得的左右轮制动力差的最大值,与全过程中测得的该轴左右轮最大制动力中大者(当后轴及其他轴,制动力小于该轴轴荷的 60% 时为与该轴轴荷)之比,对新注册车和在用车应分别符合表 3.5 的要求。

表 3.5　台试检验制动力平衡要求

	前轴	后轴(及其他轴)	
		轴制动力大于等于该轴轴荷 60% 时	制动力小于该轴轴荷 60% 时
新注册车	≤20%	≤24%	≤8%
在用车	≤24%	≤30%	≤10%

第三,汽车的制动协调时间,对液压制动的汽车应小于等于 0.35s,对气压制动的汽车应小于等于 0.60s;汽车列车和铰接客车、铰接式无轨电车的制动协调时间应小于等于 0.80s。

第四,汽车车轮阻滞力要求:进行制动力检验时,汽车、汽车列车各车轮的阻滞力均应小于等于轮荷的 10%。

第五,合格判定要求

台试检验汽车、汽车列车行车制动性能时,检验结果同时满足第一项~第四项的,方为合格。

（2）驻车制动性能检验

当采用制动检验台检验汽车和正三轮摩托车驻车制动装置的制动力时，机动车空载、乘坐一名驾驶人、使用驻车制动装置、驻车制动力的总和应大于等于该车在测试状态下整车重量的20%，但总质量为整备质量1.2倍以下的机动车应大于等于15%。

（3）检验结果的复核

对机动车台架检验制动性能结果有异议的，在空载状态下按路试复检。对空载状态复检结果有异议的，以满载路试复检结果为准。

3.1.5 照明、信号装置和其它电气设备

1. 照明和信号装置的一般要求

汽车（三轮汽车除外）和轮式拖拉机运输机组均应具有危险警告信号装置，其操纵装置不应受灯光总开关的控制。对于牵引挂车的汽车，危险警告信号控制开关也应能打开挂车上的所有转向信号灯，即使在发动机不工作的情况下，仍应能发出危险警告信号。危险警告信号和转向信号灯的闪光频率应为 1.5Hz ± 0.5Hz，起动时间应小于等于 1.5s。如某一转向灯发生故障（短路除外）时，其他转向灯应继续工作，但闪光频率可以不同于上述规定的频率。

2. 前照灯

（1）远光光束发光强度要求

机动车每只前照灯的远光光束发光强度应达到表 3.6 的要求，并且同时打开所有前照灯（远光）时，其总的远光光束发光强度应符合 GB 4785 的规定。测试时，电源系统应处于充电状态。

表 3.6 前照灯远光光束发光强度最小值要求　　　　单位为坎德拉

机动车类型	检查项目					
	新注册车			在用车		
	一灯制	二灯制	四灯制[a]	一灯制	二灯制	四灯制[a]
三轮汽车	8 000	6 000	–	6 000	5 000	–
最大设计车速小于70km/h的汽车	–	10 000	8 000	–	8 000	6 000
其他汽车	–	18 000	15 000	–	15 000	12 000

[a] 四灯制是指前照灯具有四个远光光束；采用四灯制的机动车其中两只对称的灯达到两灯制的要求时视为合格。

[b] 允许手扶拖拉机运输机组只装用一只前照灯。

（2）光束照射位置要求

①检验前照灯近光光束照射位置时，前照灯照射在距离 10m 的屏幕上，乘用车前照灯近光光束明暗截止线转角或中点的高度应为 0.7H～0.9H（H 为前照灯基准中心高度，下同），其他机动车（拖拉机运输机组除外）应为 0.6H～0.8H。机动车（装用一

只前照灯的机动车除外）前照灯近光光束水平方向位置向左偏应小于等于170mm，向右偏应小于等于350mm。

②检验前照灯远光照射位置时，对于能单独调整远光光束的前照灯，前照灯照射在距离10m的屏幕上时，要求在屏幕光束中心离地高度，对乘用车为 0.85H ~ 0.95H（但不得低于前照灯近光光束明暗截止线转角或中点的高度），对其他机动车为 0.8H ~ 0.95H；机动车（装用一只前照灯的机动车除外）前照灯远光光束水平位置要求，左灯向左偏应小于等于170mm，向右偏应小于等于350mm，右灯向左或向右偏均应小于等于350mm。

3. 其它电气设备和仪表

机动车（手扶拖拉机运输机组除外）应设置具有连续发声功能的喇叭，喇叭声级在距车前2m、离地高1.2m处测量时，发动机最大净功率（或电动机最大输出功率总和）为 7kW 以下的摩托车为 80dB（A）~ 112dB（A），其他机动车为 90dB（A）~ 115dB（A）。教练车（三轮汽车除外）还应设置辅助喇叭开关，其工作应可靠。

3.1.6 行驶系

1. 轮胎要求

（1）公路客车、旅游客车和校车的所有车轮及其他机动车的转向轮不得装用翻新的轮胎；其他车轮如使用翻新的轮胎，应符合相关标准的规定

（2）同一轴上的轮胎规格和花纹应相同，轮胎规格应符合整车制造厂的出厂规定

（3）乘用车、摩托车和挂车轮胎胎冠上花纹深度应大于等于1.6mm，其他机动车转向轮的胎冠花纹深度应大于等于3.2mm；其余轮胎胎冠花纹深度应大于等于1.6mm

（4）轮胎的胎面和胎壁上不得有长度超过25mm或深度足以暴露出轮胎帘布层的破裂和割伤

2. 车轮总成的横向摆动量和径向跳动量，总质量小于等于3500kg的汽车应小于等于5mm，摩托车应小于等于3mm，其他机动车应小于等于8mm

3. 最大设计车速大于等于100km/h且轴荷小于等于1500kg的乘用车，悬架特性应符合 GB 18565 相关规定

3.1.7 传动系

离合器彻底分离时，踏板力应小于等于300N（拖拉机运输机组应小于等于350N），手握力应小于等于200N。

3.1.8 残疾人专用汽车的附加要求

1. 加装的制动和加速辅助装置应具有制动、加速互锁功能并保证制动灵活、方便，不会发生失效现象。制动和加速迁延控制手柄传动到制动踏板表面的正压力达到500N

时，控制手柄表面的正压力应小于等于300N

2. 加装的转向信号迁延开关及驻车制动辅助手柄应刚性固定。转向信号迁延开关应开关自如，功能可靠，不会因振动和其他外力条件而自行开关；驻车制动辅助手柄应操纵轻便、锁止可靠，操纵力应小于等于200N

3.2 营运车辆综合性能要求和检验方法

GB/T18565-2001《营运车辆综合性能要求和检验方法》标准规定了营运车辆的动力性、燃料经济性、制动性、转向操纵性、照明和信号装置及其他电气设备、排放与噪声控制、密封性、整车装备的基本技术要求和检验方法。该标准适用于营运车辆，非营运车辆可参照执行。

以下摘录了其部分内容。

3.2.1 动力性

1. 发动机性能

（1）发动机应有良好的起动性能，应能由驾驶员在驾驶座位上起动，当车辆置于：汽油发动机在不低于-5℃，柴油发动机在不低于5℃条件下，用起动机起动时，应在三次起动中至少有一次可在5s内起动，在做重复起动试验时，每次间隔2min

（2）发动机各气缸压缩压力应不小于原设计规定值的85%；每缸压力与各缸平均压力的差：汽油发动机应不大于8%，柴油发动机应不大于10%

2. 整车动力性

（1）按GB/T 18276的规定，整车动力性可用底盘测功机检测汽车驱动轮输出功率来评价

（2）驱动轮输出功率检测工况采用汽车发动机额定扭矩和额定功率时的工况，即发动机全负荷与额定扭矩转速和额定功率转速所对应的直接档（无直接档时，指传动比最接近于1的档）车速构成的工况

（3）在上述的检测工况下，采用校正驱动轮输出功率与相应的发动机输出总功率的百分比作为驱动轮输出功率的限值

$$\eta_{V_M} = P_{V_{MO}}/P_M \tag{3-1}$$

$$\eta_{V_P} = P_{V_{PO}}/P_e \tag{3-2}$$

式中：η_{V_M}——汽车在额定扭矩工况下的校正驱动轮输出功率与额定扭矩功率的百分比，%；

η_{V_P}——汽车在额定功率工况下的校正驱动轮输出功率与额定功率的百分比，%；

$P_{V_{MO}}$——汽车在额定扭矩工况下的校正驱动轮输出功率，kW；

$P_{V_{PO}}$——汽车在额定功率工况下的校正驱动轮输出功率，kW；

P_M——发动机在额定扭矩工况下的输出功率，kW；

P_e——发动机的额定功率，kW。

国产营运车辆的校正驱动轮输出功率的限值列于表3.7，其他车辆可参照执行。

（4）动力性合格的条件

$$\eta_{V_M} \geqslant \eta_{M_a} \tag{3-3}$$

$$或 \; \eta_{V_P} \geqslant \eta_{P_a} \tag{3-4}$$

式中：η_{M_a}——汽车在额定扭矩工况下的校正驱动轮输出功率与额定扭矩功率的百分比的允许值，%；

η_{P_a}——汽车在额定功率工况下的校正驱动轮输出功率与额定功率的百分比的允许值，%。

（5）轿车的动力性按额定扭矩工况进行检测和评价，其他车辆应按上述规定的两种合格条件中任选一种工况进行检测和评价

表 3.7　汽车驱动轮输出功率的限值

汽车类型	汽车型号		额定扭矩工况		额定功率工况	
			直接档检测车速 V_M km/h	校正驱动轮输出功率/额定扭矩功率的 η_{M_a} 限值%	直接档检测车速 V_M km/h	校正驱动轮输出功率/额定扭矩功率的 η_{P_a} 限值%
载货汽车	1010、1020 系列	汽油车	60	50	90	40
	1030、1040 系列	汽油车	60	50	90	40
		柴油车	55	50	90	45
	1050、1060 系列	汽油车	60	50	90	40
		柴油车	50	50	80	45
	1070、1080 系列	柴油车	50	50	80	45
	1090 系列	汽油车	40	50	80	45
		柴油车	55	50	80	45
	1100、1110 系列 1120、1130 系列	柴油车	50	45	80	40
	1140、1150、1160 系列	柴油车	50	50	80	40
	1170、1190 系列	柴油车	55	50	80	40
单挂列车[1]	10t 系列	汽油车	40	50	90	45
		柴油车	50	50	80	45
	15t、20t 系列	柴油车	45	45	70	40
	25t 系列	柴油车	45	50	75	40

续表

汽车类型	汽车型号		额定扭矩工况		额定功率工况	
			直接档检测车速 V_M km/h	校正驱动轮输出功率/额定扭矩功率的 η_{M_a} 限值%	直接档检测车速 V_M km/h	校正驱动轮输出功率/额定扭矩功率的 η_{P_a} 限值%
客车	6600 系列	汽油车	60	45	85	35
		柴油车	45	50	75	40
	6700 系列	汽油车	50	40	80	35
		柴油车	55	45	75	35
	6800 系列	汽油车	40	40	85	35
		柴油车	45	45	75	35
	6900 系列	汽油车	40	40	85	35
		柴油车	60	45	85	35
	6100 系列	汽油车	40	40	85	35
		柴油车	40	45	85	35
	6110 系列	汽油车	40	40	85	35
		柴油车	55	45	80	35
	6120 系列	柴油车	60	40	90	35
轿车	夏利、富康		$95/65^2$	$40/35^2$	–	–
	桑塔纳		$95/65^2$	$45/40^2$	–	–

注：5010～5040 系列厢式货车和罐式货车驱动轮输出功率的允许值按同系列普通货车的允许值下调2%；其它系列厢式货车和罐式货车驱动轮输出功率的允许值按同系列普通货车的允许值下调4%。

1. 半挂列车按载质量分类
2. 为汽车变速档使用三档时的参数值

3.2.2 燃油经济性

按规定的检验方法测得的汽车百公里燃油消耗量不得大于该车型原厂规定的相应车速等速百公里燃料消耗量的110%。

3.2.3 制动性

应急制动性能要求：汽车在制动试验台上，应急制动起作用时，其测得的制动力应符合表3.8规定。

表 3.8　汽车应急制动力要求

车辆类型	应急制动力总和占整车重量百分比,%	允许操纵力,N	
		手操纵	脚操纵
座位数≤9 的载客汽车	≥30	≤400	≤500
其他载客汽车	≥26	≤600	≤700
载货汽车	≥23	≤600	≤700

3.2.4　转向操纵性

1. 转向轻便性

（1）路试检测：汽车空载在平坦、干燥和清洁的硬路面上以 10km/h 的速度在 5s 之内沿螺旋线从直线行驶过渡到直径为 24m 的圆周行驶，施加于转向盘外缘的最大切向力不得大于 150N

（2）原地检测：汽车转向轮置于转角盘上，转动转向盘使转向轮达到原厂规定的最大转角，在全过程中用转向力测试仪测得的转动转向盘的操纵力不得大于 120N

2. 车辆的最小转弯直径以前外轮轨迹中心线为基线测量，其值不得大于 24m。转向轮的最大转向角应符合原厂规定的该车的有关技术条件。内、外轮转角应符合一定的几何比例关系

3. 悬架特性对于最大设计车速大于或等于 100km/h、轴载质量小于或等于 1500kg 的载客汽车，应按规定的方法进行悬架特性检测

（1）用悬架检测台按规定的方法检测时，受检车辆的车轮在受外界激励振动下测得的吸收率（被测汽车共振时的最小动态车轮垂直载荷与静态车轮垂直载荷的百分比值）应不小于 40%，同轴左右轮吸收率之差不得大于 15%

（2）用平板检测台按规定的方法检测时，受检车辆制动时测得的悬架效率应不小于 45%，同轴左右轮悬架效率之差不得大于 20%

3.2.5　照明和信号装置及其他电气设备

1. 前照灯光束照射位置检验按 12.6 规定的方法进行

2. 汽车每只前照灯远光光束发光强度应达到如下要求：

两灯制：12000cd；四灯制：10000cd

测试时，电源系统可处于充电状态。采用四灯制的汽车，其中两只对称的灯达到两灯制的要求时，视为合格

3.2.6 排放与噪声控制

1. 排气污染物控制

（1）装配点燃式发动机的车辆排气污染物控制

第一，按 GB 18352 通过型式认证的轻型汽车，应进行双怠速试验或加速模拟工况（ASM）试验。

装配点燃式发动机的车辆双怠速试验按规定的方法进行，其排气污染物限值见表3.9。加速模拟工况试验按规定的方法进行，其排气污染物限值见表3.10。

表3.9 装配点燃式发动机的车辆双怠速试验排气污染物限值

车辆类型	怠速		高怠速	
	CO%	HC10^{-6} [1]	CO%	HC10^{-6} [1]
2001 年 1 月 1 日以后上牌照的 M$_1$[2] 类车辆	0.8	150	0.3	100
2002 年 1 月 1 日以后上牌照的 N$_1$[3] 类车辆	1.0	200	0.5	150

注：1）HC 容职浓度值按正己烷当量。

2）M$_1$ 指车辆设计乘员数（含驾驶员）不超过 6 人，且车辆最大总质量不超过 2500kg。

3）N$_1$ 还包括设计上乘员数（含驾驶员）超过 6 人，或车辆最大总质量超过 2500kg 但不超过 3500kg 的 M 类车辆。

表3.10 装配点燃式发动机的车辆加速模拟工况试验排气污染物限值

车辆类型	基准质量（RM）kg	ASM 5025			ASM 2540		
		HC/10^{-6} [1]	CO,%	NO/10^{-6}	HC/10^{-6} [1]	CO,%	NO/10^{-6}
2001 年 1 月 1 日以后上牌照的 M$_1$[2] 类在用车	<1050	260	2.2	2500	260	2.4	2300
	<1250	230	1.8	2200	230	2.2	2050
	<1470	190	1.5	1800	190	1.8	1650
	<1700	170	1.3	1550	170	1.5	1400
	<1930	150	1.1	1350	150	1.3	1250
	<2150	130	1.0	1200	130	1.2	1100
	<2500	120	0.9	1050	120	1.1	1000

续表

车辆类型	基准质量 （RM）kg	ASM 5025			ASM 2540		
		$HC/10^{-6\ 1)}$	CO,%	$NO/10^{-6}$	$HC/10^{-6\ 1)}$	CO,%	$NO/10^{-6}$
2001 年 1 月 1 日以后上 牌照的 $N_1^{3)}$ 类在用车	<1050	260	2.2	2500	260	2.4	2300
	<1250	230	1.8	2200	230	2.2	2050
	<1470	250	2.3	2700	250	3.2	2600
	<1700	190	2.0	2350	190	2.7	2200
	<1930	220	2.1	2800	220	2.9	2600
	<2150	200	1.9	2500	200	2.6	2300
	<2500	180	1.7	2250	180	2.4	2050
	<3500	160	1.5	2000	160	2.1	1800
1）HC 容积浓度值按正已烷当量； 2）M_1是指车辆设计乘员数（含驾驶员）不超过 6 人，且车辆最大总质量不超过 2500kg。 3）N_1还包括设计上乘员数（含驾驶员）超过 6 人，且车辆最大总质量超过 2500kg 但不超过 3500kg 的 M 类车辆。							

第二，除上述规定的其它 M、N 类装配点燃式发动机的车辆应按规定的方法进行怠速试验，怠速试验排气污染物限值见表 3.11。

表 3.11 装配点燃式发动机的车辆怠速试验排气污染物限值

车辆类型	轻型车		重型车	
	CO,%	$HC/10^{-6 1)}$	CO,%	$HC/10^{-6 1)}$
1995 年 7 月 1 日以前生产的在用车	4.5	1200	5.0	2000
1995 年 7 月 1 日起前生产的在用车	4.5	900	4.5	1200
1) HC 容积浓度值按正已烷当量				

（2）装配压燃式发动机的车辆排气污染物控制

第一，按 GB 18352 通过型式认证的装配压燃式发动机的车辆，应按规定方法进行自由加速排气可见污染物试验，排气可见污染物限值见表 3.12。

第二，除上述规定的其它装配压燃式发动机的车辆应按规定方法进行自由加速烟度试验，自由加速试验烟度排放限值见表 3.13。

表 3.12 装配压燃式发动机的车辆自由加速试验排气可见污染物限值

车辆类型	光吸收系数 m^{-1}
2001 年 1 月 1 日以后上牌照的在用车	2.5
2001 年 1 月 1 日以后上牌照装配废气涡轮增压的在用车	3.0

表 3.13　装配压燃式发动机的车辆自由加速试验烟度排放限值

车辆类型	烟度值 R_b
1995 年 7 月 1 日以前生产的在用车	4.7
1995 年 7 月 1 日起前生产的在用车	4.0

2. 汽车噪声控制

（1）汽车定置噪声：按规定的方法进行测量，其限值如表 3.14 所示

表 3.14　汽车定置噪声限值（dB）

车辆类型	燃料种类		车辆出厂日期	
			1998 年 1 月 1 日以前	1998 年 1 月 1 日及以后
轿车	汽油		87	85
微型客车、货车	汽油		90	88
轻型客车、货车越野车	汽油	$n_r \leq 4300r/min$	94	92
		$n_r > 4300r/min$	97	95
	柴油		100	98
中型客车、货车大型客车	汽油		97	95
	柴油		103	101
重型货车	$N \leq 147kW$		101	99
	$N > 147kW$		105	103

注：N——汽车发动机额定功率

n_r——发动机额定转速

（2）客车车内噪声声级应不大于 82dB（A），中级以上营运客车车内噪声声级应不大于 79dB（A）。其检验按规定方法进行

（3）汽车驾驶员耳旁噪声声级应不大于 86dB（A），其检验方法按相关规定进行

（4）喇叭声级：汽车喇叭声级在距车前 2m、离地高 1.2m 处用声级计测量时，其值应为 90dB（A）～115dB（A）

3.2.7　整车装备

1. 用轴（轮）荷仪测量车辆的前后轴（轮）荷及整车重量，在整备质量状态下测得的值应不超出汽车制造厂规定的该车整备质量的 5%

2. 车速表检查车速表允许误差范围为 +20%～-5%，即当实际车速为 40km/h时，车速表指示值应为 38km/h～48km/h。其检验方法按规定方法进行

3. 滑行性能（推荐）

（1）用底盘测功机检测时，按规定的方法测得的初速为 30km/h 的滑行距离，应符合表 3.15 的规定

表 3.15　车辆滑行距离要求

汽车整备质量 M/kg	双轴驱动车辆滑行距离，m	单轴驱动车辆滑行距离，m
$M < 1000$	≥104	≥130
$1000 \leqslant M \leqslant 4000$	≥120	≥160
$4000 < M \leqslant 5000$	≥144	≥180
$5000 < M \leqslant 8000$	≥184	≥230
$8000 < M \leqslant 11000$	≥200	≥250
$M > 11000$	≥214	≥270

（2）路试检测时，按规定的方法测得的初速为 30km/h 的滑行距离应符合表 3.15 的规定

（3）按规定的方法测得的滑行阻力 P_s 应符合

$$P_s \leqslant 1.5\% M \cdot g \tag{3-5}$$

式中，P_s——滑行阻力，

M——汽车的整备质量，kg；

g——重力加速度，9.8m/s²。

（4）车辆的滑行性能符合上述任一项即为合格

4. 行驶系

（1）最大设计车速超过 120km/h 的车辆，其车轮应做动平衡，并应符合有关技术要求

（2）车轮总成的横向摆动量和径向跳动量：总质量小于或等于 4500kg 的汽车不得大于 5mm；其他车辆不得大于 8mm

5. 汽车列车

（1）汽车列车的比功率

$$P_d = P_e / m_t \tag{3-6}$$

式中：P_d——汽车列车的比功率，kW/t；

P_e——汽车列车发动机功率，kW；

m_t——汽车列车最大总质量，t。

汽车列车的比功率应符合以下规定：

$$m_t < 18t: \qquad P_d \geqslant 6.88$$

$$18t \leqslant m_t < 43t: P_d \geqslant 4.40 + 38.80/m_t$$

$$m_t \geqslant 43t: \qquad P_d \geqslant 5.40$$

（2）汽车列车在平坦干燥的路面上直线行驶时，挂车后轴中心相对于牵引车前轴中心的最大摆动幅度：全挂汽车列车应不大于 200mm；半挂汽车列车应不大于 100mm

（3）汽车列车制动滞后时间：挂车最后轴制动动作滞后于牵引车前轴制动动作的时间不得大于 0.2s

▼ 3.2.8 检验方法

1. 用底盘测功机检测汽车驱动轮输出功率

按 GB/T 18276 – 2000 中 4.1 和 4.2 的规定进行检验。

2. 燃料经济性检验

（1）用底盘测功机检测汽车等速百公里燃料消耗量

第一，检测环境条件：环境温度：0℃ ~ 40℃；环境湿度小于 85%；大气压力：80kPa ~ 110kPa。

第二，台架和车辆的准备。

a. 测试前车辆应预热至正常热状态，车辆轮胎规格和气压应符合该车技术条件的规定；

b. 底盘测功机应预热到正常工作温度，底盘测功机和油耗计应符合使用要求，工作正常；

c. 测量并记录环境温度、大气压力和燃料密度。

第三，检测方法。

a. 在底盘测功机上设定检测车速：轿车：60km/h；其他车辆：50km/h。

b. 将被测汽车驱动轮平稳驶至底盘测功机滚筒上，启动汽车，逐步加速并换至直接档（无直接档至最高档），使车速达到规定的车速。给测功机加载 P_{PAU}，使其模拟汽车满载等速行驶在平坦良好路面时的行驶阻力功率 P：

$$P = P_{PAU} + P_{PL} + P_{F} \qquad (3-7)$$

式中：P——汽车满载等速行驶在平坦良好路面时的行驶阻力功率；

$\quad\quad P_{PAU}$——底盘测功机吸收单元的吸收功率；

$\quad\quad P_{PL}$——测功机内部摩擦损失功率，由底盘测功机生产厂家给出；

$\quad\quad P_{F}$——汽车驱动轮、传动系等的摩擦损失，由测功机使用者自行测定。

当 $P_{PL} + P_{F} \geqslant P$ 时，则车辆不能在该测功机上进行检测；

当 $P_{PL} + P_{F} < P$ 时，则需调整 P_{PAU}，使 $P_{PAU} + P_{PL} + P_{F} = P$。

其中行驶阻力功率 P 可按 GB18352.1 ~ 18352.2—2001 附件 CC 的有关规定试验测得，试验时基准质量为车辆满载；也可以按汽车在平坦良好路面等速行驶所消耗的功率值计算得到。

c. 待车速稳定后开始测量，要求测量不低于 500m 距离的燃料消耗量。连续测量 2 次并记录。

d. 计算等速百公里燃料消能量和 2 次的算术平均值。

第四，检测结果的重复性检验。

a. 检验结果的重复性按第 95 百分位来判断；

b. 标准差：第 95 百分位分布的标准差 R 与重复性检测次数 n 有关，如表 3.16 所示。

表 3.16　标准差且与重复性检测次数 N 的关系

n	2	3	4	5	6
R, L/100km	$0.053Q_{mp}$	$0.063Q_{mp}$	$0.069Q_{mp}$	$0.073Q_{mp}$	$0.085Q_{mp}$
注：Q_{mp} 为每次检测时，n 次检测所得百公里燃油消耗量算术平均值（L/100km）					

c. 重复性检验

$\triangle Q_{mp}$ 为每次检测时，N 次检测结果中最大值与最小值之差，单位为 L/100km。

$\triangle Q_{mp} < R$ 时，则检测结果的重复性好，不必增加检测次数。

$\triangle Q_{mp} > R$ 时，则检测结果的重复性差，必须增加检测次数。

第五，检测数据的校正：燃料消耗量的检测值均应校正到标准状态下的数值。

a. 标准状态

环境温度：20℃；大气压力：100kPa；汽油密度：0.742g/cm³

柴油密度：0.830g/cm³

b. 校正公式：

$$Q_{mj} = Q_{mp} / (C_1 \times C_2 \times C_3) \tag{3-8}$$

式中：Q_{mj}——检测百公里燃料消耗量校正值，L/100km；

　　　Q_{mp}——检测百公里燃料消耗量算术平均值，L/100km；

　　　C_1——环境温度校正系数，$C_1 = 1 + 0.0025 (20 - T)$；

　　　C_2——大气压力校正系数，$C_2 = 1 + 0.0021 (P - 100)$；

　　　C_3——燃料密度的校正系数，汽油机：$C_3 = 1 + 0.8 (0.742 - G_s)$；

柴油机：$C_3 = 1 + 0.8 (0.83 - G_d)$；

　　　T——检测时的环境温度，℃；

　　　P——检测时的大气压力，kPa；

　　　G_s——检测时的汽油平均密度，g/cm³；

　　　G_d——检测时的柴油平均密度，g/cm³。

（2）路试检测汽车百公里燃料消耗量

①不能用底盘测功机检测汽车百公里燃料消耗量的，可按 GB/T 12545 - 1990 中 6.1 ~ 6.3 的规定，采用道路试验进行规定检测车速的等速试验。②路试百公里燃料消耗量的检测值应按规定校正到标准状态下的数值。

✵ 3.3　汽车综合性能检测站能力的通用要求

GB/T 17993 - 2005《汽车综合性能检测站能力的通用要求》标准规定了汽车综合性能检测站开展汽车综合性能检测工作应具备的服务功能、管理、技术能力以及场地和设施的要求。本标准适用于汽车综合性能检测站建设、运行管理以及对汽车综合性能检测站能力认定、委托检测和监督管理。

3.3.1 术 语

汽车综合性能检测站是指按照规定的程序、方法，通过一系列技术操作行为，对在用汽车综合性能进行检测（验）评价工作并提供检测数据、报告的社会化服务机构。简称综检站。

3.3.2 服务功能

1. 依法对营运车辆的技术状况进行检测
2. 依法对车辆维修竣工质量进行检测
3. 接受委托，对车辆改装（造）、延长报废期、及其相关新技术、科研鉴定等项目进行检测
4. 接受交通、公安、环保、商检、计量、保险和司法机关等部门、机构的委托，为其进行规定项目的检测

3.3.3 管理要求

1. 组织

（1）综检站应具有明确的法律地位，应为独立承担法律责任的社会化法人机构（非独立法人的需经所属独立法人授权）

（2）综检站从事检测工作应符合本标准的要求

（3）综检站的组织管理应覆盖检测工作的各个方面

（4）综检站应设置管理、检测操作、质量审核监督等基本岗位，各岗位人员的数量、素质应与其工作相适应，需规定对检测质量有影响的主要岗位人员的职责、权力和相互关系，并通过明示的方法被客户所了解

2. 质量体系

（1）综检站应按 GB/T 15481 建立、健全质量体系，应将其政策、制度、计划、管理程序、检测规范等制定成文件，构成质量体系文件，应符合计量认证的相关规定

（2）质量体系文件包括内部制订文件和外来文件

内部制订文件应至少包括：质量手册、支持性程序文件、主要仪器设备操作规程、检测作业指导书、委托检测受理程序、外部抱怨处理程序、生产安全保障制度、检验人员守则、服务公约等。

外来文件应至少包括：所有开展检测工作依据标准、委托检测机构有关管理政策、法规等文件。

（3）综检站的质量体系应覆盖检测工作的各个方面

（4）综检站应实施并保持与其承担检测工作相适应的质量体系

3. 文件控制

（1）质量体系文件应由综检站最高管理者或其授权人员审查并批准后使用，并通过适当的标识确保其现行有效

（2）质量体系文件应传达至有关人员，并被其获取、理解和执行

（3）应定期核查质量体系文件的适用性和时效性，确保其现行有效

（4）质量体系文件的修改、变更应经过最高管理者或其授权人员审查并批准，并确保所有发放使用的受控文件被替换

（5）全部质量体系文件原件应存档，应建立适用的档案管理制度，并规定不同文件的保存周期

（6）应有保护客户机密信息和所有权的措施，包括电子存储和结果数据传输等

4. 服务

（1）综检站应通过适当的方式，保证各类检测的具体项目、收费价格、检测工作的具体流程、检测适用标准、被检参数的限值和依据方便客户了解，并依据相关标准的要求、程序和规范，开展检测服务

（2）检测报告应采用规范的格式或委托方要求的格式提供给客户

（3）应制定程序并采用适当手段，在不影响检测工作和保护其它客户机密的条件下，允许客户监督对其委托业务进行的检测工作

5. 抱怨处理

（1）应有程序文件处理来自客户的抱怨，并有效实施。抱怨包括对检测工作质量、检测数据结果有异议的申诉和损害客户利益的投诉以及改进检测工作的意见和建议等

（2）抱怨处理程序应包括责任部门、处理程序、受理范围、受理期限、经济责任等，并以适当的方式明示，被客户了解

6. 事故、差错控制

（1）应有程序文件处理检测过程中出现的事故和差错，并有效实施

（2）程序文件应包括责任部门和责任人、处理程序、纠正和预防措施的实施、不良后果的挽回和客户损失的补偿以及处理结果的跟踪

7. 记录、报告的控制

（1）应建立记录、报告控制文件，包括质量记录、技术记录、结果报告等。质量记录应包括来自内部质量管理的过程记录等；技术记录、结果报告包括检测过程记录、检测报告、检测结果统计、分析报告等

（2）记录、报告格式应符合一定的规范要求，包含的信息齐全，并有授权签字人确认

（3）记录、报告应以便于存取的方式保存在安全的环境中，并符合相关法规、政策、制度、标准的规定，记录、报告的保存期限不少于两年

（4）应制订计算机自动生成、存档记录、报告控制程序，防止未经授权的侵入或修改以及数据的丢失

8. 质量审核和评审

（1）应制订程序文件定期对检测工作、质量体系运行的各要素进行审核和评审，

能保证检测工作、质量保证体系合理、有效运行，并持续改进

（2）质量审核、评审应涉及质量体系的全部要素，包括与检测业务相关的管理工作和检测工作

（3）应定期对检测工作进行质量审核（每年不少于两次）、评审（每年应至少一次）

▽ 3.3.4 技术能力要求

1. 人员

（1）基本要求

①综检站应设站长（或其它称谓）、技术负责人、质量负责人、计算机控制网络系统管理员、检测员、引车员，以及仪器、设备（维护）管理员、文件资料档案管理员等主要岗位。（注：本标准主要岗位人员不是岗位设置要求，允许1人多岗，但均须达到本标准规定的从业岗位的要求，质量负责人不宜兼职。）②应制订人员培训制度，并有效实施，保证检测有关人员能按新的检测标准开展检测工作。③对持证上岗从业人员，应通过专门培训，取得岗位从业资格证书后，方可上岗。

（2）站长

①熟悉国家、行业、地方关于汽车检测方面的政策、法令、法规、规定、相关标准。②熟悉汽车检测业务，具有大专（含）以上学历、中级（含）以上职称，具备企业经营、管理能力。

（3）技术负责人

①应具有汽车运用工程或相近专业大专（含）以上学历和中级（含）以上工程技术职称。②掌握汽车理论和汽车构造知识，有三年以上的汽车维修或检测工作经历。③熟悉国家、行业、地方有关汽车维修检测方面的政策、法规、规定及相关标准。④掌握检测设备的性能，具有使用检测设备的知识和分析测量误差的能力，能组织检测仪器、设备校准和计量检定工作。

（4）质量负责人

①应具有汽车运用工程或相近专业大专（含）以上学历和中级（含）以上工程技术职称。②熟悉检测技术标准和检测仪器、设备检定规程，熟知计量认证和质量控制要素，胜任检测站全面质量管理工作。

（5）计算机控制网络系统管理员

①应具有计算机相关专业大专（含）以上学历，具备计算机网络管理知识。②掌握检测技术标准，熟悉检测仪器、设备的控制原理、计算机控制系统的构架、各业务节点的操作和设置、数据库的结构和维护管理等。

（6）检测员

①应具有高中（含）以上学历，了解汽车各系统的工作原理、构造和有关使用、安全性能知识及维修经验。②熟悉所在工位检测仪器、设备的性能，具备使用检测仪器、设备的知识，熟练掌握检测操作规程。③掌握检测项目的技术标准，能独立进行

一般数据处理工作。④了解综检站计算机控制网络的构成和业务节点，熟知汽车综合性能检测工艺流程及相关标准，具有计算机操作和计算机网络系统的基本知识。

（7）引车员

①应具备规定的检测员资格条件。②应持有与驾驶车型相对应的机动车驾驶证，从事汽车驾驶三年以上的工作经历，并取得汽车驾驶中级及其以上等级证书。

（8）仪器设备管理员

①应具有中专或相当于中专（含）以上学历和技术员（含）以上技术职称。②掌握汽车构造和原理的一般知识。③掌握检测仪器设备的性能和使用，具备检测设备管理知识，能对检测仪器设备进行维护、保养、校准。

（9）文件资料档案管理员

①应具有中专（含）或相当于中专以上学历，熟悉国家档案管理、保密法规和综检站管理工作程序。②了解综检站使用的检测标准、方法，能为检测人员提供受控标准和更新。③胜任综检站质量体系文件及其运行、验证等资料的管理工作。

2. 检测项目与参数

（1）综检站应具备附录 A 所示检测项目或参数的能力

（2）综检站应依据相关标准或根据客户委托制定的检测方法开展检测工作

（3）综检站按 GB18565、GB7258、JT/T 198、GB/T 18344、GB/T 15746.1～15746.3、GB 1589、GA 468 规定的要求开展检测工作，应采用计算机控制联网方式进行检测

（4）综检站应制订开展新的检测工作的程序，保证所开展检测工作能满足预定用途或应用领域的要求

3. 检测仪器设备

（1）综检站应配备与检测项目或参数相应的检测仪器设备。仪器设备主要技术要求应符合附录 A 中的规定

（2）综检站配备的检测仪器设备应通过产品型式认定，并有产品检验合格证和制造计量器具许可证标志。进口检测设备参照执行

（3）综检站配备的检测仪器设备应符合相应检测仪器设备计量检定规程和检测用标准要求的测量范围、分辨力、准确度等级或允许误差，满足相应仪器设备国家、行业产品标准的要求，使用的计量检测仪器设备应按规定周期经过检定合格

（4）综检站配备的检测仪器设备应与被检测车辆的主要技术参数相适应

（5）主要检测仪器设备应能进行计算机联网，实现自动检测，应具备计算机联网受控检测功能的仪器设备见附录 A

4. 计算机控制检测系统

（1）控制系统应具有车辆信息的登录、规定项目与参数的受控自动检测、检测数据的自动传输与存档、检测报告与统计报表的自动生成、指定信息的查询等功能，所有记录（包括报告和报表）格式及内容均应符合有关规定

（2）控制系统配置的计算机等硬件和操作系统等软件应符合相关标准的要求

（3）控制系统应建立适用检测车型数据库和适用检测标准项目、参数限值数据库，

并符合相关委托检测行业管理的要求

（4）控制系统不应改变联网检测仪器设备的测试原理、分辨力、测量结果数据有效位数和检测结果数据，检测参数的采集、计算、判定应符合有关标准

（5）应具有人工检验项目和未能联网的检测仪器设备检测结果的人工录入功能（IC 卡或其它方式）

（6）应设置检测标准、系统参数等数据修改的访问权限及操作日志

（7）计算机控制系统其它要求应符合 JT/T478 的有关规定

3.3.5 场地和设施

1. 基本要求

（1）综检站应有科学的总体规划设计和工艺布局，合理设置汽车检测线、检测间、检测工位、计算机控制系统、停车场、试车道路、业务厅等设施

（2）综检站的设计和使用须有消防通道、消防设施等，并严格执行国家、行业、地方有关消防条例、法规的规定

（3）综检站应有必要的绿化面积和卫生设施，符合 GBZ1 的有关规定

（4）综检站的供电设施应符合 GB 50055 的有关规定

（5）综检站的建筑物防雷措施、防雷装置均应符合 GB 50057 的有关规定

2. 检测线

（1）检测线应布置在检测间内，应按规定的检测项目配置检测工位

（2）检测工艺流程应布置合理，各检测工位应有足够的检测面积，检测时各工位应互不干涉

（3）检测线出入口应设引车道和必要的交通标志，应有醒目的工位标志、检测流程指示信号，应有避免非检测人员误入检测工作区的安全防护装置等

3. 检测间

（1）检测间的长度、宽度、高度应满足检测车型检测工作的需要，并符合建筑标准的要求

（2）检测间应通风、防雨，并设置排（换）气、排水装置，检测间内空气质量应符合 GBZ1 的有关规定

（3）检测间通道地面的纵向、横向坡度在全长和任意 10m 长范围内应不大于1.0%，平整度应不大于 3.0‰，在汽车制动检验台前后相应距离内，地面附着系数应不低于 0.7

（4）检测间内采光和照明应符合 GB/T 50033 和 GB 50034 的有关规定

4. 停车场和试车道路

（1）停车场的面积应与检测能力相适应，不允许与检测场地、试车道路和行车道路等设施共用

（2）试车道路的承载能力应满足受检汽车的轴荷需要，试车道路应符合 GB/T 12534、GB 7258 的相关要求

3.4 汽车检测站

随着汽车工业的高速发展，汽车业已成为当今社会不可缺少的交通运输工具，其保有量越来越大。如何科学、快速、定量、准确的检测汽车技术状况，人类一直在探求，从单一的测试仪表，到专用的检测设备、自检测技术、故障诊断专家等，汽车检测技术一直在不断前行。汽车检测站就是在这种情况下应运而生，并随之而发展壮大起来的。

汽车检测站是综合运用现代检测技术，对汽车实施不解体检测、诊断的机构。它有现代的检测设备和检测方法，能在室内检测出车辆的各种参数并诊断出可能出现的故障，为全面、准确评价汽车的使用性能和技术状况提供可靠的依据。汽车检测站不仅是政府车管机关或行业对汽车技术状况进行检测和监督的机构，而且已成为汽车制造企业、汽车运输企业、汽车维修企业中不可缺少的重要组成部分。

3.4.1 汽车检测站类型

按不同的分类方法，汽车检测站可分为不同的类型。

1. 按服务功能分类

按服务功能分，汽车检测站可分为安全检测站、维修检测站和综合检测站三种类型。

安全检测站是国家的执法机构，不是营利型企业。它按照国家规定的车检法规，定期检测车辆中与安全和环保有关的项目，以保证汽车安全行驶，并将污染降低到允许的限度。这种检测站对检测结果往往只显示"合格""不合格"两种，而不作具体数据显示和故障分析，因而检测速度快，生产效率高。检测合格的车辆凭检测结果报告单办理年审签证，在有效期内准予车辆行驶。安全检测站一般由车辆管理机关直接建立，或由车辆管理机关认可的汽车运输企业、汽车维修企业等单位建立，也可多方联合建立。

维修检测站主要是从车辆使用和维修的角度，担负车辆维修前、后的技术状况检测。它能检测车辆的主要使用性能，并能进行故障分析与诊断。它一般由汽车运输企业或汽车维修企业建立。

综合检测站既能担负车辆管理部门的安全环保检测，又能担负车辆使用、维修企业的技术状况诊断，还能承接科研或教学方面的性能试验和参数测试。这种检测站检测设备多，自动化程度高，数据处理迅速准确，因而功能齐全，检测项目广且深度大。

2. 按规模大小分类

按规模大小分，汽车检测站可分为大、中、小三种类型。

大型检测站检测线多，自动化程度高，年检能力大，且能检测多种车型；中型检测站至少有两条检测线；小型检测站主要指那些服务对象单一的检测站，如规模不大的安全检测站和维修检测站。

3. 按自动化程度分类

按检测线的自动化程度分，汽车检测站可分为手动式、半自动式和全自动式三种类型。

手动检测站由人工手动控制检测过程，从各单机配备的指示装置上读数，笔录检测结果或由单机配备的打印机打印检测结果，因而工作人员多、检测效率低、读数误差大，多适用于维修检测站。

全自动检测站利用微机控制系统，除车辆的外观检查工位仍需人工检查外，能自动控制其它所有工位上的检测过程，使设备的启动与运转、数据采集、分析判断、存储、显示和集中打印报表等全过程实现自动化。由于全自动检测站自动化程度高，检测效率高，能避免人为的判断错误，因而获得广泛应用，目前国内外的安全检测站多为这种型式。

半自动检测站的自动化程度或范围介于手动和全自动检测站之间，一般是在原手动检测站的基础上将部分检测设备（如侧滑试验台、制动试验台、车速表试验台等）与微机联网以实现自动控制，而另一部分检测设备（如烟度计、废气分析仪、前照灯检测仪、声级计等）仍然手动操作。当微机联网的检测设备因故不能进行自动控制时，各检测设备仍可手动使用。

4. 按检测站工作职能分类

根据检测站的工作职能分，检测站可分为A级站、B级站和C级站三种类型。

A级站能全面承担检测站的任务，即能检测车辆的制动、侧滑、灯光、转向、前轮定位、车速、车轮动平衡、底盘输出功率、燃料消耗、发动机功率和点火系状况以及异响、磨损、变形、裂纹、噪声、废气排放等状况。

B级站能承担在用车辆技术状况和车辆维修质量的检测，即能检测车辆的制动、侧滑、灯光、转向、车轮动平衡、燃料消耗、发动机功率和点火系状况以及异响、变形、噪声、废气排放等状况。

C级站能承担在用车辆技术状况的检测，即能检测车辆的制动、侧滑、灯光、转向、车轮动平衡、燃料消耗、发动机功率以及异响、噪声、废气排放等状况。

5. 按站内检测线数分类

按站内检测线分，可分成单线检测站、双线检测站、三线检测站等多种类型。

6. 按所有制类型分类

按所有制类型分，可分为国营检测站、集体经营检测站、个体私营检测站三种类型。

3.4.2 检测站组成及检测工位设置

1. 检测站组成

汽车检测站主要由一条至数条检测线组成。对于独立而完整的检测站，除检测线

67

外，还应包括停车场、清洗站、泵气站、维修车间、办公区和生活区及其它辅助设施。

（1）检测线

检测线一般设置在检测车间内。检测车间根据检测站所承担的检测项目及执行的技术标准，设有一条、两条或多条检测线。检测线需根据工艺流程保证各检测工位有足够的空间，防止各工位间相互干涉，以形成流水作业，提高检测效率。

（2）停车场

停车场是停放被检车辆的场地。它一般分为待检停车区和已检停车区，两者间应有明显的标识标记区分。停车场设置时，进检车辆、待检车辆和已检车辆的行驶路线要符合检测工艺流程，不能有相互交叉和碰头现象，避免发生拥堵，以保障检测线高效运行。

（3）清洗站

车辆上线前，对有泥污、油垢等污染的待检汽车进行清洗，为准确检测做好准备。

（4）泵气站

保障车辆上线前具备技术文件规定的轮胎气压。

（5）维修车间

对检测车辆进行维修工作，恢复其工作性能，使其达到检测标准。

（6）办公区

检测站的办公场所。车辆报检、报表打印、办证等工作在办公区内完成。办公区内设置检测站的检测工作程序、员工守则、服务质量承诺、收费标准以及其它信息资料；设置车主休息区域；违章处理区域等。

（7）辅助设施

指为车辆检测提供服务和保障的各种设施的总称。如：检测所需的能源供给设施、职工休息生活设施、车辆调度设施等。

2. 检测线的工位布置

检测工位是指对车辆进行独立检测作业的工作位置。工位布置及布局是指按照一定的要求和方法，根据生产纲领、检测项目及参数等，确定检测线的工位和工艺流程。

不论安全环保检测线，还是综合检测线，它们都是由多个检测工位组成。虽然检测线工位的设置、工位检测项目的安排和检测顺序的确定无标准规定，但工位布置大多采用直线通道式，即检测工位按一定顺序分布在直线通道上，这样有利于流水作业。检测线的工艺布局还要考虑到企业的生产规模，检验节拍要和生产节拍一致，同时应考虑每个工位的检测节拍。即各工位检测时间大体上相等，后面工位比前面工位检测的时间短一些，以保证线上检测车辆顺畅。生产企业规模较大时还应考虑多条检测线来满足要求。

一般在工位布置设计时，考虑在空间设置上，保证绝大部分车型不会发生空间上的干涉，占地面积小；同时，需遵循"三最"原则。

第一，对现场的污染最小。将排污较大的检测项目靠近大门，并设在主风向的下风位，以减少车间内部污染，如：汽车排放检测。

第二，对检测精度的影响小。如将前照灯检测布置在车间中央，避免阳光照射引起检测误差。

第三，检测时全线综合效率最高、所需人员最少。

3.4.3 车辆检测标准

机动车安全技术检验是指机动车安全技术检验机构按照有关法律、行政法规的规定，根据车辆用途、载客载货数量、使用年限等不同情况，按照国家机动车安全技术检验标准，定期检验机动车是否符合国家机动车安全技术标准。

目前，我国机动车按照公共安全行业标准（GB468－2012《机动车安全检验项目和方法》）检验机动车是否符合 GB7258－2012《机动车运行安全技术条件》等国家机动车安全技术标准规定的技术要求；对营运车辆依照 GB18565－2001《营运车辆综合性能要求和检验方法》进行技术检验。

除此之外，与机动车安全技术检验、综合性能要求相关的国家标准还有：GB18285－2005《点燃式发动机汽车排气污染物排放限值及测量方法（双怠速法及简易工况法）》，GB3847－2005《车用压燃式发动机和压燃式发动机汽车排气烟度排放限值及测量方法》，GB14763－2005《装用点燃式发动机重型汽车燃油蒸发污染物排放限值》，GB4785－2007《汽车及挂车外部照明和光信号装置的安装规定》等等。

3.4.4 检测任务与内容

1. 安全与环保性能检测

安全与环保性能检测主要包括两方面内容：①检查与安全行车相关的项目。例如：灯光、制动、侧滑、车速表等；②检查与环保相关的项目。例如：汽车尾气排放情况等。所以，这类检测站也称为安全环保型检测站，它承担公安部门的检测业务，接受质量技术监督部门的管理。

根据有关政策法规的要求，汽车的安全与环保性能检测站具有以下几种基本检验功能：

（1）注册检验

《中华人民共和国道路交通管理条例》第 17 条规定："车辆必须经过车辆管理机关检验合格，领取号牌、行驶证，方准行驶。"所以车主在使用汽车之前，必须首先到车管部门指定的检测站对汽车做初次检验，合格之后方可办理登记申请，领取号牌、行驶证等手续。

注册检验的目的，是保证汽车来源的合法性，保证汽车在技术性能方面必须符合国家有关规定的要求。

（2）在用车检验

在用车检验就是在用汽车必须按照公安部门的要求，定期到指定的检测站进行安全技术方面的检验。许多国家都有对在用车进行定期检验的要求。通过定期检查，可及时发现技术上的问题。凡检查不合格的，不准上路，必须进行调整或修理。

目前，在我国根据车辆使用性质及使用年限的不同，有每两年检验一次的，有每年检验一次的，也有一年要检验几次的。

（3）临时检验

除定期检验之外，在某些情况下，汽车要做临时检查。例如：新车或改装车领取临时号牌时；机动车久置不用后，重新使用时；机动车受到严重损坏，在修复之后、上路之前；国外、境外汽车经批准在我国境内短期行驶时；车管部门规定的其他情况（春运期间的营运车）等。

（4）特殊检验

这是指在特殊情况下为特殊目的而进行的检验，这类检验的内容和要求往往与一般检验有所不同。例如：对改装车辆，除按规定进行必要的检验外，还须检查其特殊性能（如密封性、绝热性等）；对首长用车和外事用车还要重点检查外观、舒适性、平顺性、操纵稳定性以及安全性能等。

2. 综合性能检测

汽车综合性能检测站隶属于交通管理部门。主要用于对运输车辆进行技术状况的监督和综合性能检验。按照交通部 1991 年 29 号令的规定，综合性能检测站的主要任务是：

（1）对在用运输车辆的技术状况进行检测诊断

（2）对汽车维修行业的维修车辆进行质量检测

（3）接受委托，对车辆改装、改造、报废及其有关新工艺、新技术、新产品、科研成果等项目进行检测，提供检测结果

（4）接受公安、环保、商检、计量和保险等部门的委托，为其进行有关项目的检测，提供检测结果

综合性能检测站的功能比安全环保检测站要强一些，也是技术上比较权威的检验部门。

3.4.5 检测工艺流程

汽车进入检测站后，在检测线上只有按照规定的检测工艺路线和程序流动，才能完成整个检测过程。

对于一个独立而完整的检测站，汽车进站后的工艺路线流程如图 3.1 所示。

由于检测线的工位布置是固定的，进线检测的汽车按工位顺序流水作业即可。

对检测结果的评价是：若某个检测项目中，有任意一个子项不合格，则该检测项目就不合格。只有该项全部子项目都合格时，该项检测才算合格。同样，全部检测项目合格后，总结果才算合格。只要有一项检测不合格，总结果就不合格，需送修理厂修理，然后再行复检。

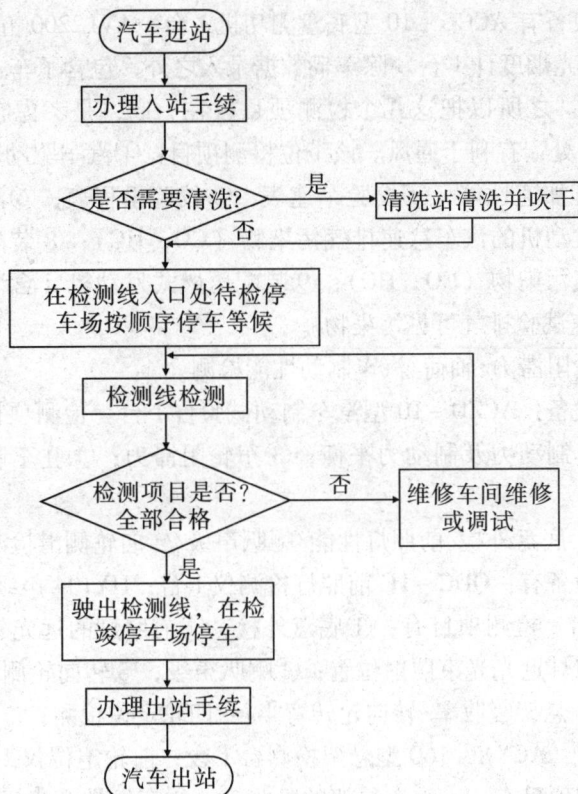

图 3.1　检测站工艺路线流程图

3.4.6　某综合性能汽车检测站

"南京工程学院 – 深圳安车科技"汽车检测站，为综合性能汽车检测站。它拥有教学型五工位全自动汽车检测线，布局如图 3.2 所示。

图 3.2　南京工程学院汽车综合性能检测线

1. 检测工位

该综合性能检测站具有以下检测工位：

（1）第一工位：汽车排放/车速表/底盘功率检测

第一工位主要设备有 ACCG - 10 型底盘测功机 1 台，AVL2200 五组分排放分析仪 1 台；NHT - 6 型不透光烟度计 1 台。除车辆数据录入之外，包含了车速表、废气（或烟度）、底盘功率检测。之所以把这几个检测项目放在一起，是考虑它们的污染都比较大，置于检测线入口处，有利于通风。该工位检测项目：①汽车驱动轮输出功率；②汽车滑行性能；③汽车加速性能；④校验车速表；⑤校验里程表；⑥滑行距离；滑行阻力；⑦装配点燃式发动机的汽车怠速排气污染物（CO，HC）；⑧装配点燃式发动机的汽车双怠速试验排气污染物（CO，HC）；⑨装配压燃式发动机（含装配废气涡轮增压器）的汽车自由加速试验排气可见污染物。

第二工位：车轮阻滞力/轴荷/汽车制动性能检测

第二工位主要设备：ACZD - 10 型汽车制动试验台 1 台。检测项目：①轴荷及整备质量变化率；②行车制动力及制动力平衡；③车轮阻滞力；④驻车制动力；⑤制动协调时间。

（3）第三工位：底盘外检/前照灯性能/喇叭声级/转向轮侧滑检测；

第三工位检测设备有：QDC - 1C 前照灯检测仪 1 台；HY104 声级计 1 台；ACCH - 10 型侧滑试验台 1 台。检测项目有：①底盘外检；②前照灯的远光发光强度、远光光束照射位置；③前照灯近光光束照射位置；④喇叭声级；⑤转向轮侧滑量。

（4）第四工位：悬架吸收率/转向轮转弯半径/四轮定位检测；

主要检测设备有：ACXX - 160 型悬架检测台 1 台；前轮定位仪 1 台；A - 850 四轮定位仪 1 台。其检测项目有：①汽车悬架的吸收率；②车辆转弯半径；③前轮外倾角；④主销后倾角与内倾角。

（5）第五工位：发动机综合性能检测分析。

主要检测设备：DLFJ - 2000B 发动机综合性能检测仪 1 台。检测项目有：①汽、柴油车的启动电压（压降）、启动电流、启动转速、各缸气缸压力、相对缸压数据测试与波形分析；②汽油车点火测试：初级、次级点火波形实时分析，闭合角、重叠角、点火高压、单缸动力性的数据测试与分析；③柴油车供油系测试：喷油波形与数据实时测试与分析；④汽、柴油车、电喷车的启动时间测试；⑤汽、柴油车、电喷车的无负载测功、加速时间、减速时间；⑥汽、柴油车、电喷车的充电电压、充电电流、充电转速数据测试与波形分析；⑦汽、柴油车、电喷车的提前角测试与数据分析（缸压法、闪光法）；⑧汽、柴油车、电喷车的配气相位测试与数据分析（缸压法、闪光法）；⑨汽、柴油、电喷发动机的异响测试与分析；各缸压缩压力与真空压力数据测试与波形分析；进气岐管真空度数据测试与波形分析；⑩机油压力、机油温度测试；气缸效率数据测试与波形分析；电喷发动机各传感器数据测试与波形分析。

2. 使用方法

（1）启动微机控制系统

①接通微机控制系统电源，主控机进入自检；②接通工控机电源，工位测控微机进入自检；③启动辅助设备与各检测设备电源开关。

（2）登录与设置系统

主控机自检后，在主控机上打开"报检终端"程序，进入安车全自动检测系统，如图 3.3 所示。综合性能检测时，可选择全自动、半自动或手动检测形式。

登录用户密码后，再录入车辆车牌号码、车辆类型、检测线号后，选择检测类别（委托检测、二级维护、等级评定、安全性能检测）后，点击"发送车辆"，即可进入全自动检测。若检测类别选择了委托检测，还需选择下方的检测项目，再点击发送车辆，才能进入全自动检测。如需手动检测，需在工位机上选择联网半自动或半自动后，再点击手动检测即可进行相关项目的检测工作。

图 3.3　主控登录

（3）检测工艺程序

录入待检车辆信息后，车辆按提示屏提示进入检测线第一工位检测，具体见后续章节内容。

复习思考题

1. 汽车检测站的主要任务是什么？对检测站有哪些基本要求？
2. 汽车检测站如何分类的？
3. 检测站的工位如何设置？
4. 汽车检测工艺路线是什么？

第四章

汽车排放/车速表/底盘功率检测

【导读】本章围绕汽车综合性能检测线的第一检测工位，讲述了 ACCG – 10 型底盘测功机的结构与工作原理，阐述了汽车底盘输出功率与车速的测量，并对检测结果进行了故障诊断与分析；讲解了第一工位配套设备 AVL2200 五组分排放分析仪的结构与原理，阐述了汽车排放性能的检测，并对检测结果进行了故障诊断与分析；讲解了配套设备 JWY – 1 型微机多功能油耗仪的结构与原理，阐述了汽车燃油经济性的检测，并对检测结果进行了分析。

汽车动力性能检测主要有道路检测和室内台架检测两种方法。室内台架检测主要是利用无负荷测功仪来检测汽车发动机功率，或利用汽车底盘测功机检测汽车的最大输出功率、最高车速和加速能力等参数；而道路检测则是在按规定条件选用的道路上或专门修建的测试道路上，用专用设备检测加速时间、最高车速、陡坡爬坡车速、长坡爬坡车速、汽车牵引力等参数。

道路检测所得到的汽车动力性能，结果更接近实际情况。但道路检测易受到道路条件、风向、风速、驾驶水平等诸多因素的影响，应用受到较大的限制。室内台架检测不受气候、驾驶技术等客观条件的影响，只受测试仪器本身精度的影响，检测方便快捷，测试条件易于控制。且由于计算机技术的高速发展，数据采集、处理及分析更加便利，模拟道路状况更加接近于真实条件，以及各类软件开发与应用，因而在汽车检测站里广泛采用了底盘测功机来检测汽车的动力性能。

底盘测功机是一种不解体检验汽车性能的检测设备，它通过在室内台架上模拟汽车道路行驶工况的方法来检测汽车的动力性能；它还可以测量多工况排放指标及油耗；同时也能方便地进行汽车加载调试和诊断汽车在负载条件下出现的故障。目前，国内底盘测功机生产企业生产的底盘测功机大多为双滚筒形式。其滚筒直径较大，测试功能较单一，且没有考虑测试过程中的功率损耗，所测功率偏低，测试结果不够准确。但国产设备制造费用低，价格便宜，安装方便、维修和保养也相对方便，应用较广。进口底盘测功机功能齐全，一般都带有反拖装置及安全装置，道路模拟算法考虑完善，测试精度高。但进口设备价格昂贵，一套底盘测功机硬件及软件价格可达百万以上，为国产设备的 10 倍之多，所以国内引入并不多。

4.1　ACCG－10型汽车底盘测功机

汽车综合性能检测线第一工位为 ACCG－10 型底盘测功机，它主要用于在用车底盘输出功率、车速表等性能参数的检测；同时，工位上配备了 AVL2200 五组分排放分析仪和 NHT－6 不透光烟度计，可对汽车排放性能进行检测；若配备油耗计还可进行汽车燃油经济性检测。

4.1.1　底盘测功机结构

ACCG－10 型汽车底盘测功机为双滚筒式底盘测功机，也称为转鼓试验台，它由道路模拟系统、数据采集与控制系统、安全保障系统、引导与举升系统等组成。

1. 道路模拟系统

道路模拟系统主要是在试验台上模拟出汽车道路行驶环境，使台架试验更接近于汽车真实行驶条件。ACCG－10 型汽车底盘测功机检验台的道路模拟系统主要组成有滚筒装置、测功装置、惯性模拟装置等，其机械部分采用了平行直线布局，如图 4.1 所示。即飞轮组 7，滚筒 9，电涡流机 10 等布置在一条直线上，以便于力的传递与设备的安装。

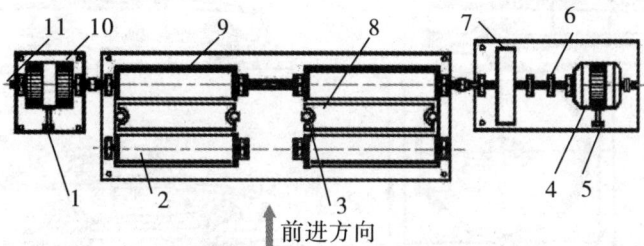

图 4.1　ACCG－10 型底盘测功机检验台机械部分结构
1. 力传感器　2. 从动滚筒　3. 挡轮　4. 电机　5. 力传感器　6. 离合器　7. 飞轮组　8. 举升板
9. 主动滚筒　10. 电涡流机　11. 速度传感器

（1）滚筒装置

滚筒装置的作用相当于不断移动的路面，被测车辆的车轮可在滚筒上滚动。测功试验时，汽车驱动轮将带动滚筒转动，用来模拟汽车在道路上行驶状况。

ACCG－10 型汽车底盘测功机检验台采用了单轮双滚筒形式，分别用两对滚筒支承汽车的左、右驱轮，如图 4.1 所示。每侧滚筒分为主动、从动滚筒，主滚筒 9 与测功器 10 相连，从动滚筒 2 处于自由状态，左右两个主动滚筒之间装有联轴器。滚筒采用了钢制空心结构，主滚筒表面采用等离子喷涂硬质合金，具有很高的附着系数（大于0.9），硬度大于 HRC45。滚筒通过滚动轴承安装在由型钢焊接成的框架上，并放置于地坑内。该测功机的滚筒直径为218mm，长度为950mm，滚筒中心距为450mm。

一般来说，双滚筒试验台的滚筒多采用钢质材料制造，直径在185～400mm间，滚筒直径常随试验台的最大试验车速而定，最大试验车速高时，直径宜选大些。但总体上由于滚筒直径相对较小，滚筒表面曲率大，造成了轮胎与滚筒表面的接触面积对比轮胎与路面间的接触面积要小的多，其滑转率、滚动阻力较大，滚动损失增加，测试精度较低。据有关资料介绍，在较高的试验车速下，轮胎滚动损失一般可达到传递功率的15%～20%。所以说，滚筒直径不宜过小。目前，滚筒直径有变大的趋势，常为400～600mm。双滚筒试验台由于具有车轮在滚筒上安放、定位方便，制造成本低等优点，常用于汽车维修单位、汽车检测站等对检测精度要求不高的企业。

底盘测功机还有采用单滚筒形式，如图4.2a所示。单滚筒的滚筒直径多在1500～2000mm间，采用硬质木料或钢板制成，也为空心结构。直径越大，表面曲率越小，轮胎与滚筒的接触越接近于路面状况，轮胎与滚筒之间的滑移率小、滚动阻力小，因而测试精度高。但大直径滚筒的制造价格昂贵、安装、占地等多方面受限，且车轮在滚筒上安放、定位要准确，车轮中心与滚筒中心的对中比较困难，一般只适用于科研机构和汽车制造厂研发中心使用。

除此之外，底盘测功机还有前后轮双滚筒式，如图4.2c所示。前后轮双滚筒可同时对前、后桥的驱动力和技术状况进行检测，适用于四驱动车的故障检测。但由于其结构较为复杂，目前应用较少，一般采用单轮双滚筒（图4.2b）。

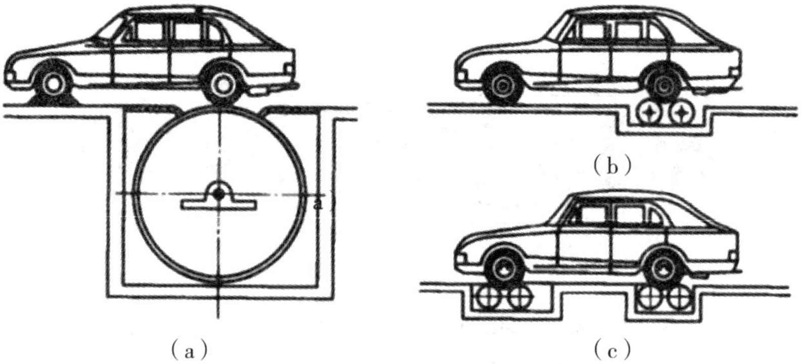

图4.2 底盘测功机滚筒类型
a 大直径单滚筒 b 单轮双滚筒 c 前后轮双滚筒

（2）测功装置（功率吸收装置、加载装置）

测功装置用于测量发动机经传动系传至驱动车轮的功率，通常被称为测功器。它也是一个加载装置，可模拟出汽车在道路上行驶时所受的各种阻力，使车辆受力情况如同在道路上行驶时一样，也被称为加载装置或功率吸收装置。

汽车在试验台上运行时，其外部阻力为驱动轮的滚动阻力、轴承摩擦力和空气摩擦力及滚筒机构的轴承摩擦力等，这些阻力之和远小于汽车道路行驶时受到的外部阻力；另外，在试验台上也不存在汽车道路行驶时的空气阻力和坡道阻力。因而，在底盘测功机上做试验时，要模拟车辆在道路上行驶所受的各种阻力，必须要对滚筒进行加载，使车辆的受力情况尽可能接近在实际道路上行驶时的受力情况。

ACCG－10型汽车底盘测功机检验台所采用的测功器为风冷式电涡流测功器，其主要由转子、定子、励磁线圈、支承轴承、冷却风扇叶片、力传感器等组成。

电涡流测功器主要由定子和转子构成，转子2与主动滚筒相连，定子3是浮动式的，可绕其主轴线摆动，其工作原理如图4.3所示。

定子3为一个钢制的壳体，若干个带磁芯的励磁线圈沿壳体圆周均匀排布。转子2是一个固定在转轴上的钢制、厚实的圆盘（涡流盘），可随转轴一起转动。而转轴1则和主动滚筒相连。转子涡流盘、线圈铁芯之间，定、转子之间，都存在着很小的间隙。

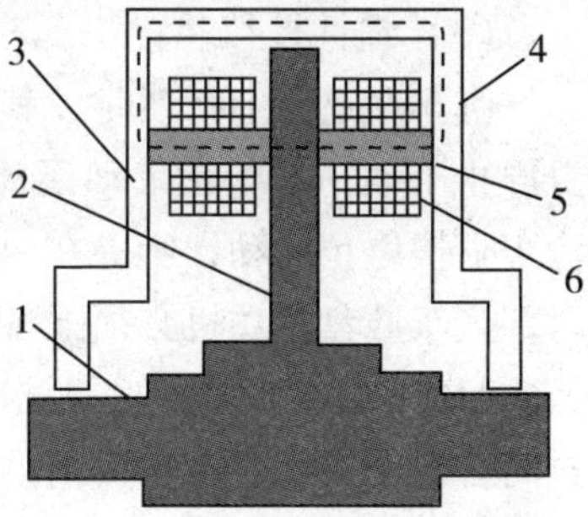

当励磁线圈6中通入直流电，就会产生较强的磁场。磁力线会穿过铁芯5、定子3和转子涡流盘2而形成一个完整的闭合回路，如图4.3中虚线所示。转子外圆制成凸凹不同的形状，由于通过齿顶和凹槽的磁通不一样，凸出部分比凹陷部分通过的磁通多。当转子旋转时，引起磁通的变化，从而在固定的涡流环中产生涡流。这种涡流产生的磁场又产生一个与转子旋转方向相同的转矩，由于作用与反作用的关系，转子产生一个与自己转动方向相反的转矩，该转矩是转子转速和磁场电流的函数。由于转子与滚筒相连，就等于给滚筒施加了一个阻力，用这个阻力来模拟汽车在道路上行驶的阻

图4.3 电涡流测功器工作原理图
1. 转轴 2. 转子 3. 定子 4. 磁力线 5. 铁芯 6. 线圈

力。这个对转子起制动作用的扭矩，使浮动的定子顺着转子旋转方向摆动。制动力矩的大小可以通过控制励磁电流来调节，所以，电涡流测功器很容易实现自动控制。

涡流环必须能使涡流在其中自由产生，为此要求制作涡流环的材料电阻越小越好。对转子和定子要求磁力线能顺利通过，其材料应具有高的导磁率，电工纯铁和低碳钢适合做这些零件的材料。为了避免磁力线通过转子轴造成不必要的损失，转子轴可采用非导磁材料制造。

电涡流测功机是利用涡流损耗的原理来吸收功率的。其工作时，需将吸收到的汽车驱动轮输出功率转变成热能（运行时要吸收几十到上百千瓦的功率），经空气或冷却水散发出去。ACCG－10汽车底盘测功机就是采用了空气冷却的方法进行散热，将铁芯线圈置于中间，涡流盘置于两个端面上，以利于散热。

据冷却方式的不同，电涡流测功机分为风冷和水冷两种类型。风冷式电涡流测功器结构简单，安装方便；冷却效率低，功率吸收不宜长时间运行，其转子的导磁率随温度的上升而下降，因而其最大吸收功率随温度的上升而减小，风冷式功率吸收装置在高转速、大负荷工作时间不宜过长；同时，由于冷却风扇在工作时消耗一定的功率，所以应该将风扇所消耗的功率计入汽车底盘输出功率。水冷式较风冷式测量精度高，但结构复杂，安装不便，冷却效率高，适合持续运行工况使用。

测功器除电涡流式外，还有水力式和电力式。水力测功器是用水作为加载制动介质，水填充在测功器的定子和转子之间。转子转动时，水对其起阻碍作用，形成制动

力矩，并将该力矩传递给定子。通过调节进出水量控制水面高度，可改变制动力矩的大小。水流量一定时，测功器的制动力矩随转子转速的增大而提高。水力测功器结构简单，伺服性差且难以完成在自动控制下的循环试验。

电力式测功器又称为平衡电机，作为负载使用时，其作用相当于直流发电机；作为驱动机械使用时，输出功率，相当于直流电动机。利用电子控制的电力测功器可以很好地模拟汽车行驶阻力和加速时的惯性力，扩展了底盘测功机的用途，但制造成本大，一般用于高等院校及科研单位。

由于一般水力测功器的可控性较电涡流式差，而电力测功器的成本较高，所以国内所生产的汽车底盘测功机大多采用电涡流式测功器。

（3）惯性模拟装置

汽车在道路上行使时，其本身具有一定的惯性。而汽车在底盘测功机上运行时本身静止不动，是车轮带动滚筒旋转，在汽车减速工况时，由于系统本身惯性比较小，汽车很快停止运动，所以在对汽车加速能力、滑行距离、多工况排放等项目进行检测时，汽车底盘测功机必须配备惯性模拟系统。

ACCG – 10 型汽车底盘测功机检验台转动惯量模拟主要是通过飞轮来实现的，它通过离合器来实现飞轮与滚筒的自由接合，模拟汽车在道路上行驶时的动能。因其主要检测小型车辆，所以采用了单飞轮来模拟汽车行驶时的惯性。

根据被测车型在道路运行时的惯性质量，模拟测功系统转动惯量的方法，一般有两种：一种是电模拟惯量，另外一种是飞轮系统。随着电子技术的发展，通过汽车在底盘测功机上运行状态的动力学分析，基于汽车驱动轮转动动态特性相同的原理，建立汽车底盘测功机机械惯量的电模拟模型来模拟汽车运行时的惯性质量。采用电模拟惯量的方法可使检验台适用于多种车型检测，测量精度高，可实现无级调整，有较好的综合性能。但由于我国电模拟惯量系统还不成熟，基本依赖进口，因此价格昂贵。所以大部分底盘测功机仍采用飞轮系统。目前，我国对汽车台架的惯量没有制定相应的标准，因而国产汽车底盘测功机所装配的惯性飞轮的个数不同，且飞轮惯量的大小也不同。飞轮的个数愈多，相应的检测精度也愈高。

2. 数据采集与控制系统

（1）测速装置

测速装置一般由测速传感器、中间处理装置和显示指示装置组成。测速传感器有光电式、磁电式、霍尔效应式和测速发电机等几种类型。ACCG – 10 型汽车底盘测功机检验台采用了测速发电机来测量车速信号。

第一，测速电机

测速发电机是一种把转子转速转化为电压信号的机电式元件，它利用输出电压与转子转速成正比的关系来测速。测速发电机一般安装在从动滚筒一端，随从动滚筒一起转动，从而把滚筒的转速转化为电信号，然后经过信号放大处理，送入指示装置中显示出来。

测速发电机是一种永磁发电机，电路图见 4.4a 所示。由于制作精密，它能够产生几乎与转速完全成正比的电压信号，如图 4.4b 所示。

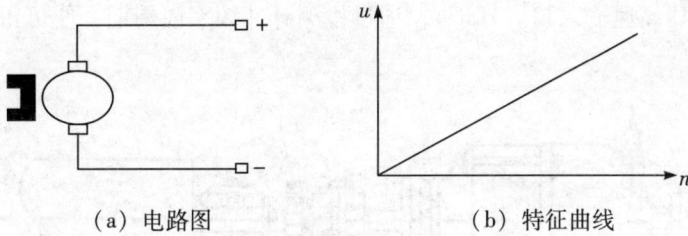

（a）电路图　　　　　　（b）特征曲线

图 4.4　直流永磁测速发电机电路及特征曲线图

第二，光电式车速信号传感器

光电式车速信号传感器工作原理如图 4.5 所示。它由光源 1、带孔圆盘 2（光电盘）和光电二极管 3 组成。驱动滚筒轴上装有光电盘 2，汽车车轮在滚筒上滚动时，带动光电盘以一定的转速旋转，光源 1 连续发光，当光束通过光电盘上的小孔时，光速照到光电二极管 3 上，使它产生相应的电脉冲信号。因光电盘的孔数是个定值，接收与该数值相同的电脉冲数时，表明滚筒旋转了一圈。根据单位时间内计数器记录的电脉冲数和滚筒圆周长，可折算出试验车速。如：驱动滚筒每旋转一周能发出 600 个脉冲，而驱动滚筒的圆周长是 1m，若每秒记录的脉冲为 n，则速度计算公式如下：

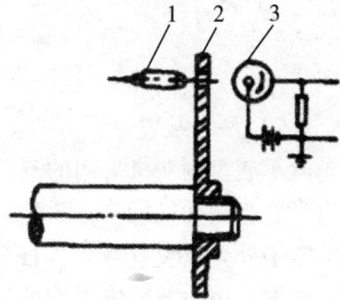

图 4.5　光电式车速信号传感器工作原理图

1. 光源　2. 光电盘　3. 光电二极管

$$V = 3 * n/500 \ (km/h) \tag{4-1}$$

车速信号获取有两种形式，一种是单位时间记数（频率），另外一种是测脉宽（周期），根据滚筒的半径及光电盘上小孔的个数，两者均可得到滚筒的车速信号。

第三，磁电式车速信号传感器

磁电式车速信号传感器工作原理如图 4.6 所示。它由旋转齿轮 1 和永久磁铁 3 及感应线圈 2 组成。汽车车轮在滚筒上滚动时，带动齿轮以一定的转速旋转，当磁电传感器对准齿顶时，磁电传感器感应电动势增强；同理，当磁电传感器对准齿槽时，磁电传感器感应电动势减弱。由于磁阻的变化，磁电传感器输出交变信号。但输出信号较弱（一般在 3mV 左右），须经过信号放大及整形电路，将交变信号转变为脉冲信号，再送入到工控机中，从而获得车速信号。

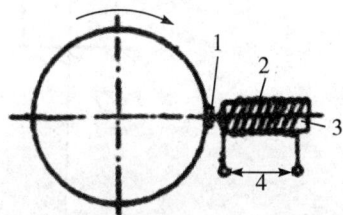

图 4.6　磁电式车速信号传感器的工作原理图

1. 齿轮　2. 感应线圈　3. 永久磁铁　4. 脉冲电压

第四，霍尔式车速传感器

霍尔式车速传感器工作原理如图 4.7 所示。汽车车轮在滚筒上滚动时，带动转盘旋转，当霍尔传感器（霍尔元件）对准永久磁铁时，磁场强度增强，产生霍尔效应，输出电压可达 10mV，当霍尔传感远离磁场时，输出电压降至 0V，这样便可得到脉冲信号，送入 CPU 高速输入口（HSD），通过检测脉冲频率或周期，便可得到车速信号。

图4.7 霍尔式车速传感器工作示意图

1. 齿轮 2. 霍尔传感器 3. 滚筒 4. 功率吸收装置

（2）测力装置

汽车底盘测功机采用的测力传感器主要有拉压力传感器和位移传感器。ACCG－10型汽车底盘测功机检验台采用的是压力传感器来进行驱动力测量。如图4.8所示，测功器定子外壳上装有测力杠杆2，它与安装在杠杆下方的压力传感器1构成了测力装置。根据作用力与反作用力的原理，当转子转动受到电涡流的阻力矩时，定子也会受到大小相等、方向相反的力矩，其通过测力杠杆对传感器施加一个压力，压力传感器受力产生应变，通过应变放大器可得到一定的输出压力，这样将力信号转变为电信号来处理，通过标定，可得到传感器的受力数值，从而计算出各种工况下汽车的驱动力以及驱动力矩。

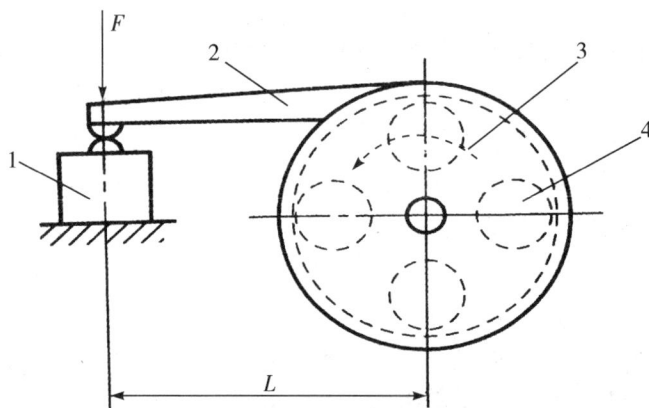

图4.8 测力原理图

1. 压力传感器 2. 测力杠杆 3. 转子转动方向 4. 定子铁芯线圈

（3）控制系统

汽车底盘测功机的控制装置与指示装置常做成一体，构成控制柜。ACCG－10型汽车底盘测功机检验台控制柜如图4.9所示，它放置在机械部分的左前方，易于操作与观察。

底盘测功机的各种测量项目都是通过控制柜来操作的。控制柜的上部是计算机显示器，操作按钮和电涡流机加载电流表，中部为工业控制计算机，下部为打印机抽屉等，最下面是电涡流机控制电流自动调节装置。除此之外，用来输入汽车资料的键盘和输出检测结果的打印机都在控制柜内，这两项设备采用了抽斗式结构，在使用时可以拉出来，使用十分方便。

测功机是一个带反馈的闭环系统，如图 4.10 所示。它主要有恒车速和恒扭矩两种控制方法，可以通过加载装置不断的修正被测车辆的速度（扭矩）以达到控制的目的。

图 4.9 底盘测功机控制柜

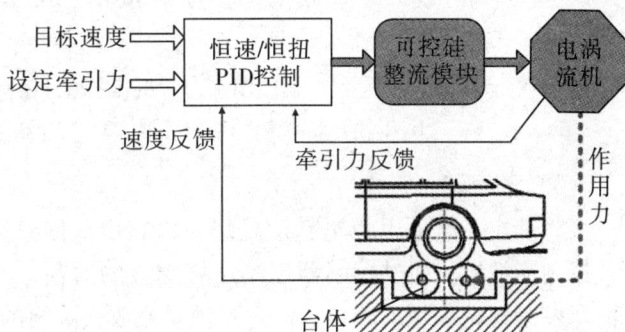

图 4.10 底盘测功机控制原理框图

3. 安全保障系统

安全保障系统包括左右挡轮、系留装置、挡块、发动机和车轮冷却风机。其作用如下：

（1）左右挡轮的目的是防止汽车车轮在旋转过程中，在侧向力的作用下驶出滚筒，对前轮驱动车辆更应注意

（2）系留装置是指地面上的固定盘与车辆相连，以防止车辆在高速运转时，由于滚筒的卡死而飞出滚筒

（3）挡块的作用是防止车辆在运行过程中，车体前后移动，同时也达到系留装置相同的功能

（4）发动机和车轮冷却风机是防止车辆在运行过程中发动机和车轮过热

4. 引导与举升及滚筒锁定系统

（1）引导系统

引导系统的作用是引导驾驶员按照提示进行操作。提示的方法有两种，一种是显示牌，另一种是大屏幕显示装置。

（2）举升系统

在前后滚筒之间安装举升器。举升器升起，以便于汽车平稳进入和离开试验滚筒。测试时，举升器降下，以便于车轮与滚筒接触。

举升系统的类型较多，常用的类型有气压式和液压式。ACCG – 10 型汽车底盘测功机采用的是气压式举升器装置，如图 4.11 所示。它主要是由电磁阀、气动控制阀及双向气缸（橡胶气囊）组成，在气压的作用下，气缸中的活塞便可以上下运动以实现升降目的。

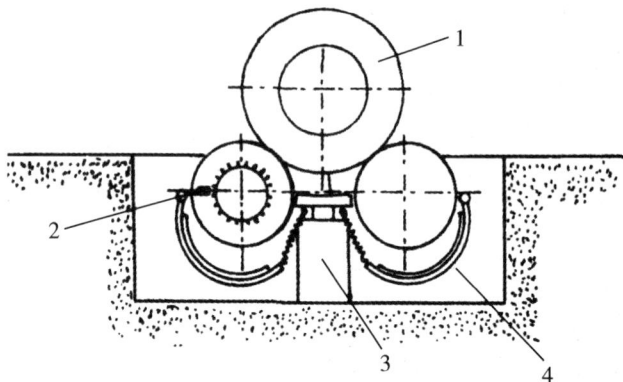

图 4.11 气压式举升器

1. 车轮   2. 滚筒转速传感器   3. 举升器   4. 滚筒制动器

（3）滚筒锁止系统

滚筒锁止一般采用棘轮棘爪式锁止，它由双向气缸、棘轮、棘爪、回位弹簧、杠杆及控制器组成。通过控制器控制压缩空气的通断，当某一方向通气后，空气推动气缸活塞控制棘轮与棘爪离合，以达到锁止或放松滚筒的目的。

4.1.2 底盘测功机工作原理

ACCG – 10 型汽车底盘测功机检验台是模拟汽车道路行驶工况的设备。它利用飞轮的转动惯量模拟汽车运行时的转动惯量及汽车直线运动质量的惯量；采用功率吸收加载装置来模拟汽车在运行过程中所受到的空气阻力、非驱动轮的滚动阻力及爬坡阻力等阻力；通过滚筒旋转运动来模拟路面等，从而能对汽车运行状况进行动态检测。

1. 驱动力及功率测量原理

测功试验时，汽车驱动轮置于滚筒装置上，驱动滚筒旋转并经滚筒带动测功器的转子旋转。当定子上的励磁线圈没有电流通过时，转子不受制动力矩作用；而当励磁线圈通直流电时，所产生磁场的磁力线通过转子、空气隙、涡流环和定子构成闭合磁路。由于通过齿顶和凹槽的磁通量不同，因而当转子在滚筒带动下旋转时，通过涡流环任一点的磁通量呈周期性变化而产生了涡电流，涡电流产生的磁场与励磁磁场相互作用，产生了与转子旋转方向相反的转矩，从而对滚筒起到了加载作用。因作用力和反作用力是成对出现的。对转子施加制动力矩的同时，定子受到制动力矩大小相等但方向相反的力矩作用，它力图使可绕主轴摆动的定子顺着转子旋转方向摆动。在测功器定子上安装有一定长度的测力杠杆，并在其端部下方安装有压力传感器，压力传感器便会受压力作用而产生与此成正比的电信号。显然，该压力与杠杆长度之积便是定子所受力矩的数值。在滚筒稳定旋转时，该力矩与驱动轮驱动力对滚筒的驱动力矩相等。据此，可求出车轮作用在滚筒（其半径为已知常数）上驱动力的大小。

由压力传感器和测速传感器传来的电信号输入到控制装置，经计算机处理后，在指示装置上显示出功率、驱动力和车速的数值。显然，三者具有如下关系：

$$P_k = FV/3600 \tag{4-2}$$

式中：P_k 是驱动轮输出功率，kW；F 是驱动轮驱动力，N；V 是试验车速，km/h。

底盘测功机上测得的驱动轮输出功率 P_k 取决于发动机输出功率、传动系统传动效率、滚动阻力损失功率和试验台传动效率等因素。由于受滚筒表面曲率的影响，驱动轮在底盘测功机滚筒上的滚动阻力比在良好路面上行驶时的滚动阻力大，由滚动阻力所消耗的功率达所传递功率的 15%～20%，所测驱动轮功率仅占发动机输出功率的 60%～70%（一般小轿车 70%，装用双级主减速或单级主减速器的载货汽车和客车分别为 60% 或 65%）。

营运车辆动力性评价，根据 GB18565《营运车辆综合性能要求和检验方法》的规定，采用了校正驱动轮输出功率，即：将实测的驱动轮输出功率修正到标准环境状态下的校正驱动轮输出功率与发动机额定扭矩功率（或额定功率）进行比较后判定，详见前面相关章节内容。

2. 传动系统效率检测原理

汽车传动系统的传动效率可按下式计算：

$$\eta = \frac{P_k}{P_e} \tag{4-3}$$

式中：P_k 为驱动轮输出功率；P_e 为发动机有效功率。

传动系统消耗功率 P_t 的检测：在测得汽车驱动车轮的输出功率 P_k 后，立即踩下离合器踏板，存储在飞轮机构中的汽车行驶动能会反过来拖动汽车驱动轮和传动系统运转，运转阻力作用于滚筒，因而可测出反拖驱动轮和传动系统所消耗的功率 P_t。

若将同一车速下，驱动轮输出功率与反拖驱动轮和传动系统所消耗的功率相加，就可求出该车速所对应的发动机转速下发动机的输出功率 P_e。

则传动效率计算可变化为：

$$\eta = \frac{P_k}{P_k + P_t} \tag{4-4}$$

传动系统效率的正常值如下表 4.1 所示。

表 4.1　汽车传动系统效率

汽车类型		传动效率
轿车		0.90～0.92
载货汽车和公共汽车	单级主减速器	0.90
	双级主减速器	0.84
4×4 越野汽车		0.85
6×4 越野汽车		0.80

当传动效率过低时，说明消耗在离合器、变速器、分动器、主减速器、差速器、万向传动装置中的功率增加，汽车传动系统技术状况不良。

3. 车速表测量原理

车速表检测时，将汽车驱动轮置于滚筒上，以某一预定速度（40km/h）行驶。当底盘测功机测速装置显示的车速达到该车速时，检查车速表指示值是否符合 GB7258 的要求。即：当汽车车速表指示值为 40km/h 时，底盘测功机速度指示仪表的指示值在 32.8～40km/h 范围内为合格。

4. 汽车加速能力与滑行能力测量原理

底盘测功机对汽车加速能力和滑行距离的测试精度，首先取决于飞轮机构、滚筒装置及其它旋转部件的旋转动能是否与道路试验时，汽车在相应车速下的动能一致。

道路试验时，汽车动能 A 为：

$$A = \frac{1}{2}mv^2 + \frac{1}{2}(Jk + Jr)\omega^2 + A_0 \qquad (4-5)$$

式中：m—汽车质量（kg）；

ω—车轮角速度（rad/s）；

Jk、Jr—前、后车轮转动惯量（kg·m²）；

A_0—汽车传动系统旋转动能（J）。

汽车在底盘测功机上试验时，同一车速下，汽车及滚筒、飞轮机构和其它主要旋转部件所具有的动能 A' 为：

$$A' = \frac{1}{2}J\omega_f^2 + \frac{1}{2}J_0\omega_0^2 + \frac{1}{2}J_h\omega_h^2 + \frac{1}{2}J_r\omega^2 + A_0 \qquad (4-6)$$

式中：J、ω_f—飞轮转动惯量（kg·m²）、飞轮角速度（rad/s）；

J_0、ω_0—滚筒转动惯量（kg·m²）、滚筒角速度（rad/s）；

J_h、ω_h—测功器转子转动惯量（kg·m²）、转子角速度（rad/s）。

令 $A = A'$，且 $\omega_0/\omega = K_0$、$\omega_f/\omega = K_f$、$\omega_h/\omega = K_h$，因 $v = r\omega$，则飞轮机构的转动惯量应满足：

$$J = \frac{mr^2 + J_k - J_0K_0^2 - J_hK_h^2K_0^2}{K_f^2K_0^2} \qquad (4-7)$$

式中：r，r_0—车轮滚动半径、滚筒半径（m）；

K_0—滚筒与车轮间速比；

K_f—飞轮与滚筒间速比；

K_h—测功器转子与滚筒间速比。

加速能力测量：汽车在底盘测功机试验台上试验时，汽车整车处于静止状态，驱动轮驱动滚筒旋转。这时，要测试汽车在一定速度区间内的加速时间，需先通过飞轮组等机构模拟出汽车在相应车速下的动能，然后通过汽车在滚筒上加速，滚筒及飞轮机构转速的提高使飞轮机构的旋转动能提高，从而消耗驱动轮的输出功率，表现为汽车的加速阻力。当滚筒圆周速度从一数值上升到另一数值（等价于汽车相应车速变化），其加速时间的长短反映了加速能力的大小。

滑行能力测量：汽车以某一车速在滚筒上做滑行试验时，驱动轮带动滚筒、飞轮组等一起旋转（此时，飞轮组等机构的动能与汽车道路试验时具有相同的动能）。汽车摘挡滑行，存储在滚筒与飞轮组机构的动能将释放出来，反过来驱动汽车驱动轮与传动系统转动。滚筒继续转过的圆周长等价于汽车的滑行距离。滑行距离的长短可反映出汽车传动阻力的大小，可判断出汽车传动系统的技术状况。汽车传动系统传动效率越高，汽车的滑行距离越长，则汽车的传动系统总的技术状况越好。

5. 其它项目测量原理

利用底盘测功机的滚筒装置模拟连续的道路行驶，用测功机的制动力矩模拟汽车行驶阻力，辅以其它测量工具，底盘测功机还可以测量汽车运行中的其它相关项目。如：配油耗计可测汽车各工况下的油耗；配废气分析仪可测汽车各工况下的排放；配异响诊断分析仪可测量各总成或系统的异响等。

4.1.3 ACCG－10 型底盘测功机主要技术参数

1. 基本检测功能

作为大型检测设备，ACCG－10 型汽车底盘测功机检测台可以模拟道路试验的各种工况，完成汽车经济性试验、动力性试验、排放性能评价与分析以及可靠性试验。在汽车试验研究、产品开发和新车以及在用车质量检测中是不可或缺的。使用汽车底盘测功机完成汽车试验及各类型的质量检测与通常的道路试验相比具有试验速度快、精度高、费用低、数据稳定、可比性好等优点。它主要能完成如下检测功能：

（1）检测驱动轮的输出功率和驱动力，以评价汽车动力性

（2）检测汽车的加速、滑行能力

（3）配备相应的仪器、设备，还可以对汽车排放油耗及传动系统等进行检测

（4）汽车车速表里程表的校核

2. 主要性能参数

最大吸收功率：	160kw
最大可测牵引力：	8000N
最大激磁电压/电流：	192V/18A
最大允许轴荷：	10 吨
最高允许车速：	120km/h
反拖电机功率：	9kw
最大反拖车速：	100km/h
检测台外形尺寸：	4900×990×700mm
滚筒动平衡精度：	不低于 G4.0
测功机工作条件：	
环境条件：	0℃ ±40℃

相对湿度:	<85%

相对湿度: <85%

大气压力: 80－110kPa

电源电压: AC220V　50Hz

电源消耗: 涡流机4kW　仪表300W

冷却方式: 强制风冷

3. 控制系统主要参数

主控机: 工业控制 PC 机（自控）

微处理器智能仪表（手控并配合 PC 机使用）

控制柜: CWK－2000

主控机显示器: SVGA 彩色图象监视器

控制柜显示器: LED 数显加模拟显示

输出: 打印机

转速示值误差: < ±1%

扭矩示值误差: < ±3.5%

功率示值误差: < ±3.8%

4.2　汽车底盘输出功率与车速检测

4.2.1　检测标准

1. 汽车底盘功率检测标准

从底盘测功检验台测出的驱动轮输出功率，要与发动机飞轮输出功率进行对比，计算出机械传动效率，用以评价底盘传动系技术状况。汽车传动系机械传动效率正常值见表4.1 所示。

2. 汽车车速检测标准

车速表指示车速 V_1（单位：km/h）与实际车速 V_2（单位：km/h）之间应符合下列关系式：

$$0 \leqslant V_1 - V_2 \leqslant (V_2/10) + 4$$

当汽车车速表指示值 V_1 为 40km/h 时，实际车速 V_2 在 32.8～40km/h 范围内为合格。

3. 汽车滑行距离

对于营运车辆，用底盘测功机检测滑行距离时，按规定方法测得的初速为 30km/h 的滑行距离，应符合表4.2 的规定。

表 4.2　车辆滑行距离要求

汽车整备质量 M/kg	双轴驱动车辆滑行距离/m	单轴驱动车辆滑行距离/m
$M<1000$	≥104	≥130
$1000 \leqslant M \leqslant 4000$	≥120	≥160
$4000 < M \leqslant 5000$	≥144	≥180
$5000 < M \leqslant 8000$	≥184	≥230
$8000 < M \leqslant 11000$	≥200	≥250
$M>11000$	≥214	≥270

4.2.2　检验台使用方法

1. 检测前准备工作

（1）人员准备

①引车员应事先熟悉被测车辆性能及操作方法。②检测人员熟悉检测设备操作要点与操作方法。

（2）试验车辆准备

①试验车辆轮胎气压符合汽车制造厂的规定。②试验车辆车轮外部清洗干净，车轮轮胎花纹中的石粒、轮胎上油污、泥土和水等清理干净。

（3）设备准备

①接通机柜供电电路并打开稳压电源，然后接通控制电路，开机顺序为先开打印机，LED 显示屏，数显控制面板电源，然后再打开工业控制机电源，在上述步骤正常后再打开涡流机供电电源（打开急停按钮）。关机顺序相反。开机时，涡流机电流表应指示0。若不为0，需立刻按下急停按钮，断开系统强电电源，检查系统、故障排除后再打开急停按钮。②暖机20分钟，检查各运动部件周围不应有障碍物，检查主、副滚筒应转动自如，检查电涡流机轴承润滑是否正常。③引车员驾驶车辆行驶上滚筒。注意行车方向避免斜向上滚筒，车辆上滚筒后应位于滚筒中间位置，并注意两侧车轮不与侧滑挡轮接触。若车辆斜上滚筒或与侧面滑动挡轮接触，应退下滚筒，重新摆正车位。再次检查驱动轮轮胎确实与滚筒台架侧滑挡没有接触，若没有接触才可以进入测试。④车辆上滚筒后，按"下降"键使举升板完全降下（全自动检测时系统自动进行到位判断并控制举升板下降），引车员挂上前进挡，让驱动轮在滚筒上缓缓旋转，使车辆在滚筒上自动找正位置安置。⑤安置好后，应用三角木垫到非驱动轮的前方，并用钢丝拉索将车辆固定，以防止车辆突然驶出检验台。

2. 检测方法

在工控机上双击测功机 图标来启动检测程序，进入启动登录界面，如图4.12 所示。一般全自动的时候不需进行人工干预，如果需要手动进行测试，可在界面中点击"手动测试",则所有可检测的项目将被激活,默认情况下是不可以操作的灰色显示。

图 4.12　测功机程序主界面

测功机程序主界面中,F1 系统参数维护、F2 硬件调试分析、F3 设备信号标定等项目是与检测密切相关的重要参数,由工程师调好后一般不需要改变。其项目具体内容如下:

"F1 系统参数维护":在主界面下,点击"F1 系统参数维护",进入系统参数维护界面,如图 4.13 所示,该菜单主要是控制系统的一些参数。

F1 信号通道设置参数:该界面主要是设置操作系统的信号通道,不通过标定程序可直接修改各个通道及信号参数。

图 4.13　系统参数维护

F2 硬件基本信息参数:由于硬件设备是有差异的,可在该对话框中输入硬件的基本信息,如:滚筒直径、飞轮当量质量等。当新系统安装完毕后,应先进入本界面,对系统惯量、滚筒直径这两个基本信息进行设置,然后再进行标定。系统损耗信息在自测后会自动添充相应参数。

F3 测试过程控制参数:主要是对驾驶循环工况的选择或重新载入。

"F2 硬件调试分析":在主界面下,点击"F2 硬件调试分析",进入系统调试工具箱界面,如图 4.14 所示,它在维护中起到一个检查的作用。

F1 硬件系统板卡调试:它能够反映出相应的硬件信号的变化,在维护中起到一个检查的作用。

F2 系统控制模型调试:这一模块主要

图 4.14　硬件调试分析

是测试系统在各种情况下的控制能力。针对不同的涡流机,其控制参数有较大差异,该模块为调试时使用,设备在出厂时已经调试完毕。除非特殊情况,不修改其中的各项参数。用哪种方法测试时,直接选中该控制方法和输入设定目标值即可。

"F3 设备信号标定":在主界面下,点击"F3 设备信号标定",进入设备标定项目选择项目,如图 4.15 所示,该菜单主要是各种信号的标定信息选择。

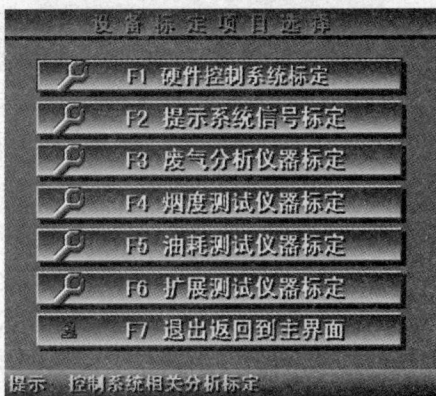

F1 硬件控制系统标定:它主要是针对测功机硬件台体各个信号的标定。

F2 提示系统信号标定:它主要是对显示器或点阵屏进行标定,可以随心所欲地改变显示字体的颜色及大小,制定点阵屏的类型。

F3 废气分析仪的标定:该模块主要是对废气仪的选择及标定、设置和维护。如图 4.16 所示,若要选择南华 503 废气仪,需在设备库中用鼠标选中成蓝色条状,然后再点击

图 4.15 设备标定项目选择界面

"装配",则该设备就到了安装设备列表中了。如果要看该仪器的通讯情况,则把已选中的仪器名变成蓝条状,然后再点击选取,再设置一下仪器所在的串口号,最后依次点击下方的仪器开泵和仪器采样两按钮,如果通讯上则在标注气体名称下面显示出仪器采集的实时数据,反之则没通讯上。

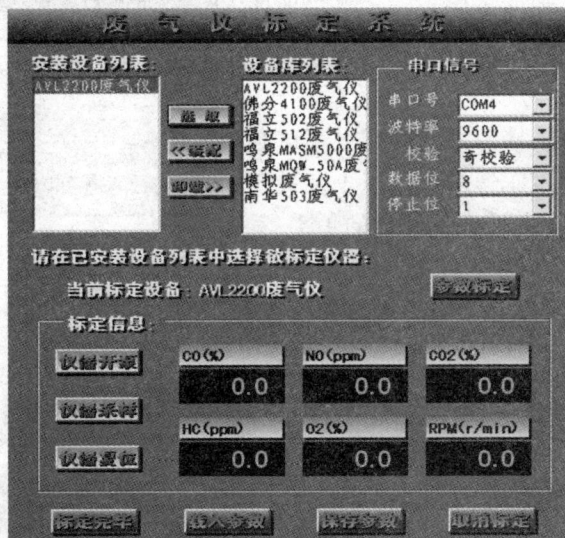

图 4.16 废气分析仪标定

F4 烟度测试仪器标定:该模块主要是对不透光烟度的选择及标定、设置和维护,其操作和废气仪标定一样。

F5 油耗测试仪器标定:该模块主要是对油耗仪的选择及标定、设置和维护,其操作和废气仪标定一样。

检测时,登记好车牌号码、车辆类型信息后,根据需要选择对应的检测项目,设

置好检测参数后，单击"开始检测"按扭，程序将进入对应的检测项目。此时，只需按点阵屏或显示器提示进行操作，就可以进行相关项目的检测工作。

3. 检测注意事项

①惯性模拟系统除进行多工况实验（加速、滑行试验外）不允许随意使用，吸合以及断开飞轮（电机）时，需确认滚筒和飞轮（电机）均处于静止状态，严禁在转动中吸合飞轮（电机）。冬季底盘测功机使用前，还需用被测车辆将滚筒，传动系磨合30分钟。②为了保护涡流机和被测车辆不致因过热而损坏，需配备轴流风机，使涡流机、轮胎等及时冷却。功率测量时，一次测量时间不应超过十分钟。③检测时，检查、维修地沟内应无工作人员，其他人员在行车安全区以外。④测试时，操作人员和引车员须按测功机点阵屏提示和显示器提示操作。⑤测试过程中操作人员应严肃认真，并注意有无异常现象，如异味、异响、异常振动等。操作员应经常注意电涡流机的加载电流是否正常，若发现不正常，应指导引车员即刻松油门并挂空档滑行。⑥突然停电时，引车驾驶员应即刻挂空档并松油门，但不要踩刹车。

4.2.3 汽车动力性能检测

登录车辆相关信息后，在程序主界面上按F4键，可进入动力性测量项目选择界面，如图4.17所示。本模块可检测项目有：恒速功率检测、恒扭功率检测、加速性能加速、滑行性能检测、车速表校准、里程表校准等。

1. 恒速功率测试

测量时要求用直接档，最低测试点车速必须大于直接档最低稳定车速的2倍以上，最高测试点车速应小于车辆标称最高车速的4/5。

在检测界面按F8可以调出参数设置界面，

图4.17 动力性测量项目选择界面

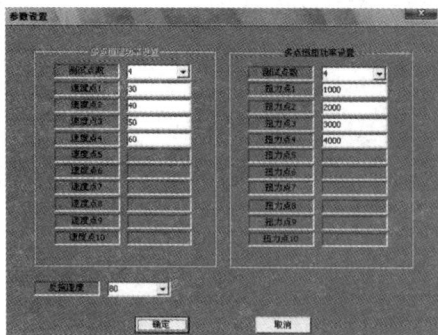

里面可以设置多车速点的速度和点数，如图4.18所示。设置好后，进入检测界面，如图4.19所示。

图4.18 参数设置界面

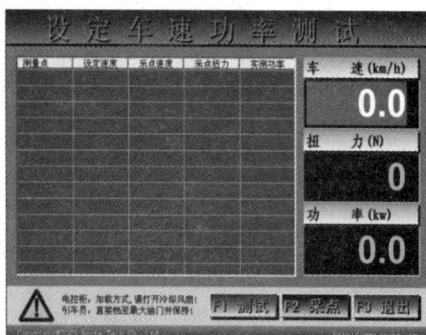

图4.19 设定车速功率测量界

按下 F1 测试，引导屏提示驾驶员逐步加大油门至全开并保持。计算机自动对电涡流测功机加载并按照预先设定的测量点逐点稳定车速，同时控制计算机对车速和扭矩数值进行采集、并显示及时数值。测量次数达到规定次数时，进行高次方程曲线拟合，生成一条类似发动机外特性的曲线，并在此曲线上找到最高点，也就是最大底盘输出功率，同时生成一条扭力曲线，得到车辆的最大扭力值。

注意：在测量过程中，操作员应监视系统工作状况，如果车况不好或设定的参数不合适，系统长时间不能自动采集数据，请击"取值"强制取点，但有个原则，在车速下降到设定车速附近并有功率值的时候强制取点，否则测量将无效。

2. 恒扭功率测试

恒扭矩方式测量汽车底盘输出功率是功率测量另一种常用的方式，其目的是测量在车辆负荷一定的情况下，底盘的最大输出功率及外特性曲线。测量时电控柜处于自控状态，在动力性测量项目选择界面上按下"F2 设定扭力功率测量"进入测量界面，如图 4.20 所示。

测量时要求用直接档，选定合适的牵引力范围。计算机自动对电涡流测功机按照预先设

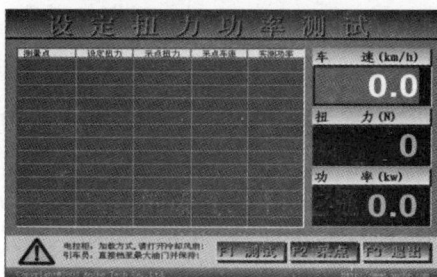

图 4.20　设定扭力功率测试界面

定的测量点逐点加载，驾驶员逐步加大油门至全开，当底盘输出扭矩和涡轮机加载扭矩平衡时，控制系统对车速和扭矩数值进行采集、记录，数字滤波在屏幕上描点并计算显示功率数值。测量次数达到规定次数时，进行高次方程曲线拟和求出最大功率值和最大扭矩值。

恒扭矩测量对人员的要求较高，录入员应该知道待检车辆的性能，否则无法准确确定适当的检测范围，相比恒速功率测量难于理解和掌握，所以一般检测站是不采用这种检测方式的，主要是学校或研究所等科研机构进行研究时使用。

3. 反拖损耗测试

通过电机反拖可以测量汽车底盘以及测功机台架本身的损耗功率。ACCG-10 底盘测功机带有变频调速器和大功率电机组成的反向驱动系统，测量前保证变频柜的电源已经打开并初始化正常。

测量时，汽车驶上滚筒并保持空挡，发动机熄火。在动力性测量项目选择界面上按下"F3 设定车速损耗测量"进入测量界面，如图 4.21 所示。进入界面后系统就会对滚筒逐步加速到最高车速后电机自动停止加载，界面上可以给出不同车速下底盘损耗功率。

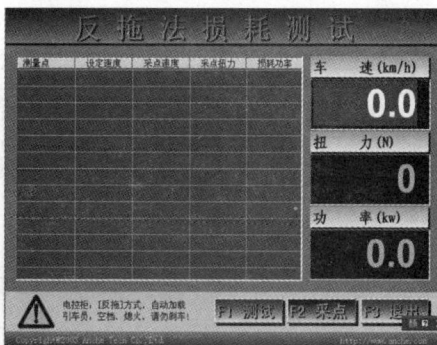

图 4.21　反拖法损耗测试界面

4. 加速性能测试

车辆加速性能是反映其动力性的一个重要参数，在底盘测功机上可以迅速的测量

车辆的加速时间和距离。

测量时，有飞轮的可以挂上飞轮，电控柜处于自控控制状态，低速状态一般不需要加载。在动力性测量项目选择界面上按下"F4 加速性能数据测量"进入测量界面，如图 4.22 所示。驾驶员起步换档，到直接挡稳定在最低稳定车速，然后加速到设定的车速为止。测试范围是直接挡低速到高速区间的加速时间和距离。

图 4.22　设定区间加速性能检测

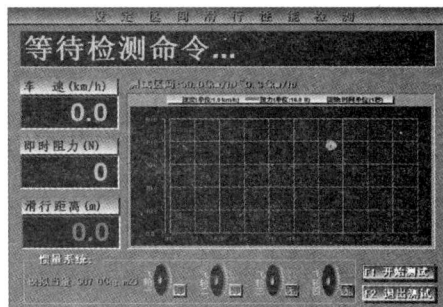

5. 滑行性能测试

车辆的滑行距离是反映车辆本身阻力矩大小的重要指标。测量时飞轮挂上，涡流机不加载，电控柜处于自控状态。

测量时，在动力性测量项目选择界面上按下"F5 滑行性能数据测量"进入测量界面，如图 4.23 所示。驾驶员起步换档逐步加大油门，加速到大于起始滑行速度 5km/h 时，点阵屏提示驾驶员松油门并挂空挡滑行。屏幕绘制速度和距离的方块图，直观显示测量车辆的滑行距离、滑行速度，再计算出滑行时间。

图 4.23　设定区间滑行性能检测

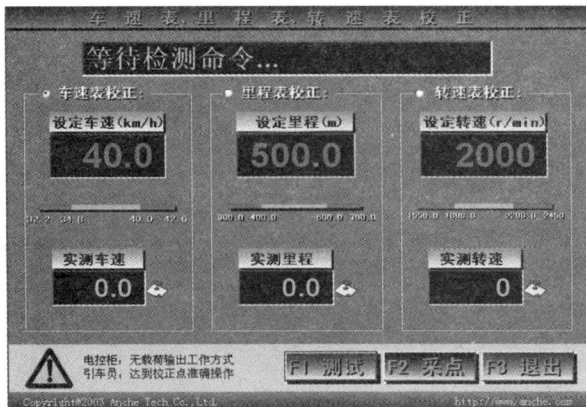

6. 最高车速检测

最高速度是反映车辆动力性能的一个指标，其在道路试验时，对试验条件要求很严格，而在底盘测功机上则可以很方便的测量。

试验时，挂上飞轮，电控柜处于自控状态。在动力性测量项目选择界面上按下"F6 最高车速数据测量"进入测量界面，如图 4.24 所示。按下 F1 进入测试工作，驾驶员按提示屏指示操作。驾驶员起步换档逐步加大油门，加速到最高车速并稳定至少 20 秒，点阵屏提示测量完毕后，才能松油门。计算机模拟汽车在水平路面上的行驶阻力主要有滚动阻力、空气阻力和加速阻力，并换算为阻力矩控制电涡流测功器。

图 4.24　最高车速测试界面

因为测量时的车速很高，需注意安全。人员不要在车辆正前方。对于前驱车辆，驾驶员更要集中注意力，不要轻易打方向盘，以免车辆高速时冲出台体造成事故。

7. 车内仪表校正

底盘测功机上测量车辆车速表的误差是非常方便的。由于底盘测功机是按照车辆高速行驶的要求设计的，它可以在大范围内对车速表的误差进行校准。

试验时，电控柜处于自控状态测量。在动力性测量项目选择界面上按下"F7 车内仪表校正测量"进入测量界面，如图 4.25 所示。

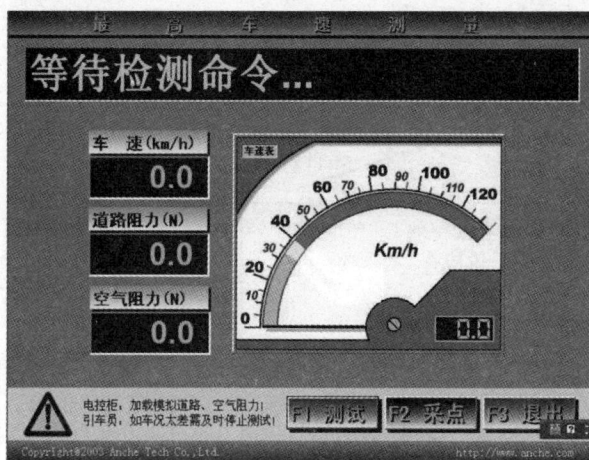

图 4.25 车内仪表校正界面

按下 F1 进入测试工作，驾驶员按提示屏指示操作。驾驶员注意被测车辆的速度表，当到达设定速度后，按下遥控按扭，并持续两秒钟，程序将采集当前车速并结束测量。操作员按下空格键或踩下踏板开关也能达到同样效果。

里程表校准的测量过程也非常简单。一般以 500m 的距离来做校准的标准，驾驶员注意被测车辆的里程表数字，在某个时候按动手中的遥控器，测功机将开始记录并实时显示距离值。到达预期的里程表读数值的时候，再次按下遥控按扭，测功机停止记距离，并显示车辆实际驶过的距离值，两者比较即可知道车辆里程装置的准确性。

4.2.4 检测结果分析

1. 汽车输出功率异常

主要是消耗于传动系的功率增加，此故障可由底盘测功测出。通过正确的调整和合理的润滑，可获得较高的底盘输出功率。

产生该故障的原因主要有：

（1）离合器故障

主要可能是由于离合器打滑所引起的，可用离合器打滑频闪测定仪来测定。

故障表现：汽车用低档起步，放松离合器踏板后，汽车不能灵敏起步或起步困难；汽车加速行驶时，车速不能随发动机转速提高而提高，行驶无力，严重时会产生焦臭味或冒烟。

产生原因有：离合器踏板无自由行程，使分离轴承压在分离杠杆上；从动片摩擦片、压盘或飞轮工作面磨损严重，离合器盖与飞轮的连接松动，使压紧力减弱；从动盘摩擦片油污、烧蚀、表面硬化、铆钉外露、表面不平，使摩擦因素下降；压力弹簧疲劳或折断，膜片弹簧疲劳或开裂，使压紧力下降；离合器操纵杆系卡滞，分离轴承套筒与导管间油污、尘腻严重，使分离轴承不能回位。

诊断流程如图 4.26 所示。

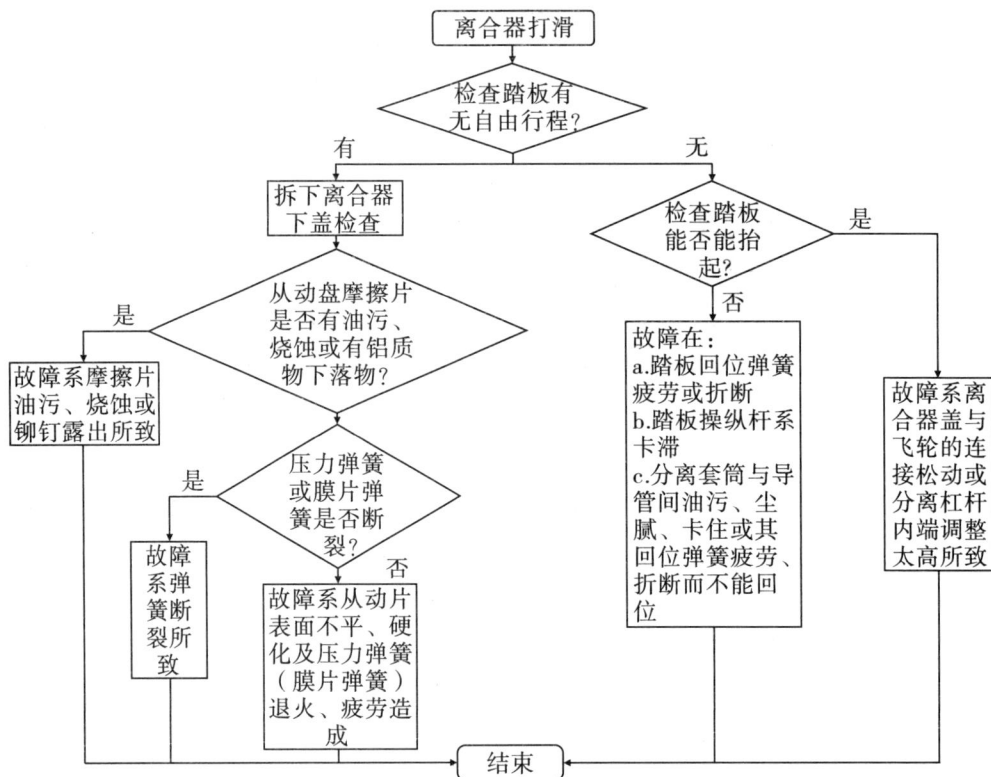

图 4.26　离合器打滑诊断流程图

（2）变速器故障

由变速器传动阻力增加所致，主要可能是变速器异响故障。

故障表现：变速器齿轮的啮合声、轴承的运转声等噪声变大；变速器发出干磨、撞击等不正常的响声。

产生原因有：变速器中齿轮的缺陷、齿轮啮合不良、齿轮发生变形等；滚动轴承缺油，轴承滚珠或滚针磨损失圆、碎裂、折断，滚道表面烧蚀、剥落等；第一轴、第二轴或中间轴弯曲变形；润滑油不足、太稀、变质、规格不符合要求或油中有杂质。

诊断流程如图 4.27 所示。

（3）万向传动装置故障

主要是传动系游动角（离合器、变速器、万向传动装置和驱动桥游动角度之和）超过允许值，可由游动角度检验仪来检测。

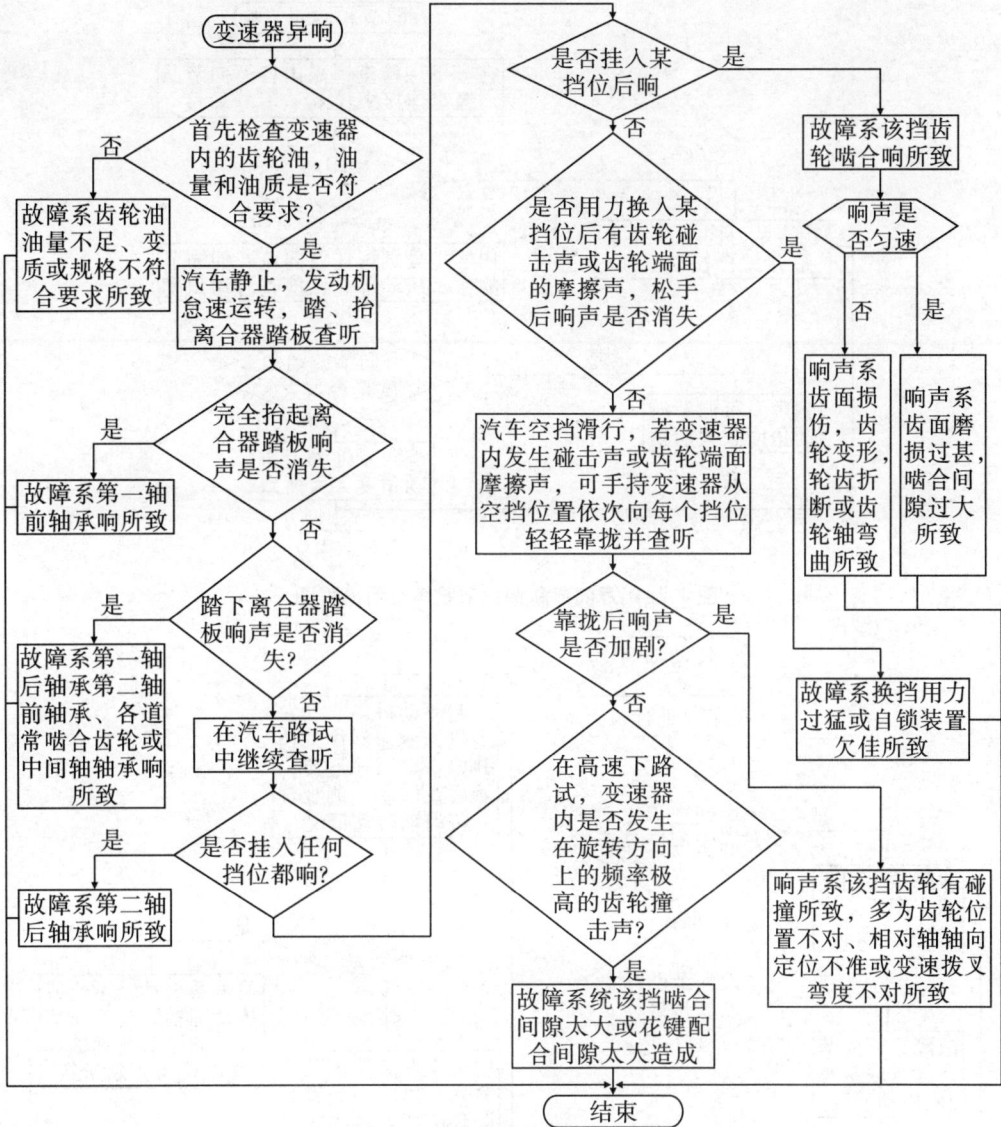

图 4.27 变速器异响诊断流程图

故障表现：传动系发出"抗""呱啦"等异常响声，根据发声部位不同可分为万向节和伸缩节响、传动轴响和中间支承响。

其产生原因有：万向节松旷或伸缩节花键松旷；传动轴弯曲变形；车架变形等。

若起步或突然改变车速时，传动装置发出"抗"的一声，当汽车缓车时，传动装置发出"呱啦、呱啦"的声音，为万向节和伸缩节响声，诊断流程如图 4.28 所示。

若万向节与伸缩节技术状况完好，汽车行驶中发出周期性的响声；速度越快响声越大，严重时车身发生抖振，甚至握方向盘的手有麻木感。此为传动轴响，诊断流程如图 4.29 所示。

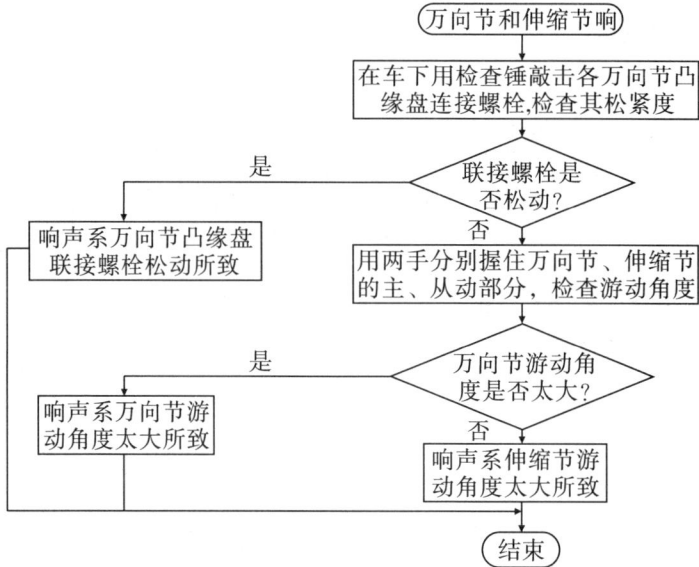

图 4.28　万向节和伸缩节响声诊断流程图

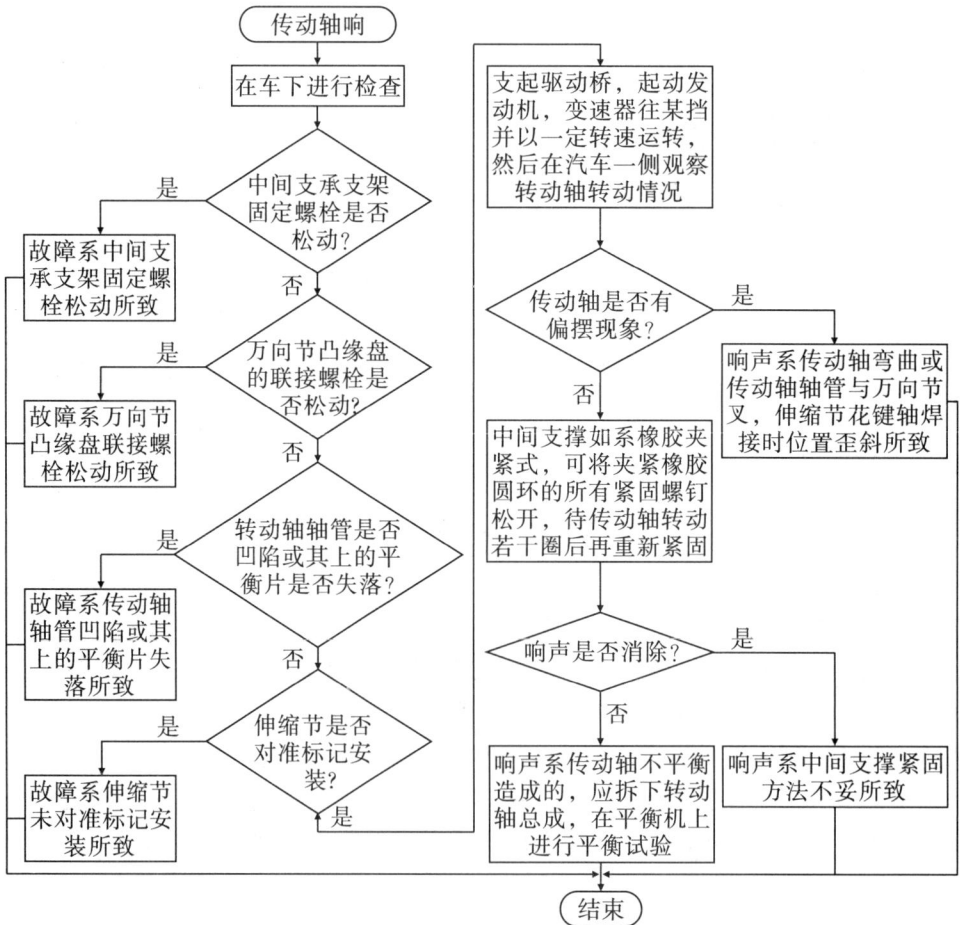

图 4.29　传动轴响诊断流程图

若汽车行驶中产生一种连续的"呜、呜"的响声，车速越快响声越大。此为中间支承响，诊断流程如图4.30所示。

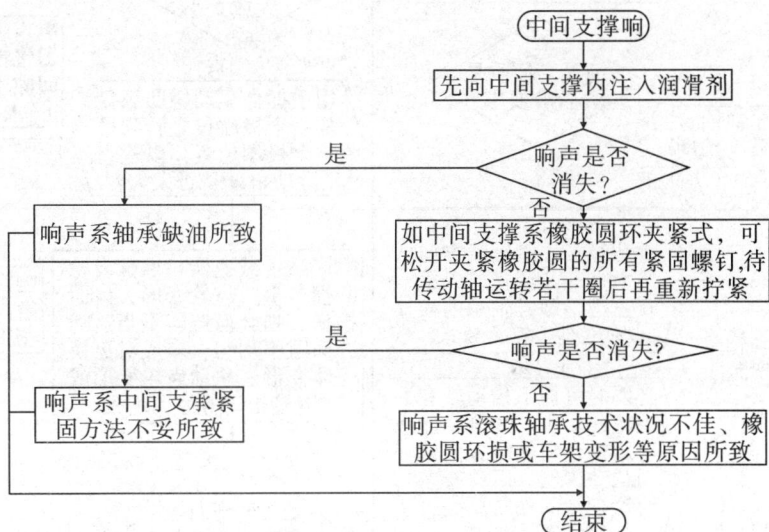

图4.30　中间支承响诊断流程图

（4）驱动桥故障

故障表现：汽车行驶时，驱动桥发出较大响声，当滑行或低速行驶时响声减弱或消失；汽车行驶、滑行时驱动桥均发出较大的响声；汽车转弯行驶时驱动桥发出较大的声音，而直线行驶时响声明显减弱或消失；汽车起步或突然改变车速时，驱动桥发出"抗"的一声；汽车缓车时驱动桥发出"格啦、格啦"的撞击声。

驱动桥故障主要是由于驱动桥内各齿轮的缺陷、齿轮啮合不良、齿轮发生变形等；滚动轴承缺油，轴承滚珠或滚针磨损失圆、碎裂、折断，滚道表面烧蚀、剥落等；润滑油不足、太稀、变质、规格不符合要求或油中有杂质；轴承松旷或半轴齿轮与半轴花键配合松旷等原因造成的。常见问题是驱动桥异响。

驱动桥异响诊断流程如图4.31所示。

2. 车速显示异常

车速表经检测出现误差，其主要原因是由于长期使用过程中车速表本身出现了故障、损坏和轮胎磨损等。

（1）指示表故障

车速表内有转动的活动盘、转轴、轴承、齿轮、游丝等零件和磁性元件，这些构件在工作过程中产生的磨损和性能变化会造成车速表的指示误差。对于产生磨损的应予更换。磁力式车速表的磁铁磁力退化，也会引起指针指示值失准，应更换磁铁进行修复。

异响

如汽车挂挡行驶和拖挡滑行均有响声，应先检查驱动桥内的齿轮油

油量、油质是否符合要求？ —否→ 响声系齿轮油油量不足、变质、粘度太低或牌号不符合要求所致

是↓

在车下用双手握住驱动桥凸缘盘，沿轴线方向用力推动凸缘盘，以检查主动轴圆锥轴承的松动紧度是否符合要求？ —否→ 响声系主动轴轴承松旷所致

是↓

必要时可拆下传动轴和主减速器主动部分，然后用橇棍沿轴线方向橇动从动齿轮，以检查差速器轴承的松紧度是否符合要求？ —否→ 响声系差速器轴承松旷所致

是↓

松开驻车制动器，变速器置空挡，用手轻轻沿旋转方向来回晃动驱动桥凸缘盘，以检查主减速器锥齿轮啮合间隙

啮合间隙太大或太小 —是→ 响声系主减速器锥齿轮啮合间隙不符合要求所致

否↓

用手握住驱动桥凸缘盘，从一个极端位置转到另一个极端位置，以检查游动角度是否太大？ —是→ 响声系驱动桥内各部分松旷所致

否↓

响声系主减速器一堆锥齿轮磨损严重、齿轮变形、齿面损伤、啮合面调整不当、啮合间隙不均匀、未成对更换、壳体变形、从动齿轮变形或链接松动等原因所致

是否转弯行驶有响声而脱挡滑行响声减落或消失？ —是→ 响声系主减速器锥齿轮齿的正面磨损严重、齿面损伤或啮合面调整不当等原因所致，而齿的反面技术状况尚好

否↓

是否转弯行驶有响声，而直线行驶响声减落或消失？ —是→ 响声系行星齿轮或半轴齿轮的齿面严重按磨损、损伤、轮齿边形或断裂造成

否↓

是否转弯行驶有响声，而直线行驶响声减落或消失？ —是→ 响声系驱动桥内游动角度太大造成的

否↓

如果有是有有时无，或呈现周期性变化，一般系齿轮油中杂物或较大金属颗粒造成

结束

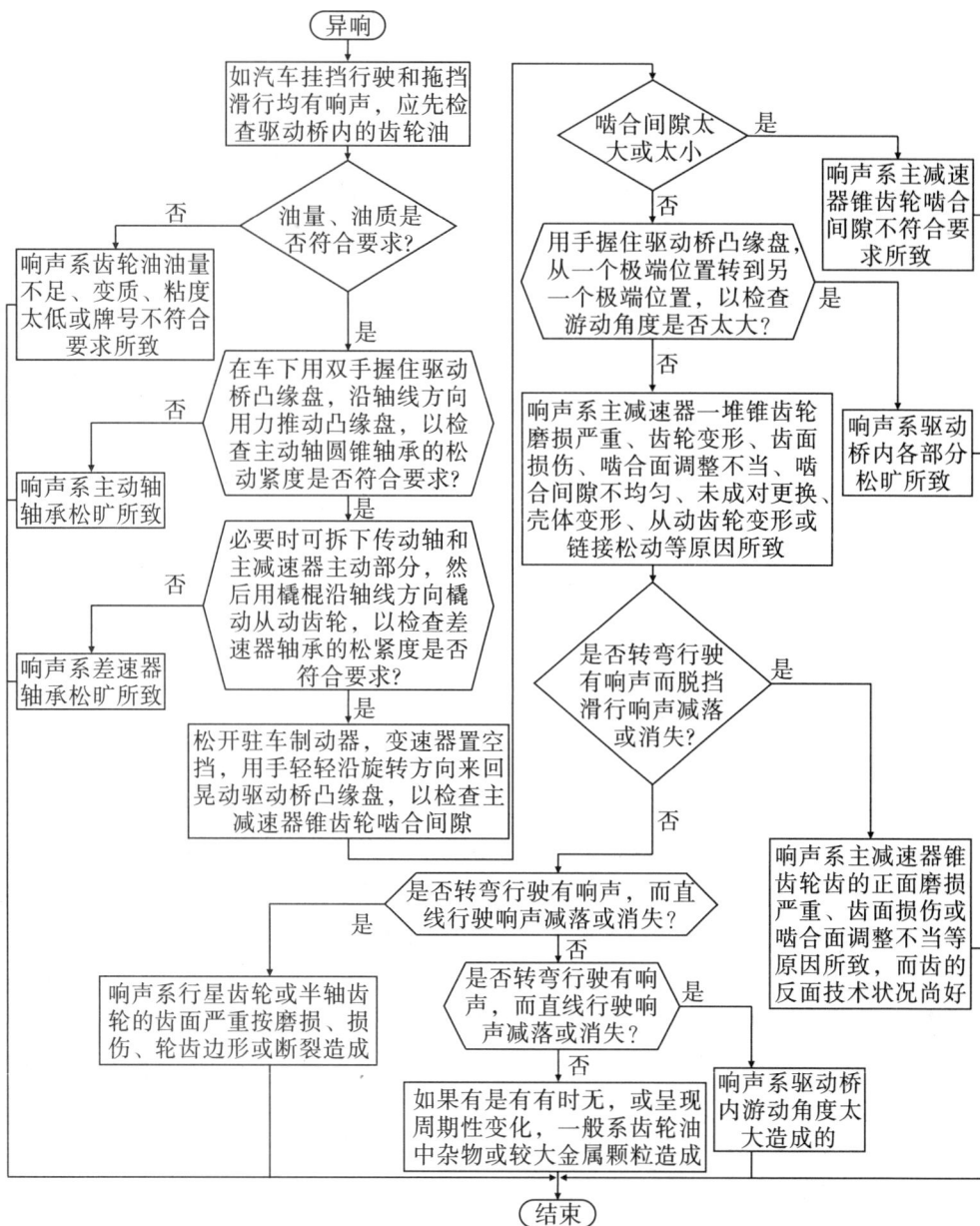

图 4.31　驱动桥异响诊断流程图

（2）测量误差

汽车轮胎在使用过程中由于磨损，其半径逐渐减小。在变速器输出轴转速不变的条件下，汽车行驶速度因轮胎半径的变化而变化，而车速表的软轴是与变速器输出轴相联的，因此车速表指示值与实际车速形成误差。

为消除车速表机件磨损和轮胎磨损形成的指示误差，应借助于车速表试验台适时地对车速表进行检验。

诊断流程如图 4.32 所示。

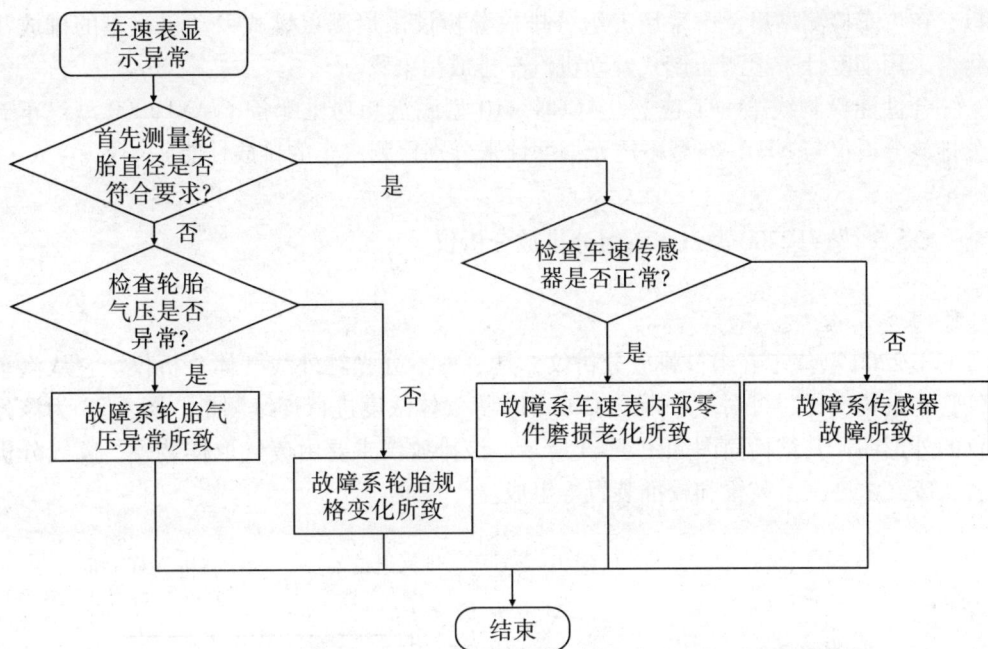

图 4.32　车速表显示异常诊断流程图

4.3　汽车排放检测设备

随着国民经济的持续快速发展，我国汽车保有量迅速增长。汽车排放污染问题也越来越突出，已成为影响环境质量的重要污染源。汽车排放污染物主要有：一氧化碳（CO）、碳氢化合物（HC）、氮氧化物（NOx）、微粒物（PM）（由炭烟、铅氧化物等重金属氧化物和烟灰等组成）和硫化物等，它们直接危害到人类的健康。

为减少汽车排放污染，其有效措施主要有：①执行严格的新车排放标准，促使汽车生产企业应用高新技术降低汽车排放，这是汽车低污染的前提；②实施在用车定期检查保养 I/M（Inspection and Maintenance）制度。通过实施强制性法规，要求车辆定期或不定期进行排放检测，并对排放超标车辆进行针对性的维修与保养，从而提升汽车排放性能。

点燃式发动机汽车排放污染物测定方法主要有不分光红外线法（NDIR）、电化学法、火焰离子化法（FID）和化学发光检测法（CLD）等。利用 NDIR 法，可对排放污染物中的 CO 和 CO_2 检测，也可便携式检测 HC；利用电化学法可对排放污染物中 O_2 和 NO 检测；利用 FID 和 CLD 法可分别精确检测排放中 HC 和 NO_x。压燃式发动机汽车排放烟度的检测方法有滤纸烟度法和不透光烟度法两种。

GB18285 - 2005《点燃式发动机汽车排气污染物排放限值及测量方法》和 GB3847 - 2005《车用压燃式发动机和压燃式发动机汽车排气烟度排放限值及测量方法》规定，对在用汽油车应检测双怠速下 CO、HC，对在用柴油车应检测自由加速工况下的烟度。

所以，在汽车检测站里，常采用五组分排放分析仪来检测点燃式发动机汽车的排放污染物，采用烟度计来检测压燃式发动机汽车排放污染物。

综合性能检测线第一工位上，ACCG-10 型底盘测功机配备了 AVL2200 型汽车五组分排放分析仪与 NHT-6 型不透光烟度计来分别检测汽车的排放性能。

4.3.1 AVL2200 型汽车五组分排放分析仪

1. 基本结构

AVL 2200 型汽车五组分排放分析仪，是一种不分光红外线气体分析仪。它从汽车排气管中采集气样，可对其中所含 CO、HC 等气体浓度进行连续测量。图 4.33 为该分析仪的外形图，其结构简图如图 4.34 所示。该排放仪主要由废气取样装置、废气分析装置、废气浓度指示装置和校准装置等组成。

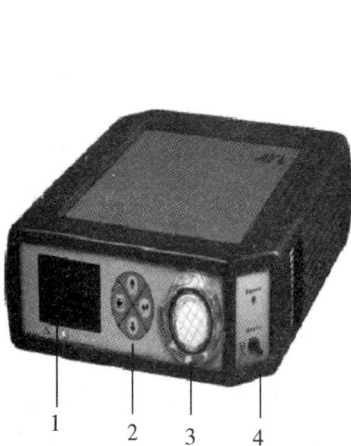

图 4.33 AVL 2200 汽车五组分排放分析仪
1. 液晶显示屏 2. 功能键
3. 自动水分离器 4. 测试气体入口

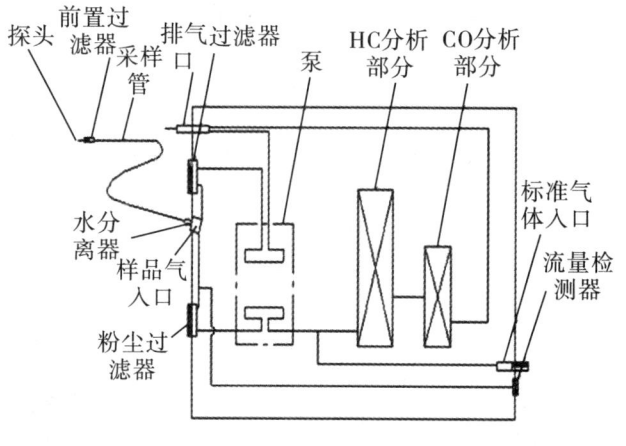

图 4.34 排放分析仪结构示意图

（1）废气取样装置

废气取样装置由取样探头、前置过滤器、防止气体吸附的采样软管、水分离器和采样泵等组成。它通过取样探头、导管和泵从车辆排气管里采集废气，经滤清器和水分离器把废气中的碳渣、灰尘和水分等去除掉，只把废气送入分析装置。

取样探头由铜管制成，具有耐热性和防止导管吸附 HC 气体的作用。

水分离器起排出冷凝水的作用。因汽车废气中含有较高的水分，它进入仪器后温度降低，冷凝后变成水滴，从排气口排出，避免进入废气分析装置。

过滤器（粉尘过滤器）是对进入仪器中废气的粉尘和污物进行精细过滤的元件。因为红外线分析仪对气体中的粉尘污染物非常敏感，少些尘埃进入气室都会使指示不稳定，甚至无法工作。过滤器的滤芯在使用一段时间后会变黑，这时需要更换新的滤芯。

（2）废气分析装置

废气分析装置是仪器的核心部分，其作用是从取样装置过来的废气里分析出 CO 和

HC 的浓度。根据检测所采用的传感器形式不同，废气分析装置可分为电容式和半导体式两种。AVL 2200 五组分排放分析仪为电容式 NDIR 废气分析仪，且大多数废气分析仪废气分析装置都采用了电容式传感器。

电容式废气分析仪装置主要由红外线光源、测量气样室、标准气样室、旋转扇轮（截光器）和传感器等组成，如图 4.35 所示。从两个红外线光源 6、7 发出的红外线，分别通过标准气样室 5 和测量气样室 9 后到达测量室 3。在标准气样室里充有不吸收红外线的氮气（N_2），在测量气样室里充有被测量的发动机排气。测量室由两个分室构成，它们之间留有通道。通道中装有金属膜片式电容微音器 2 的传感器。为了便于从废气中选择出需要检测的气体成分，在测量气室内充入适当浓度的与被测气体相同的气体（即检测 CO 浓度时，充入 CO 气体；检测 HC 浓度时，充入正己烷气体）。

旋转扇轮能连续地导通、截止两个红外线光源，形成射线脉冲。当红外线通过旋转扇轮断续的到达测量室时，由于通过测量气样室被所测气体按浓度大小吸收掉一部分一定波长的红外线，而通过标准气样室的红外线完全没有被吸收，因而在测量室的两个分室内，因红外线能量的差异出现了温度差别，温度差别又导致了测量室内压力差别，致使金属膜片弯曲变形。排气中被测气体含量越大，金属膜片弯曲变形也越大。膜片弯曲变形导致电容微音器输出电压改变，该电压信号经放大器放大后送往废气浓度指示装置。

半导体式废气分析装置主要由红外线光源、测量气样室、旋转扇轮、半导体传感器等组成，如图 4.36 所示。从两个红外线光源发出的红外线，分别通过标准气样室和测量气样室后用聚光管聚光，然后送到测量室。同样，在标准气样室里充入了不吸收红外线的氮气，在测量气样室里充入被检测的废气。分析装置的传感器采用的是一种能按照红外线能量强度改变电信号的半导体元件，它不具有对被测气体吸收红外线波长范围的选择性。在其前面放置了一片光学滤色片，仅选择被测气体中可被吸收的波长范围内的红外

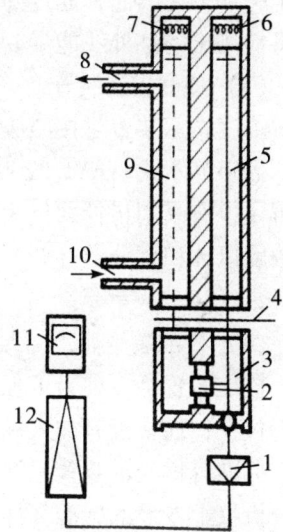

图 4.35 电容式废气分析装置
1. 前置放大器 2. 电容微音器 3. 测量室 4. 旋转扇轮 5. 标准气样室 6、7. 红外线光源 8. 排气口 9. 测量气样室 10. 废气入口 11. 指示仪表 12. 主放大器

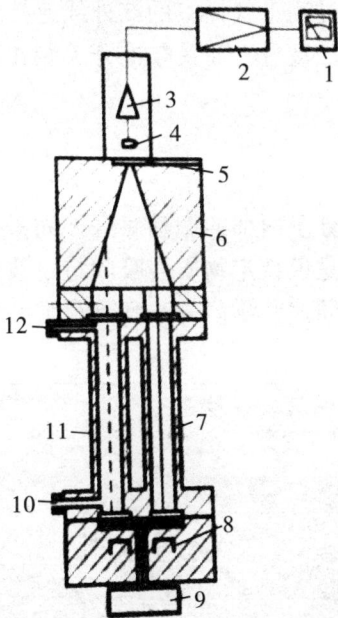

图 4.36 半导体式废气分析装置
1. 指示仪表 2. 主放大器 3. 前置放大器 4. 半导体传感器 5. 光学滤色片 6. 聚光管 7. 标准气体室 8. 红外线光源 9. 旋转扇轮 10. 排气入口 11. 测量气样室 12. 排气出口

线，使其通过。红外线通过旋转扇轮后，断续的通过标准气样室和测量气样室，经过聚光管和光学滤色片后，到达半导体传感器。通过标准气样室的红外线未被吸收，能量保持不变。通过测量气样室的红外线，由于它按照所测气体的浓度和波长范围被吸收了一部分。因而，通过两气样室的红外线能量形成差异后到达传感器，半导体传感器将检测出的红外线能量变换成电信号，经放大器输送给浓度指示装置。

（3）浓度指示装置

浓度指示装置是按照废气分析装置送来的电信号进行显示，主要可分为机械指针式、数字显示式。AVL 2200汽车五组分排放分析仪采用了数字式显示器。其它的排放分析仪也有采用指针式仪表。从废气分析装置送来的电信号，在CO指示仪表上，CO的浓度以体积百分数（%）表示；在HC指示仪表上，HC浓度以正己烷当量体积的百万分数（10^{-6}）表示。

（4）校准装置

校准装置是一种为了保持分析仪的指示精度，使之能准确指示测量值的装置。在分析仪上，通常设有加入标准气样进行校准的装置和机械简易校准装置。

标准气样校准装置是把分析仪生产厂附带来的供校准用的标准气样（CO和HC），从分析仪上专设的标准气样注入口直接送到废气分析装置，再通过比较标准气样浓度值和仪表指示值的方法来进行校准的一种装置。

简易校准装置通常是用遮光板把废气分析装置中通过测量气样室的红外线遮挡住一部分，用减少一定量红外线能量的方法进行简单校准的装置。简易校准开关装在仪表板上，并设有CO、HC校准旋钮。

2. 测量原理

（1）不分光红外线吸收原理（NDIR）

通过物理研究，人们发现，很多物质都可能由于其分子内部的振动对红外光谱产生吸收，而且这种吸收进对特定的红外波长有效，也就是说特定物质会吸收特定波长的红外线。同时，根据朗伯比尔定律，光谱被吸收的量同该种物质的浓度有很强的相关性，这就是红外吸收的原理。

红外气体传感器运作的基本原理是依靠对以上事实的发现。图4.37中显示了典型的红外光谱，包括一氧化碳、丙烷、己烷和二氧化碳。

可以看出，不同气体在红外线的光谱中有很强的吸收峰，烷烃类气体的吸收波长和一氧化碳和二氧化碳有很大的不同。

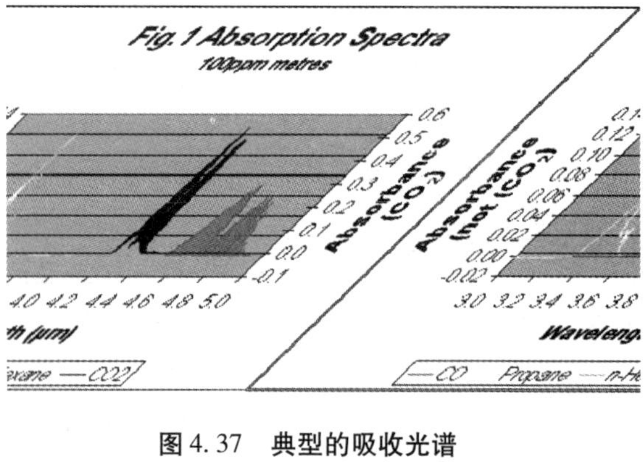

要实现特定气体的红外吸收，首先就是要得到这一特定波长的红外谱

图4.37 典型的吸收光谱

线，这就是分光技术：即把特定的红外波长从整个红外谱线中分离出来。分光的两个基本方法就是使用棱镜或者滤光片。但是，由于棱镜分光必须采用机械转动的方法，

因此并不适合用于便携式仪器和现场类仪器。在这种情况下，滤光片分光就成为这类红外气体监测仪器的首选。由于滤光片分光不能像棱镜分光那样仔细地将波长分成单波长，因此又称为非色散红外方法，就是 NDIR（Non Dispersive Infrared）。

由于滤光片的技术要求很高，包括其制作过程和质量与滤光器的基片材料，镀膜材料，膜层厚度的控制有关，至今高级光学滤光片的制作技术仍是西方国家保护的技术。用于气体检测和监测仪器上的红外传感器，都是使用 NDIR 技术，但各家产品也有自家特色，比如双光源，参比技术等等。

红外传感器的信号是由气体对红外光谱的吸收产生的，利用特定的谱线上的光被吸收的强度可以判断出气体的类型和浓度。气体的类型是由 NDIR 滤光片的性质决定。气体浓度是由红外接收器信号的大小决定。红外吸收是一个简单的物理变化过程，它不受其它气体浓度的影响和干扰，更值得一提的是空气中最常见的氧气、氮气、氢气等双原子气体本身不存在红外吸收谱，所以它们的存在对传感器无任何影响。

（2）检测原理

汽车尾气中的 CO、HC、NO 和 CO_2 等气体，分别对特定波长的红外线具有吸收的性质，而且红外线被吸收的程度与气体浓度具有一定的关系，如图 4.38 所示。不分光红外线分析法就是根据这一原理，即废气吸收一定波长红外线能量的变化，来检测废气中各种污染物的含量。

AVL 2200 汽车五组分尾气排放分析仪就是采用不分光红外线分析法制成的。排气中 CO 的浓度是直接测量的，而排气中 HC 的成分非常复杂，需要把各种 HC 成分的浓度换算成正己烷的浓度后，再作为 HC 浓度的测量值。

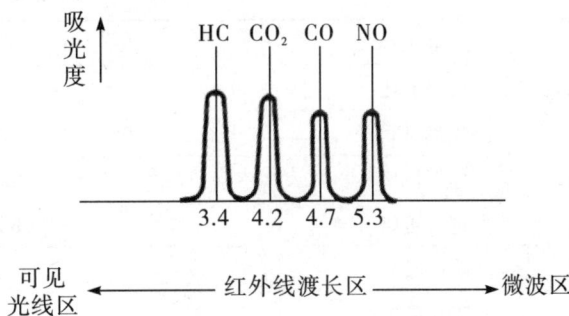

图 4.38 四种气体吸收红外线的情况

3. 主要性能指标

（1）主要性能指标

AVL 2200 型汽车排放分析仪的主要性能指标，如表 4.3 所示。

表 4.3 主要性能指标

测量项目	测量范围	分辨率	精度
CO	0 ~ 10% vol	0.01% vol	<0.6% vol：±0.03% vol ≥0.6% vol：指示值的 ±5%
CO_2	0 ~ 20% vol	0.1% vol	<10% vol：±0.5% vol ≥10% vol：指示值的 ±5%
HC	0 ~ 20000 10^{-6} vol	≤2000：1 10^{-6} vol ≥2000：10 10^{-6} vol	<200 10^{-6} vol：±10 10^{-6} vol ≥200 $^{-6}$ vol：指示值的 ±5%

续表

测量项目	测量范围	分辨率	精度
O_2	$0 \sim 25\%$ vol	0.01% vol	$<2\%$ vol：$\pm 0.1\%$ vol $\geqslant 2\%$ vol：指示值的 $\pm 5\%$
NO（可选）	$0 \sim 5000^{-6}$ vol	1ppm vol	$<500^{-6}$ vol：$\pm 50^{-6}$ vol $\geqslant 500^{-6}$ vol：指示值的 $\pm 10\%$
发动机转速（可选）	$500 \sim 15000 min^{-1}$	$1 min^{-1}$	指示值的 $\pm 1\%$
油温（可选）	$-20 \sim 150℃$	$1℃$	$\pm 4℃$
空燃比（λ）	$0 \sim 9.999$	0.001	由 CO，CO_2，HC 和 O_2 计算而得

（2）其它性能指标

AVL2200 型汽车排放分析仪的其它性能指标，如表 4.4 所示。

表 4.4 其它性能指标

电压	$11 \sim 22V$ DC
功率消耗	$\approx 25W$
预热时间	≈ 7 分钟
标气接口	$60 \sim 140 l/h$，最大超压力为 450hPa！
进气接口	$\approx 180 l/h$，最大超压力为 450hPa！
响应时间	$t_{95} \leqslant 15s$
工作温度	$5 \sim 45℃$
存放温度	$0 \sim 50℃$
相对湿度	$\leqslant 95\%$，非冷凝型
倾角	$0 \sim 90° \angle$
尺寸（WxDxH）	$270 \times 320 \times 85mm$
重量	净重 4.5kg（配件不计）
接口	RS 232 C，RPM 转速传感器，油温探头

（3）性能特点

模块化设计；备有 OBD 诊断功能；轻巧便携，可用于车载；可在水平与垂直之间任一位置工作；测量预热时间和响应时间短。

4.3.2 NHT - 6 型不透光烟度计

许多国家采用不透光烟度计测试柴油机排放废气的烟度，我国 GB3847 也规定，对于 2010 年 10 月 1 日起生产的在用柴油汽车，应按自由加速——不透光烟度法对排气废气烟度进行测试。

NHT - 6 型不透光烟度计是一种利用透光衰减率测定排气烟度的仪器。它通过发射器发出光线，光线通过被测尾气一段给定的长度后，受到尾气烟气微粒的吸收、散射而衰减，然后根据光接收器接收到的光强度和入射光强度的比例来确定烟气的不透光特性。通常用光吸收系数 K 与不透光度 Ns 来表示尾气烟度。

1. 基本结构

NHT－6 型不透光烟度计原理图，如图 4.39 所示，结构如图 4.40 所示。它主要由测量单元，控制单元，取样探头，连接电缆等组成。NHT－6 型采用了分体式结构，测量与控制单元是分开的。

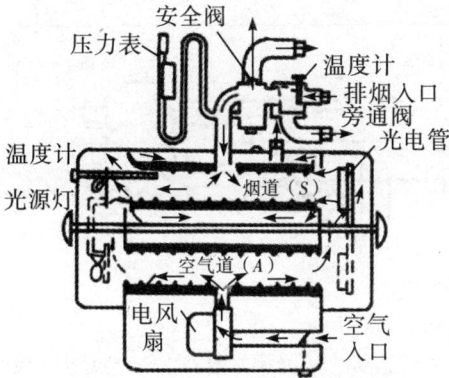

图 4.39　NHT－6 型不透光烟度计　　　图 4.40　不透光烟度计结构简图

它有一个测试管 S 和一个校正管 A。测试时，将需测定的一部分排放废气导向测试管，用电风扇向校正管吹入干净空气。当由测试管一端的光源发出的光线透过测试管中的烟层照到测试管另一端的光电管上时，用光电管可测出光线强度的衰减量。将光源和光电源转向校正管（图中虚线位置），可用作零点校正。烟度显示从 0 到 100% 均匀分度，其单位为不透光度。光线全通过时为 0，全遮挡时为 100%。

2. 测量原理

当一束光穿过密度和温度一致的气体时，光会被气体吸收和散射，使其强度不断衰减。吸收是指光转换为另一种形式的能量，散射是指由于反射、折射、绕射而引起的光发散，通常用吸收系数反映光吸收和散射的情况。

不透光式烟度计是以光衰减的物理作用为工作原理，一束光被废气的微粒所遮蔽，出射光束的强度与长度的关系可用 Beer－Lambert 定律表示：

$$N = (1 - e^{-kL}) \times 100\% = (1 - I/I_0) \times 100\% \qquad (4-8)$$

式中：N——不透光度；

$\quad\quad I_0$——入射光的光强；

$\quad\quad I$——出射光的光强；

$\quad\quad L$——光路长度；

$\quad\quad k$——是光吸收系数，单位为 m^{-1}。

光吸收系数 k 是不透光值的基本单位，它与通道长度无关，通道长度 L 定义为光路长度，即烟柱长度，以米作单位。如公式（4－8）所示，不透光度与所使用的光路长度有关，而光吸收系数则与光路长度无关。

测量气室中的气体密度与温度和压力有关。要取得有可比性的测量结果，需根据温度和压力对气体密度进行修正，但需指出的是只有光吸收系数 k 可以根据温度和压力进行修正。不透光度指示值必须先转换成 k 值，才能根据存在的温度和压力对其进行修正，然后才将 k 值转换为不透光度 N，不允许修正 N 值。

烟度测量原理如图 4.41 所示，在测量头的检测室内一定距离通道两侧，安装有光源发射装置和光源接收装置，当废气进入通道时，接收装置接收的光强度将被削弱，光强度大小反映了烟度排放的大小。

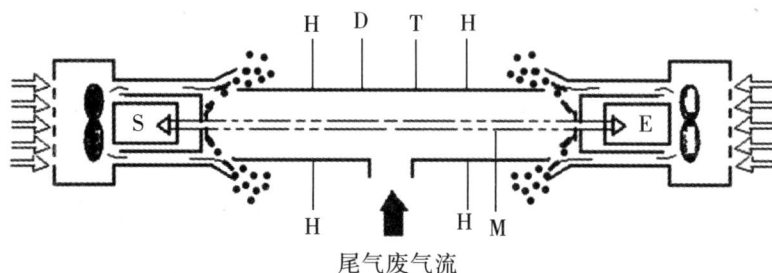

尾气废气流

图 4.41　烟度测量示意图

M. 检测室　H. 加热器　D. 压力传感器　T. 温度传感器　S. 光源发射器　E. 光源接收器

不透光烟度计也可称为不透光度仪，它不仅可测黑烟，也可测蓝烟和白烟，对低浓度的可见污染物有较高的分辨率，可进行连续测量，也可用来研究柴油机的瞬态碳烟和其它可见污染物的排放特性，还能方便地测量排放法规中所要求的自由加速烟度和有负荷加速烟度。由于光学系统的污染，这种烟度计测量中易产生误差，需注意清洗。另外，排气中所含的水滴和油滴也可能作为烟度显示出来，从而对测量结果造成影响。当抽样检测的排气温度超过 500℃时，必须采用其他冷却装置冷却，以确保检测精度。

3. 主要性能指标

（1）主要性能指标

第一，测量范围：

不透光度 N：$0 \sim 99.99\%$；光吸收系数 k：$0 \sim 16.0 \mathrm{m}^{-1}$；转速：$300 \sim 9999 \mathrm{r/min}$；机油温度：$-50 \sim 120℃$

第二，分辨力：

不透光度 N：0.1%

第三，示值误差：

不透光度 N：$\pm 2.0\%$

（2）其它参数

电源：$AC220V \pm 10\%$，$50Hz \pm 1Hz$；重量：控制单元 5.5kg，测量单元 6.5kg；外形尺寸：控制单元 370mm（宽）×280mm（深）×220mm（高）；测量单元：410mm（宽）×215mm（深）×360mm（高）。

（3）功能特点

大屏幕液晶显示，全中文交互式菜单提示操作；具备不透光度和光吸收系数两种读数，操作简单，直观方便；具有自由加速试验和瞬态测量功能，并自动处理测试数据及显示测量结果；开机预热时间为 10 分钟，并进行自动调零；测量单元采用分流式（取样式）技术，测量柴油车的排烟。采用"空气幕"技术以保护光学系统免受污染。检测室恒温控制，可预防冷凝，以及避免温度变化影响测量精度；设有数据打印，与上位计算机通讯等功能，可选用串行 RS – 232C 或 RS – 485 接口。仪器性能符合 ISO11614 和 GB3847 –1999 的要求。

4.3.3 其它烟度测量设备

测量烟度除了不透光式烟度计外，还有滤纸式烟度计。

1. 检测原理

滤纸式烟度计检测原理是利用活塞式抽气泵抽取一定量的废气，并使它通过一张规定面积的标准洁白滤纸，废气中的碳粒被吸附在滤纸上，从而使滤纸变黑，然后用光电检测装置测定滤纸的染黑度。其滤纸被染黑的程度称为烟度，用符号 S_F 表示，烟度是无量纲的量。

$$S_F = 10 \ (1 - R_d/R_c) \qquad (4-9)$$

式中：R_d、R_c——污染滤纸和洁白滤纸的反射因数；

R_d/R_c 的值为 0 ~ 100%，分别对应于全黑滤纸和洁白滤纸的反射。

滤纸染黑的程度不同，则对应照射到滤纸表面光线的反射能力不同。当污染滤纸为全黑时，烟度值为 10，滤纸没有受到污染时，烟度值为 0。

2. 基本结构

滤纸式烟度计有手动、半自动、全自动三种形式，其结构都是由废气取样装置、烟度检测与指示装置、走纸机构、控制机构等组成，如图 4.42 所示。

（1）废气取样装置

废气取样装置由活塞式抽气泵、取样探头、取样管及电磁阀等组成。取样前，压下抽气泵手柄，直至克服回位弹簧的张力使活塞到达最下端，并用锁紧弹簧锁紧；当需要取样时，踩下脚踏开关或按下手动抽气按钮，锁紧装置松开，活塞在弹力作用下上升到顶端。在

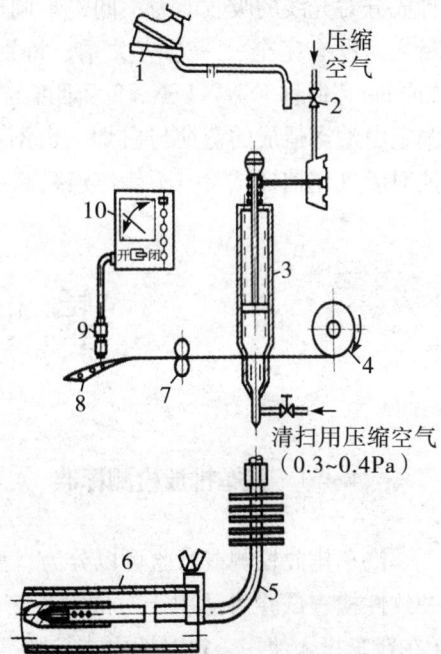

图 4.42　滤纸式烟度计结构简图
1. 脚踏开关　2. 电磁阀　3. 抽气泵
4. 滤纸卷　5. 取样探头　6. 排气管
7. 进给机构　8. 染黑的滤纸
9. 光电传感器　10. 指示仪表

活塞上升过程中，柴油机排出的废气经取样管，通过滤纸进入抽气泵中。废气流经抽气泵时，碳烟吸附在滤纸上，使滤纸变黑。当抽气泵活塞完成复位行程到达泵筒下端时，滤纸夹持结构松开，染黑的滤纸就移位到烟度测量装置。

（2）烟度测量与指示装置

烟度测量装置由环形硒光电池、辉光放电管和指示仪表组成。接通电源后，辉光放电管发出的光线通过带有中心孔的环形硒光电池照射到滤纸上，当滤纸的染黑程度不同时，反射给环形硒光电池感光面的光线强度不同，硒光电池所产生的电流强度不同，指示仪表的指示也不同。仪表盘以 0～10 均匀刻度，测量全白滤纸时，指针位置为 0，测量全黑滤纸时指针位置为 10。

（3）走纸机构

滤纸经夹紧机构和烟度检测装置，有电动机带动走纸轮转动，走纸轮带动滤纸实现位移。

（4）控制机构

控制机构包括用脚操纵的抽气泵电磁开关、滤纸进给机构和压缩空气清洗机构等。压缩空气清洗机构可在废气取样前，用压缩空气清除探头内和取样管内积存的碳粒。控制用压缩空气的压力为 392～588kPa，清洗用压缩空气的压力为 294～392kPa。

滤纸式烟度计结构简单，使用方便，曾得到广泛的应用。但由于柴油机微粒中各种成分对光线的吸收能力不同，不同柴油机在不同工况下测得的滤纸烟度值与微粒质量之间没有完全一一对应关系，特别是现代低烟度柴油机滤纸烟度值（Filter Smoke Number，简称 FSN）FSN＜2，烟度与微粒质量之间的关系更不确切。这种烟度计不能测定由油雾造成的蓝烟与白烟，也不能对瞬态工况进行连续的测量。滤纸式烟度计只能对废气作抽样试验，不能作连续测量，但可通过自动化缩短抽样时间。

4.4　汽车排放检测

4.4.1　汽车排放检测标准

汽车排放检测或试验可以分为：型式核准检查试验（适用于新设计的车型）；生产一致性检查试验（适用于对成批生产的车辆所进行的抽样试验）；在用车符合性检查（在新车投入使用一定时期内或行驶一定里程后，对污染控制装置的功能所进行的检查试验）；在用汽车的检测（按有关规定的要求，对在用汽车的技术状况所进行的年检及抽样检测）。

汽车排放检测与试验需采用相应的检测标准。在用汽车的检测标准主要有：GB7258－2012《机动车运行安全技术条件》，GB18285－2005《点燃式发动机排气污染物排放限值及测量方法（双怠速法及简易工况法）》和 GB 3847－2005《车用压燃式发动机及压燃式发动机汽车排气烟度排放限值及测量方法》等。它规定了汽油汽车和柴油汽车的排放污染物限值和测量所应满足的要求，是目前我国在用汽车排放检测所应遵循的最新标准和依据。

1. 汽油车排气污染物的检验标准

GB 18285《点燃式发动机排气污染物排放限值及测量方法（双怠速法及简易工况法)》标准规定了点燃式发动机汽车怠速和高怠速工况排气污染物排放限值及测量方法，同时也规定了点燃式发动机轻型汽车稳态工况法、瞬态工况法和简易瞬态工况法三种简易工况测量方法。该标准适用于装用点燃式发动机的新生产和在用汽车。

（1）新生产汽车排气污染物排放限值

装用点燃式发动机的新生产汽车，型式核准和生产一致性检查的排气污染物排放限值见表4.5。从表中可以看出，高怠速排放测量值应低于怠速排放测量值。

表4.5　新生产汽车排气污染物排放限值（体积分数）

车型	类别			
	怠速		高怠速	
	CO（%）	HC（10^{-6}）	CO（%）	HC（10^{-6}）
2005年7月1日起新生产的第一类轻型汽车	0.5	100	0.3	100
2005年7月1日起新生产的第二类轻型汽车	0.8	150	0.5	150
2005年7月1日起新生产的重型汽车	1.0	200	0.7	200

注：①轻型汽车指最大总质量不超过3500kg的M_1类、M_2类和N_1类车辆。
②重型汽车指最大总质量超过3500kg的车辆。

（2）在用汽车排气污染物排放限值

装用点燃式发动机的在用汽车，排气污染物排放限值见表4.6。

表4.6　在用汽车排气污染物排放限值（体积分数）

车型	类别			
	怠速		高怠速	
	CO（%）	HC（10^{-6}）	CO（%）	HC（10^{-6}）
1995年7月1日前生产的轻型汽车	4.5	1200	3.0	900
1995年7月1日起生产的轻型汽车	4.5	900	3.0	900
2000年7月1日起生产的第一类轻型汽车	0.8	150	0.3	100
2001年10月1日起新生产的第二类轻型汽车	1.0	200	0.5	150
1995年7月1日前生产的重型汽车	5.0	2000	3.5	1200
1995年7月1日起生产的重型汽车	4.5	1200	3.0	900
2004年9月1日起新生产的重型汽车	1.5	250	0.7	200

注：①对于2001年5月31日以后生产的5座以下（含5座）的微型面包车，执行此类在用车排放限值。

（3）过量空气系数（λ）的要求

对于使用闭环控制电子燃油喷射系统和三元催化转化器技术的汽车进行过量空气系数（λ）的测定。发动机转速为高怠速转速时，λ 应在 1.00 ± 0.03 或制造厂规定的范围内。进行 λ 测试前，应按照制造厂使用说明书的规定预热发动机。

2. 柴油汽车排气污染物的检验标准

GB 3847《车用压燃式发动机及压燃式发动机汽车排气烟度排放限值及测量方法》标准规定了车用压燃式发动机和压燃式发动机汽车的排气烟度排放限值及测量方法。该标准适用于压燃式发动机排气烟度的排放，包括发动机型式核准和生产一致性检查。压燃式发动机汽车排气烟度的排放，包括新车型式核准和生产一致性检查、新生产汽车和在用汽车的检测；同时该标准也适用于按 GB14761.6《柴油车自由加速烟度排放标准》生产制造的在用汽车；也适用于污染物排放符合 GB 18352 的装用压燃式发动机的轻型汽车；但不适用于低速载货汽车和三轮汽车。

（1）新生产柴油汽车排气烟度限值

对新生产汽车，应按自由加速试验——不透光烟度法的要求进行自由加速试验。测得的光吸收系数不应大于该汽车装用发动机型式核准批准的自由加速试验排气烟度排放的限值加 $0.5m^{-1}$。汽车制造厂应确保新生产汽车满足该要求，否则不得出厂。检测时，应采用符合国家标准的商品燃料。

（2）在用柴油汽车排气烟度限值

第一，对于 2001 年 10 月 1 日前生产的在用汽车。

a. 自 1995 年 7 月 1 日起至 2001 年 9 月 30 日期间生产的在用汽车，应按自由加速试验——滤纸烟度法的要求进行自由加速试验，所测得的烟度值应不大于 $4.5R_b$。

b. 自 1995 年 6 月 30 日以前生产的在用汽车，应按自由加速试验——滤纸烟度法的要求进行自由加速试验，所测得的烟度值应不大于 $5.0R_b$。

第二，对于 2001 年 10 月 1 日起生产的在用汽车。

自 2001 年 10 月 1 日起至 2005 年 6 月 30 日期间生产的汽车，应按自由加速试验——不透光烟度法的要求进行自由加速试验，所测得的排气光吸收系数不应大于以下数值：

——自然吸气式：$2.5m^{-1}$；

——涡轮增压式：$3.0m^{-1}$。

第三，对于 2005 年 7 月 1 日起生产的在用汽车。

自 2005 年 7 月 1 日起，按本标准规定经型式核准批准车型生产的在用汽车，应按自由加速试验——不透光烟度法的要求进行自由加速试验，所测得的排气光吸收系数不应大于车型核准批准的自由加速排气烟度排放限值，再加 $0.5m^{-1}$。

第四，在用汽车的排放监控。

自 2005 年 7 月 1 日起，压燃式发动机在用汽车排放监控，采用本标准规定的排气烟度排放限值及测量方法。在机动车保有量大、污染严重的地区，可采用规定的加载减速试验——不透光烟度法进行检测。在用汽车的排放监控也可采用目测法，对高排放汽车进行筛选，由具有资格的人员进行。

检验在用柴油汽车排放时，可以选择自由加速法或加载减速工况法中的一种方法作为在用汽车排气污染物排放检测方法。对于同一车型的在用汽车实施排放监控或环保定期检测时，不得采用二种或二种以上的排气污染物排放检测方法。

4.4.2 汽油汽车排放检测

1. 双怠速法排气污染物检测

双怠速工况是指怠速工况和高怠速工况。怠速工况指离合器接合、变速器空挡、加速踏板和手控节气门处于松开位置时发动机的运转工况；高怠速工况指怠速工况条件下，通过加大节气门开度，使发动机转速上升至50%额定转速时的发动机运转工况。双怠速法就是测汽车怠速工况和高怠速工况下排气污染物。

双怠速法排气污染物测试方法如下：

（1）准备工作

第一，排放测量仪器按要求选择，并进行校准。

a. 对于按照GB14761.1《轻型汽车排气污染物排放标准》的要求生产制造的点燃式发动机汽车和装用符合GB14761.2《车用汽油机排气污染物排放标准》点燃式发动机的汽车，使用的排放测量仪器应符合HJ/T3《汽油机动车怠速排气监测仪技术条件》的规定。

b. 对于按照GB18352.1《轻型汽车污染物排放限值及测量方法（Ⅰ）》或GB18352.2《轻型汽车污染物排放限值及测量方法（Ⅱ）》的要求生产制造的点燃式发动机汽车以及装用符合GB14762《车用点燃式发动机及装用点燃式发动机汽车排气污染物排放限值及测量方法》第二阶段排放限值的点燃式发动机的汽车，使用的排放测量仪器应符合规定。

第二，应保证被检测车辆处于制造厂规定的正常状态，发动机进气系统应装有空气滤清器，排气系统应装有排气消声器，并不得有泄漏。

第三，应在发动机上安装转速计、点火正时仪、冷却液和润滑油测温计等测量仪器。测量时，发动机冷却液和润滑油温度应不低于80℃，或者达到汽车使用说明书规定的热车状态。

（2）测量工作

第一，将取样探头插入排气管中，深度不少于400mm，并固定在排气管上。若车辆排气管长度小于测量深度时，应使用排气加长管。

第二，测功机程序主界面中，按"F5环保性能测试"，进入环保性能测量项目选择界面，如图4.43所示。点击双怠速废气测量，进入检测，如图4.44所示。

第三，按照点阵屏提示，控制发动机从怠速状态加速至70%额定转速，运转30s后降至高怠速状态。

第四，维持15s后，由具有平均值功能的仪器读取30s内的平均值，或者人工读取30s内的最高值和最低值，其平均值即为高怠速污染物测量结果。对于使用闭环控制电子燃油喷射系统和三元催化转化器技术的汽车，还应同时读取过量空气系数（λ）的数值。

第五，发动机从高怠速降至怠速状态15s后，由具有平均值功能的仪器读取30s内的平均值，或者人工读取30s内的最高值和最低值，其平均值即为怠速污染物测量结果。

第六，若为多排气管时，取各排气管测量结果的算术平均值作为测量结果。

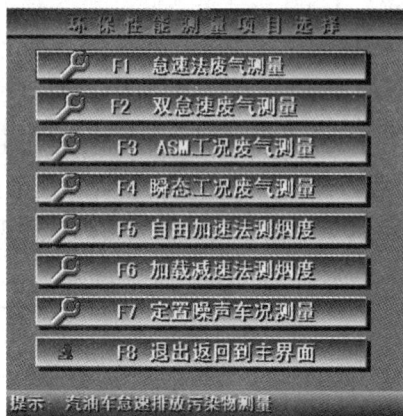

图4.43 环保性能检测项目选择界

图4.44 双怠速排放检测界面

2. 工况法排气污染物检测

工况法是指将汽车若干常用工况和排放污染较重的工况结合在一起测量排放污染物的方法。因其能最大限度的反映汽车运行时的排放特性，它是当今世界最为科学并得到广泛使用的汽车排放试验检测方法。

怠速工况是汽车运行中运行时间比例较小的工况，且为稳定工况，其检测结果不具备全面性。与怠速法相比，工况法的检测结果能全面评价车辆的排放水平。但工况法要比怠速法复杂，不仅要有转鼓试验台，并具有齐备的模拟汽车行驶动能的飞轮系统，还要有经过大量调查研究与数据处理制定出的模拟城市的道路上汽车运行工况的试验程序，同时还要配备复杂昂贵的大型综合分析仪和保证发动机按试验程序运转所需的程序自动控制系统。

工况法测量排气污染物主要设备有：汽车底盘测功机、气体分析仪、转速计、温度计、湿度计、计时器等。

（1）稳态工况法

ACCG-10底盘测功机上的测试运转循环由ASM5025和ASM2540两个工况组成，如表4.7、图4.45所示。

表4.7 稳态工况法（ASM）试验运转循环表

工况	5025				2540			
运转次序	1	2	3	4	5	6	7	8
速度/（km/h）	25	25	25	25	40	40	40	40
操作时间 mt/s	5	15	25	90	5	15	25	90
测试时间 t/s	/		10	65	/		10	65

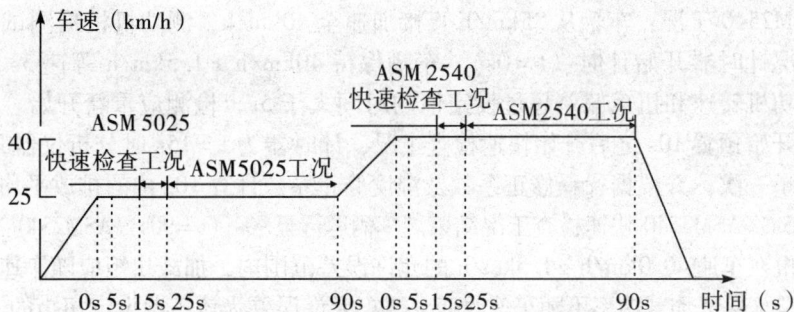

图 4.45 稳态工况法（ASM）试验运转循环

稳态测试方法如下：

第一，准备工作。

a. 车辆准备。保证被检测车辆处于制造厂规定的正常状态；车辆进、排气系统不得有任何泄漏；车辆的发动机、变速箱和冷却系统等应无液体渗漏；轮胎胎压、表面磨损应符合规定；车辆预热至发动机冷却液和润滑油温度应不低于80℃，或者达到汽车使用说明书规定的热车状态。

b. 测试设备准备。合理选择底盘测功机、排气分析仪等测试设备，并校正。按规定要求热机待检。

第二，车辆驱动轮位于测功机滚筒上，将分析仪取样探头插入排气管中，深度为400mm，并固定于排气管上。对独立工作的多排气管应同时取样。

环保性能检测项目选择界面中，点击"F3 ASM工况废气测量"，进入测量界面，如图4.46所示。

a. ASM5025 工况：车辆经预热后，加速至25km/h，测功机根据测试工况要求加载，工况计时器开始计时（t = 0s），车辆保持 25km/h ± 1.5km/h 等速5s后开始检测。当测功机转速和扭矩偏差超过设定值的时间大于 5s，检测应重新开始。然后系统根据规定开始预置10s之后开始快速检查工况，计时器为 t = 15s 时分析仪器开始测量，

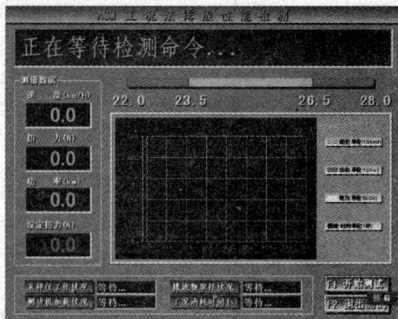

图 4.46 ASM 工况法测量界面

每秒钟测量一次，并根据稀释修正系数及湿度修正系数计算10s内的排放平均值。运行10s（t = 25s）ASM5025 快速检查工况结束。车辆运行至90s（t = 90s）ASM5025 工况结束。

测功机在车速 25.0km/h ± 1.5km/h 的允许误差范围内，加载扭矩应随车速的变化做相应的调整，保证加载功率不随车速改变。扭矩允许误差为该工况设定扭矩的 ± 5%。在测量过程中，任意连续 10s 内第一秒至第十秒的车速变化相对于第一秒小于 ± 0.5km/h，测试结果有效。快速检查工况的 10s 内的排放平均值经修正后如果等于或低于限值的 50%，则测试合格，检测结束；否则应继续进行至 90s 工况。如果所有检测污染物连续 10 秒的平均值均低于或等于限值，则该车应判定为 ASM5025 工况合格，继续进行 ASM2540 检测；如任何一种污染物连续 10 秒的平均值超过限值，则测试不合格，检测结束。在检测过程中如任意连续 10s 内的任何一种污染物 10 次排放值经修正后均高于限值的 500%，则测试不合格，检测结束。

b. ASM2540 工况：车辆从 25km/h 直接加速至 40km/h，测功机根据测试工况要求加载，工况计时器开始计时（t＝0s），车辆保持 40km/h±1.5km/h 等速 5s 后开始检测。当测功机转速和扭矩偏差超过设定值的时间大于 5s，检测应重新开始。然后系统根据规定开始预置 10s 之后开始快速检查工况，计时器为 t＝15s 时分析仪器开始测量，每秒钟测量一次，并根据稀释修正系数及湿度修正系数计算 10s 内的排放平均值。运行 10s（t＝25s）ASM2540 快速检查工况结束。车辆运行至 90s（t＝90s）ASM2540 工况结束。

测功机在车速 40.0km/h±1.5km/h 的允许误差范围内，加载扭矩应随车速的变化做相应的调整，保证加载功率不随车速改变。扭矩允许误差为该工况设定扭矩的 ±5%。在测量过程中，任意连续 10s 内第一秒至第十秒的车速变化相对于第一秒小于 ±0.5km/h，测试结果有效。快速检查工况的 10s 内的排放平均值经修正后如果等于或低于限值的 50%，则测试合格，检测结束；否则应继续进行至 90s 工况。如果所有检测污染物连续 10 秒的平均值均低于或等于限值，则该车应判定为合格。如任何一种污染物连续 10 秒的平均值超过限值，则测试不合格，检测结束。在检测过程中如任意连续 10s 内的任何一种污染物 10 次排放值经修正后如高于限值的 500%，则测试不合格，检测结束。

（2）瞬态工况法

在底盘测功机上进行的测试运转循环如图 4.47 所示。瞬态工况测试如下：

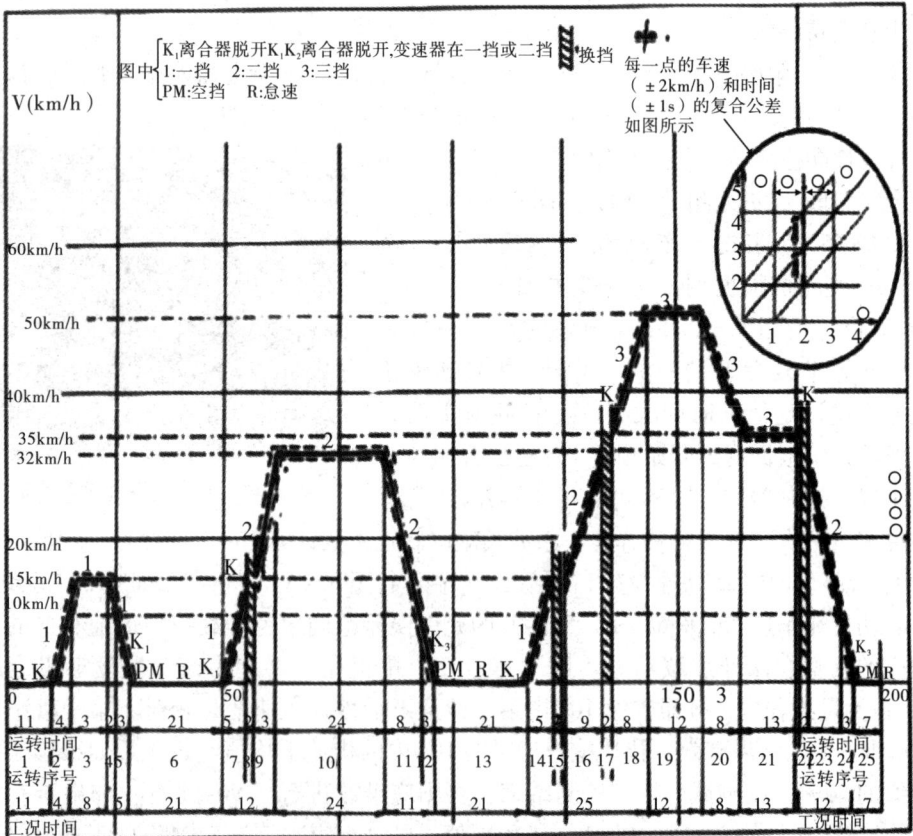

图 4.47　瞬态工况运转循环图

第二，准备工作

a. 车辆准备

保证被检测车辆处于制造厂规定的正常状态；车辆进、排气系统不得有任何泄漏；车辆的发动机、变速箱和冷却系统等应无液体渗漏；轮胎胎压、表面磨损应符合规定；车辆预热至发动机冷却液和润滑油温度应不低于80℃，或者达到汽车使用说明书规定的热车状态。

b. 设备准备

合理选择底盘测功机、排气分析仪等测试设备，并校正；按规定要求热机待检；系统应根据车辆参数自动设定测功机载荷，或根据表4.8设定测试工况的吸收功率值；根据需要在发动机上安装转速表和润滑油测温计等测试仪器。

表4.8　在50km/h等速时吸收驱动轮上的功率

基准质量 RM/kg	测功机吸收功率 P/kw	
	A 类[1]	B 类[2]
1250 < RM ≤ 1470	1.8	1.8
1470 < RM ≤ 1700	2.0	2.0
1700 < RM ≤ 1930	2.1	2.1
1930 < RM ≤ 2150	2.3	2.3
2150 < RM ≤ 2380	2.4	2.4
2380 < RM ≤ 2610	2.6	2.6
2610 < RM	2.7	2.7

注：①适用于轿车车辆；②适用于非轿车车辆和全轮驱动的车辆；③基准质量大于1700kg的非轿车车辆或全轮驱动的车辆，表4.8中功率值应乘以1.3。

在环保性能检测项目选择界面中，点击"F3 ASM工况废气测量"，进入测量界面，按照点阵屏提示进行试验。

3. 测结果分析

a. 如果检测污染物有一项超过规定表4.5、表4.6中的限值，则认为排放不合格。

b. 对于使用闭环控制电子燃油喷射系统和三元催化转化器技术的车辆，如果检测的过量空气系数（λ）超出了λ应在1.00±0.03或制造厂规定的范围内的要求，则认为排放不合格。

4.4.3 柴油汽车排放检测

柴油机烟度检测工况有稳态和非稳态两种。

稳态烟度检测通常是在柴油机全负荷稳定运转时进行。检测需在底盘测功机上进行，需对柴油机进行加载。对于高强化的增压柴油机，其加速过程中所排放的废气烟度很高，所以稳态烟度检测并不能反映柴油机排放特性的全貌。

非稳态工况，由于其影响因素很多，为客观公正的反映柴油机的排烟特性，对非稳态烟度测定有严格控制的试验程序。目前，非稳态烟度检测有自由加速法和控制加速法两种规范，我国采用的是自由加速法。

自由加速法是指在柴油机怠速下，迅速但不猛烈地踏下加速踏板，使喷油泵供给最大油量。在发动机达到调速器允许的最大转速前，保持此位置。一旦达到最大转速，立即松开加速踏板，使发动机恢复至怠速。应与20s内完成循环组成所规定的循环。

自由加速烟度检测所用设备为：滤纸式烟度计或不透光烟度计。其测试方法如下：

1. 准备工作

（1）仪器准备

选择检测设备，按要求进行仪器预热、校准等工作。

（2）车辆准备

保证被检测车辆处于制造厂规定的正常状态；车辆进、排气系统不得有任何泄漏；车辆的发动机、变速箱和冷却系统等应无液体渗漏；轮胎胎压、表面磨损应符合规定；车辆预热至发动机冷却液和润滑油温度应不低于80℃，或者达到汽车使用说明书规定的热车状态。

2. 测试过程

（1）安装取样探头

将取样探头固定于排气管内，插深等于300mm，并使其中心线与排气管轴线平行。

（2）吹除积存物

按自由加速工况进行3次，以清除排气系统中的积存物。

（3）测量取样

在环保性能检测项目选择界面中，点击"F5自由加速法测烟度"，进入测量界面，如图4.48所示。

将抽气泵开关置于加速踏板上，根据点阵屏提示，按自由加速工况及规定的循环测量4次，取后3次读数的算术平均值即为所测烟度值。

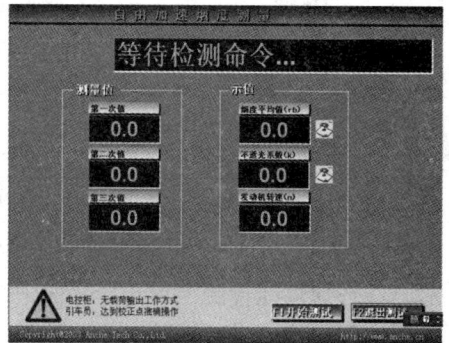

图4.48 自由加速烟度测量界面

4.4.4 汽车排放检测结果分析

1. 汽油车排放不合格

引起汽油汽车排放不合格因素有很多，主要与汽油机点火系统、进气系统、供油系统、燃烧情况、排气系统等有关。故障原因可能有：混合气过浓或过稀、二次空气喷射系统失灵、喷油器故障、进气歧管真空泄漏、气缸盖衬垫损坏、EGR阀故障、排气系统泄漏、点火提前角过大等。

CO_2是可燃混合气燃烧的产物，其高低反映出混合气燃烧的好坏，即燃烧效率。可燃混合气燃烧越完全，CO_2的读数就越高，混合气充分燃烧时尾气中CO_2的含量达到峰值13~16%。当发动机混合气出现过浓或过稀时，CO_2的含量都将降低。当排气管尾部的CO_2低于12%时，要根据其他排放物的浓度来确定发动机混合气的浓或稀。燃油滤芯太脏、燃油油压低、喷油嘴堵塞、真空泄漏、EGR阀泄漏等会造成混合气过稀；而空气滤清器阻塞、燃油压力过高，都可能导致混合气过浓。

O_2的含量是反映混合气空燃比的最好指标，是最有用的诊断数据之一。可燃混合气燃烧越完全，CO_2的读数就越高；与此相反，燃烧正常时，只有少量未燃烧的O_2通过气缸，尾气中 O_2 的含量应为 $1 \sim 2\%$。O_2 的读数小于 1%，说明混合气过浓；O_2 的读数大于 2%，表示混合气太稀。导致混合气过稀的原因有很多，如燃油滤芯太脏、燃油油压低、喷油嘴堵塞、真空泄漏、EGR 阀泄漏等；而空气滤清器阻塞、燃油压力过高等都可能导致混合气过浓。

当 CO、HC 浓度高，CO_2、O_2 浓度低时，表明发动机混合气很浓。HC 和 O_2 的读数高，则表明点火系统工作不良、混合气过稀，而引起失火。表 4.9 给出了汽车尾气排放测量值与可能引起的系统故障原因。

表 4.9 汽车排放测试值与系统故障

CO	HC	NO$_X$	CO$_2$	O$_2$	可能的故障原因
偏高	偏高	正常	偏低	偏高	混合气偏浓时失火
偏低	偏高	正常	偏低	偏低	点火系统故障（间歇性失火）；气缸压力低
偏低	偏高	正常	偏低	偏高	混合气偏稀时失火
偏低	偏高	偏高	正常	正常	点火过早
偏高	正常	正常	正常	偏低	点火过迟
偏高	偏高	正常	偏低	偏低	混合气浓
偏高	正常/偏低	正常	偏低	偏低	混合偏浓
变化	变化	正常	偏低	正常	EGR 阀漏气
偏低	偏低	偏低	偏低	偏高	催化转化器之后的排放物泄漏；排气管漏气
偏低	偏低	偏低	偏高	偏低	燃烧效率高，催化转化器作用良好

（1）HC 排放不合格

HC 的读数高，说明燃油没有充分燃烧。气缸压力不足、发动机温度过低、油箱中油气蒸发、混合气由燃烧室向曲轴箱泄漏、混合气过浓或过稀、点火正时不准确、点火间歇性不跳火、温度传感器不良、喷油嘴漏油或堵塞、油压过高或过低等因素都将导致 HC 读数过高。

诊断时，应检测发动机点火线圈、进气歧管绝对压力传感器、氧传感器的工作情况（对电喷汽油机可暂免检测点火提前角，因为一般点火正时不易发生变化），也可通过拆检火花塞的方法来判断导致 HC 含量过多的原因。如拆下的火花塞电极部位发黑，试火检查时无电火花或电火花较弱，则说明该火花塞、相应的分缸线有故障或有其他点火系统的故障。如拆下的火花塞电极部位发黑、有机油痕迹，说明相应气缸烧机油或燃油燃烧不完全。点火系统故障或烧机油都会增加 HC 的生成，使 HC 排放不合格。

（2）CO 排放不合格

CO 的读数是零或接近零，则说明混合气充分燃烧。CO 的含量过高，表明燃油供给过多、空气供给过少，燃油供给系统和空气供给系统有故障，如喷油嘴漏油、燃油压力过高、空气滤清器不洁净。其它问题，如活塞环胶结阻塞、曲轴箱强制通风系统受阻、点火提前角过大或水温传感器有故障等。CO 的含量过低，则表明混合气过稀，故障原因有：燃油油压过低、喷油嘴堵塞、真空泄漏、EGR 阀泄漏等。

诊断时，应检测发动机进气歧管绝对压力传感器、氧传感器的工作情况，也可用传统方法检查进气系统有无漏气现象。通过查看维修记录，可确定喷油器的使用时间，判断是否需要清洗喷油器，以恢复其原设定的可燃混合气的空燃比（喷油量），使排放检测合格。

（3）NO_x排放不合格

应检测发动机冷却液温度（包括检测冷却液温度传感器、节温器、散热器的工作情况，以及冷却液道有无渗漏等）和氧传感器的工作情况，也可拆检火花塞。如拆下的火花塞电极部位呈深铁锈色，说明该缸火花塞工作于高温下，应检查排气系统消声器是否堵塞、三元催化转化器是否失效或堵塞，进气系统是否漏气等。

实际生活中，汽车尾气排放超标的一般检查步骤为：

①用五气体废气分析仪检测发动机尾气排放。初步分析排放超标的大的方面的故障原因，如混合气浓、混合气稀、气缸缺火等。②进行故障码读取，检查 ECU 是否存储有与排放超标相关的故障码。如有，按故障提示进行检查。③用专用诊断仪读取动态数据流，进一步分析故障原因。④评定氧传感器好坏，结合观察氧传感器信号波形，与尾气排放分析结果对比，分析故障原因。⑤对各执行器进行动作试验，并对其性能进行进一步检查。如检查喷油器的喷油量密封性等。⑥检查发动机机械部分的可能原因。如积炭、气缸密封性能等。

其一般检测诊断流程，如图 4.49 所示。

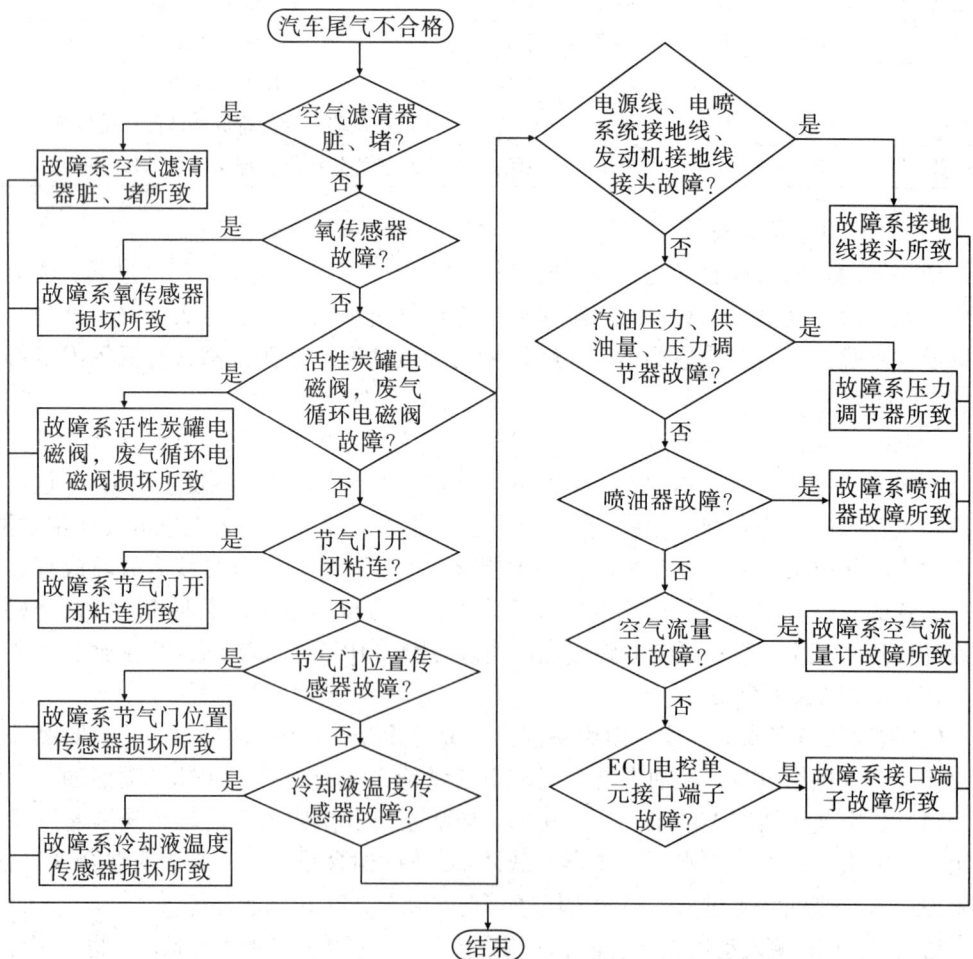

图 4.49　汽车尾气排放诊断流程图

2. 柴油车排放不合格

柴油机的主要污染物是碳烟，碳烟的排放大小与燃烧室结构、过量空气系数等因素有关。使用过程中因磨损等原因导致零件失效、工作失常，是影响柴油车超标的重要因素。柴油机若技术状况良好，在有负荷工作时，正常排气为无色透明的气体，只有在短时间内超负荷运转或起动时，排气才呈现灰色。如果在常用工况下，出现了冒黑烟、白烟、蓝烟等现象，则表明了柴油机出现了某种故障。

（1）冒黑烟

故障表现：柴油机排气管排出灰色或深灰色烟雾。

产生原因有：柴油质量差；空气滤清器严重堵塞；增压柴油机的增压器失效，供气压力不足；循环供油量过大；喷油器喷雾质量差或喷油器滴油；校正加浓供油量太大，经常超负荷运行；各缸供油不均匀度太大；喷油时间延迟；气缸工作温度低或压缩压力不足；机油进入燃烧室中燃烧。

诊断流程如图 4.50 所示。

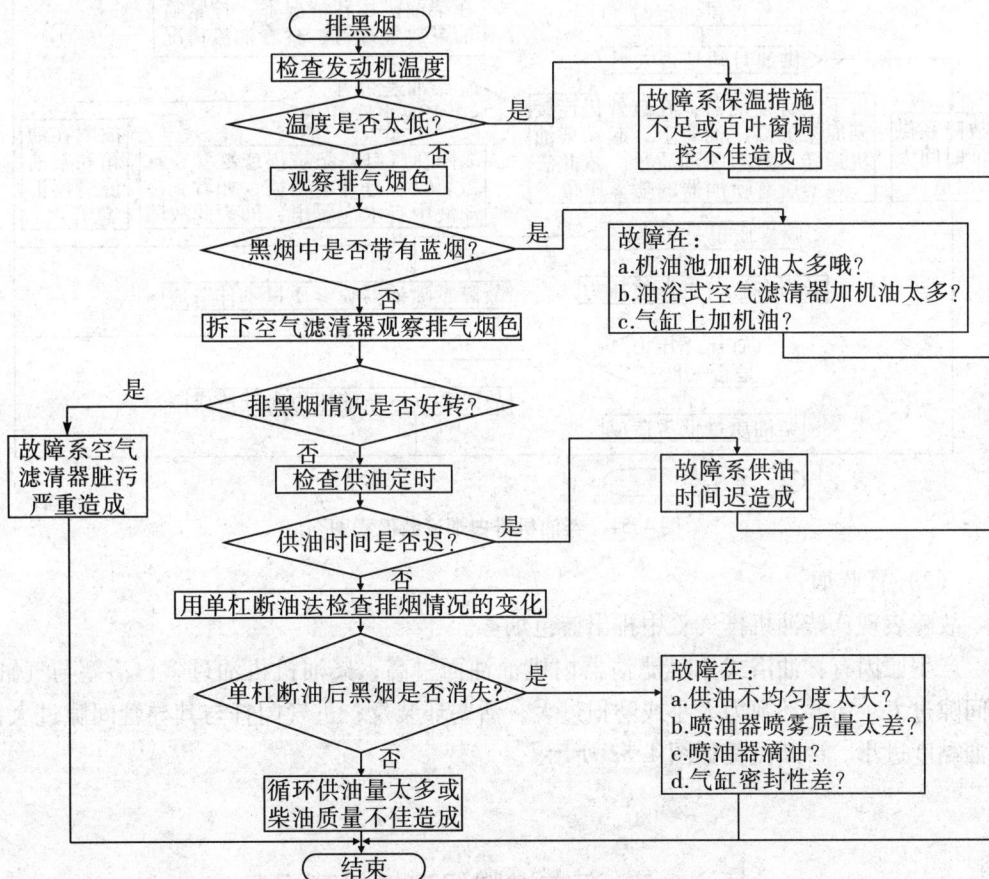

图 4.50　柴油机排黑烟诊断流程图

（2）冒白烟

故障表现：柴油机排气管中排出白色烟雾。

产生原因有：柴油中有水或气缸中进水；喷油器喷雾质量差；喷油时间过迟；气缸工作温度太低或气缸压缩压力不足；柴油牌号不对或油品质量低劣。

诊断流程如图 4.51 所示。

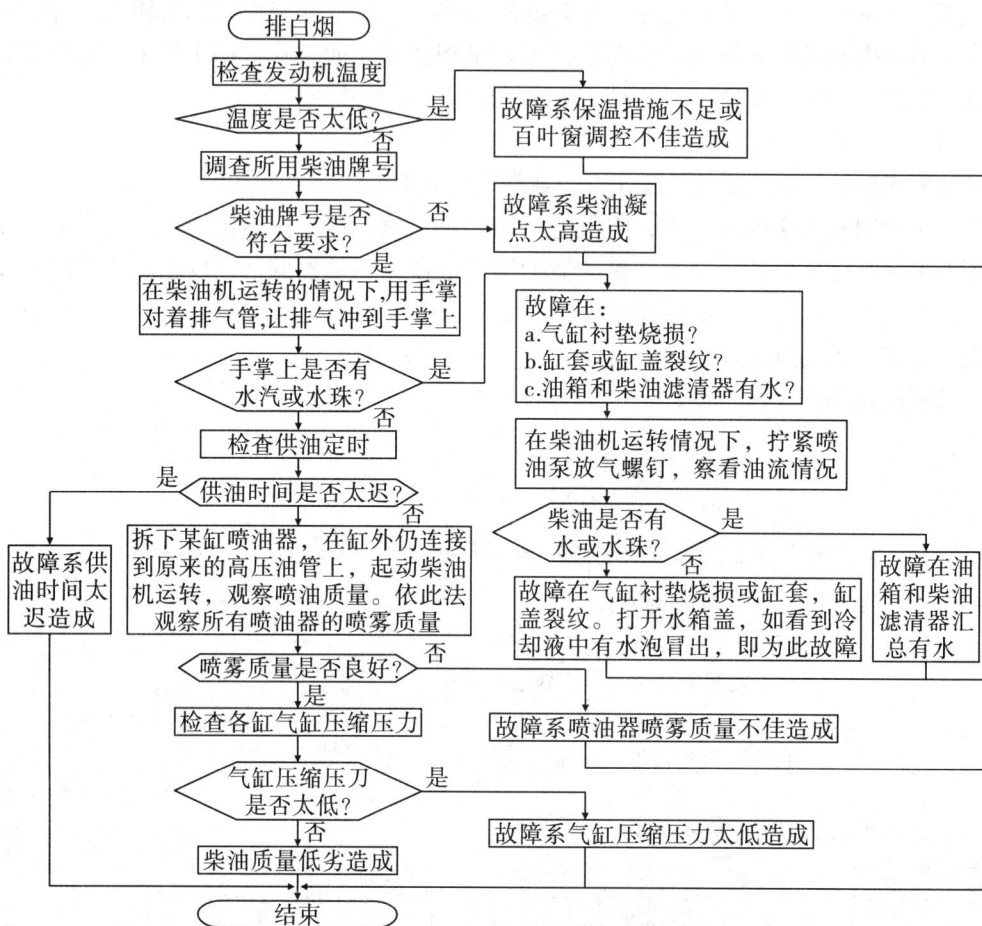

图 4.51　柴油机排白烟诊断流程图

（3）冒蓝烟

故障表现：柴油机排气管中排出蓝色烟雾。

产生原因有：油浴式空气滤清器内机油油面过高；柴油机机油过多；活塞与气缸壁间隙过大、活塞环弹力太小或磨损过大、活塞环装反；进气门杆与其导管间隙过大；机油黏度过小。诊断流程如图 4.52 所示。

4.5　汽车燃料经济性检测设备

汽车燃料经济性是指汽车以最小的燃料消耗完成单位运输工作量的能力，或指单位行程的燃料消耗量。汽车的燃料经济性是汽车的主要性能之一。在汽车运输成本中

燃料消耗费用约占总费用的 20% ~30% ，所以经济性的提高就意味着汽车运输成本的

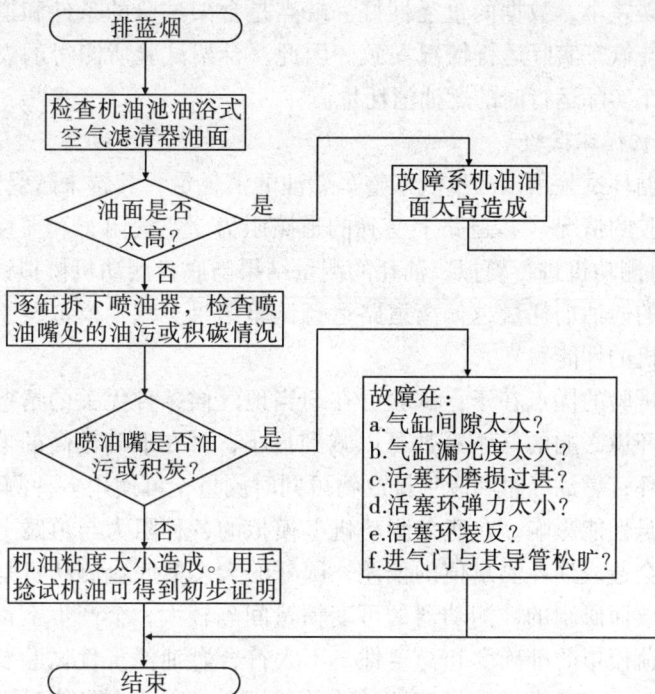

图 4.52 柴油机排蓝烟诊断图

下降和经济效益的提高。此外，汽车用油是石油产品，随着我国汽车保有量的逐年增加，石油的消耗量也逐步增加，而我国石油产量增长较慢，难以满足汽车增长的要求，因此我国每年都需进口大量的石油。而能源的短缺迫使人们关注汽车燃料经济性，因而对营运车辆进行燃料经济性的检测评价有重要意义。

汽车燃料经济性用燃油消耗量来评价，一般是通过汽车燃料消耗量试验来确定的。它是评价在用汽车技术状况与维修质量的综合性参数，也是诊断和分析汽车故障的重要参考。

▼ 4.5.1 汽车燃料经济性检测方法

目前，国内外可供油耗试验的方法很多，但都各有利弊，没有一种方法是完美的。各国所采用的试验规程不完全相同，方法也有所不同。现行燃料经济性试验方法大致可分为以下五类。

1. 发动机台架试验

判别发动机是否省油，必须通过发动机台架试验，测定发动机的有效耗油率。发动机的有效耗油率与发动机的热效率有关，热效率越高，台架试验结果的有效耗油率越低。

利用发动机的台架试验测量油耗，有许多优点：试验条件可以人为控制，能最大限度地克服外界环境对试验结果的影响；试验方便、经济，燃油消耗量可以用容积法、

重量法等多种方法测量，并且可同时测定废气排放物；试验可在稳定条件下进行。因此，测量结果的误差小，数据的重复性好。缺点是台架试验的条件和道路试验的条件相差很大，无法与汽车实际运行情况一致。因此，台架试验所测得的燃油消耗量，并不能完全代表汽车实际运行时的燃油消耗量。

2. 底盘测功机循环试验

底盘测功机循环试验用以测量汽车整车燃油的消耗量，其越来越受到人们的重视。汽车在道路上行驶的情况（在道路上受到的道路阻力、空气阻力、惯性阻力、负荷特性等），可用底盘测功机进行模拟。油耗的测量结果与底盘测功机模拟误差相关，模拟误差越大，测定的燃油消耗量越偏离道路运行试验结果。减少模拟误差的关键是完善和提高底盘测功机的性能。

底盘测功机试验的优点在于：试验可在与当地气候条件无关的情况下进行；试验条件可控，反映环境影响的修正系数可以减到最小；可在准确性高的情况下，模拟不同工况的行驶循环；燃油耗量和废气排放物可同时测量；可使用多种测量法。缺点有：由于测量设备本身性能影响，在底盘测功机上模拟的各种阻力与道路上遇到的各种阻力不完全一样，会造成油耗测量值的偏差；国外的大多数底盘测功机是为测量底盘功率损耗和废气排放而研制的，测功器的可变惯量间隔较大，会产生不正确的车辆惯性力，影响车辆负荷模拟的准确度和稳定性，不太符合燃油经济性试验要求。所以，在设计底盘测功机时，应考虑燃油经济性试验的使用要求，才有可能提高燃油消耗的测量准确度。

3. 无控制道路试验

无控制道路试验是车辆使用变量不加约束的一种试验，与车辆平时在道路上运行的情况相同。如果试验的行程和时间比较长，得出的油耗值基本与实际运行的耗油量一样。但这种油耗值在多次试验中重复性很差，主要原因是这种试验的道路条件和驾驶操作习惯不易进行控制引起的。国内多次节油试验的资料表明，用载质量相同的一组车辆，车辆的技术状况和使用燃油相同，行驶的道路一样，不同驾驶操作技术的驾驶员驾驶，其油耗平均相差18%左右，除道路、环境和驾驶条件影响外，长期运行后的车辆、燃料、润滑油、零部件状况和轮胎气压都会引起变化，使油耗偏差扩大。同时，如果这种试验不结合运输生产进行，则用于试验的费用非常高。

4. 有控制道路试验

它是对道路条件、环境条件、驾驶习惯中的一个或几个变量实行控制的一种试验。道路可以选择路程长短一样的线路，或者可以选择公路等级相似的较有代表性的典型线路；环境变化可以通过缩短试验时间来克服；交通流量可以通过选择特定试验路段，适当控制非试验车辆进入试验区的方法，以保证行车安全和试验条件的一致性，驾驶习惯可以用同一个驾驶员驾驶同一车辆或相同型号的车，在预定时间内通过同一路段来控制。控制的变量越多、越严格，油耗测量结果的重复性越好。

5. 道路循环试验

它与有控制道路试验没有明显界限，所不同的是这种试验对循环行驶里程，行驶中的换档、制动次数、怠速、减速和加速时间以及稳定车速时间都加以严格规定，这种试验方法在国外常被汽车制造厂采用，不同的汽车制造厂都有自己的专用试验道路和特定的道路循环试验模式。

ACCG－10 型底盘测功机配备了 JWY－1 型微机多功能油耗仪来测汽车燃油经济性。

4.5.2　JWY－1 型微机多功能油耗仪

汽车燃料经济性无论是室内台架试验还是室外道路试验均需使用油耗仪（或称燃油流量测试仪、燃油流量计）来进行测试。

1. 基本结构

JWY－1 型多功能油耗仪主要由油耗传感器和主机所构成，如图 4.53 所示。

主机由单片机系统及接口电路组成，可外接微型打印机、油耗传感器，它是操作控制与显示的平台。油耗传感器是把油量信号转换为电信号的装置，它由流量变换机构和信号转换机构构成。

2. 工作原理

JWY－1 型多功能油耗仪为容积式油耗仪，它通过测量发动机运转时累计消耗的燃料总容量，将汽车行驶时间和行驶里程换算为汽车的燃油消耗量。

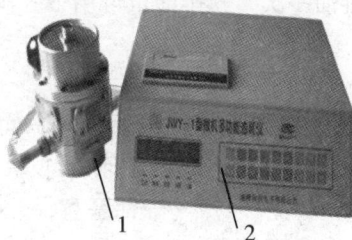

图 4.53　JWY－1 微机多功能油耗仪
1. 主机　2. 油耗传感器

流量变换机构是将一定容积的燃油流量变为曲轴的旋转运动，它是由十字形配置的四个活塞和旋转曲轴构成，其工作原理如图 4.54 所示。

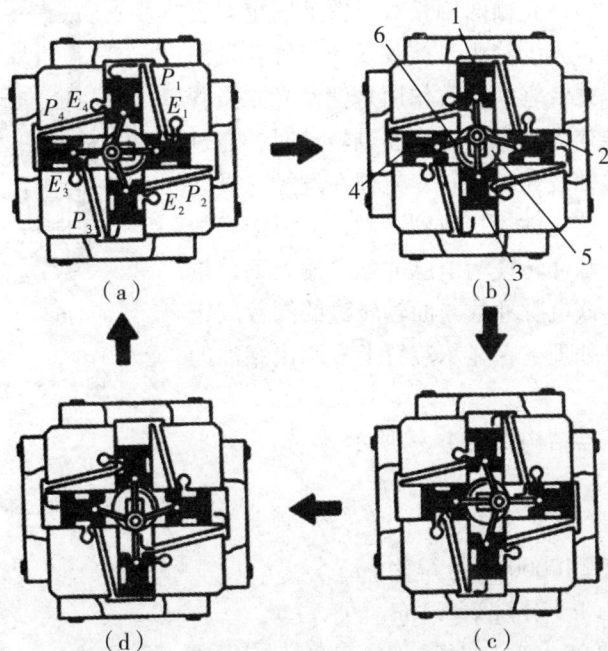

图 4.54　行星活塞式油耗传感器原理
1~4. 活塞　5. 曲轴　6. 连杆　P1 ~ P4 油道　E1 ~ E4 排油口

燃油在泵油压力作用下推动活塞运动，再由活塞运动推动曲轴旋转，曲轴旋转一周即四个活塞各往复运动一次，完成一个进排油循环。活塞在油缸中处于进油行程还是排油行程，取决于活塞相对于进排油口的位置。图4.54a表示活塞3处于进油行程，从其曲轴箱来的燃油通过推动活塞3下行，并使曲轴作顺时针旋转，此时活塞2处于进油行程终了，活塞1处在排油行程中，燃油从活塞1上部通过从排油口排出，活塞4处于排油终了。当活塞和曲轴位置如图4.54b所示时，活塞3进油终了，活塞2处于排油行程，燃油从经排油口排出，活塞1排油终了，通道导通，活塞4处于进油行程。同理，可描述位置（c）、（d）各活塞的进排油状态。如此反复在燃油泵泵油压力的作用下，就可完成定容量、连续泵油的作用。曲轴旋转一周，各缸旋转一周，各缸分别排油一次，其排油量可用下式确定：

$$V = 4\frac{\pi d^2}{4} \times 2h = 2\pi h d^2 \qquad (4-10)$$

式中：V—四缸排油量，cm^2；

$\qquad h$—曲轴偏心距，cm；

$\qquad d$—活塞直径，cm。

由此可见，经上述流量转换机构的转换后，则将燃油消耗量转化为流量转换机构曲轴的旋转圈数。再由装在曲轴一端的信号转换装置（光电测量装置）进行信号转换，把曲轴旋转圈数转化为电脉冲信号。

信号转换装置由主动磁铁、从动磁铁、转轴、光栅、发光二极管和光敏管等组成。主动磁铁装在曲轴端部、从动磁铁装在转轴端部，两磁铁相对安装但磁铁之间留有间隙，其作用在于构成磁性联轴器；光栅固定在转轴上，由转轴带动旋转；光栅两侧相对位置上固定有发光二极管和光敏管，光敏管用于接收发光二极管发出的光线，光栅位于二者之间，其作用是把发光二极管发出的连续光线转变为光脉冲。当曲轴转动时，通过磁性联轴器带动转轴及光栅旋转，光栅在发光二极管和光敏管之间旋转使光敏管接收到光脉冲。由于光敏管的光电作用将光脉冲转换为电脉冲信号输入到计量显示装置。显然，该电脉冲数与曲轴转过的圈数成正比，从而经过运算处理，在显示装置上显示出燃油的消耗量。

燃油流量传感器结构如图4.55所示。

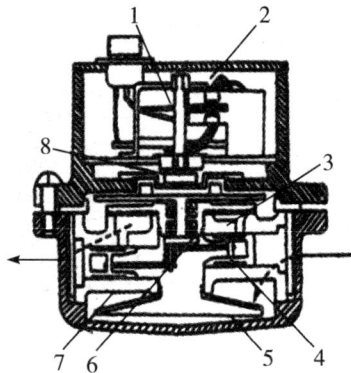

图4.55　燃料流量传感器

1. 光隙板　2. 光电管　3. 排油腔
4. 活塞　5. 滤油器　6. 曲轴
7. 油缸体　8. 磁耦合轴

3. 技术参数

（1）台架试验

时间：最大值 < 10000s　分辨率 1ms

油耗：0～60L/h　分辨率 0.1mL

定容积：0～9999mL　定时间：0～9999s　定重量：0～9999g

（2）道路试验

距离：＜10000m（等速油耗）　＜1000km（百公里油耗）

耗油量：最大值65L

油耗：0～60L/h，　分辨率0.1mL

时间：最大值＜10000s　分辨率1ms

（3）一般参数

误差：±1%

使用温度：－10℃～50℃

主机重量：1.3kg

4. 测量项目

主要用于汽车、拖拉机及发动机台架的经济性能测试，可测定各类发动机燃料的消耗量及油耗率，对于台架可进行定容积、定时间、定重量等参考数的测量及控制。对于道路实验能进行等速油耗、加速油耗及百公里油耗等多种道路实验。

5. 仪器特点

仪器操作灵活，携带方便，测量准确，工作稳定，读数直观，可大大提高测试效率和精度，并配接微型打印机，可适时或测试后打印测量结果。配有串行输出接口和微机联网。

4.5.3　其它油耗仪

油耗仪类型很多，按测试方法不同，可分为容积式油耗仪、质量式油耗仪、流量式油耗仪和流速式油耗仪。常用除了容积式油耗仪外，还有质量式油耗仪。

质量式油耗仪主要由称量装置、计数装置和控制装置构成，如图4.56所示。称量装置的秤盘上装有油杯1，燃油经电磁阀3加入油杯。电磁阀的开闭由装在平衡块上的行程限位器8拨动两个微型限位开关6和7进行控制。光电传感器由两个光电二极管5、10和装在菱形指针上的光源9组成，用于给出油耗始点和终点信号。光电二极管5为固定式，光电二极管10装在活动滑块上，滑块通过齿轮齿条机构移动，齿轮轴与鼓轮12相连，计量的燃油量通过转动鼓轮12从刻度盘上读出。计量开始时，光源9的光束射在光电二极管5上，光电二极管发出信号使计数器13开始计数，随着油杯中燃油的消耗，指针移动。当光束到光电二极管10上时，光电二极管10发出信号，使计数器停止计数，表示油杯中燃油耗尽。

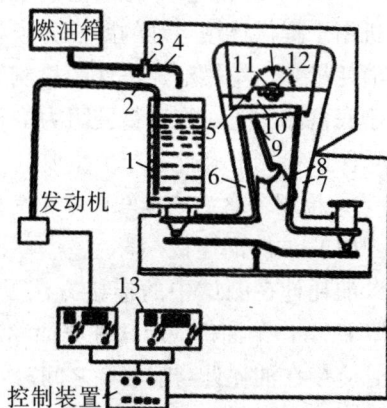

图4.56　质量式油耗仪

1. 油杯　2. 出油管　3. 电磁阀　4. 加油管　5、10. 光电二极管　6、7. 限位开关　8. 限位器　9. 光源　11. 鼓轮机构　12. 鼓轮　13. 计数器

记录仪上两个带数字显示的半导体计数器，一个用于计算发动机曲轴转速，另一个计算器记录时间。

质量式油耗仪测量消耗一定质量的燃油所用的时间。燃油消耗量可按下式计算：

$$G = 3.6\frac{m}{t} \tag{4-11}$$

式中：m—燃油质量，g；

t—测量时间，s；

G—燃油消耗量，kg/h。

4.6 汽车燃料经济性检测

4.6.1 检测标准

汽车燃料经济性试验可依据的标准主要包括 GB/T12534《汽车道路试验方法通则》，GB/T 12545.1《汽车燃料消耗量试验方法》，GB/T 12545.2《商用车辆燃料消耗量试验方法》，GB/T 19233《轻型汽车燃料消耗量试验方法》。

4.6.2 汽车燃油经济性台架检测

台架试验时，汽车燃油经济性检测是由底盘测功机和油耗仪配合完成的。底盘测功机用于提供连续运动的路面并模拟汽车在道路上行驶时的阻力，油耗仪用来测量燃油消耗量。汽车燃油经济性的检测结果的准确性除与油耗仪的测试精度有关外，还取决于底盘测功机对汽车行驶阻力的模拟是否准确。合理布置检测油路和排净油路中气泡对保证检测准确性是至关重要的。

1. 检测油路的连接与油路中气泡的排除

（1）油路的连接

油耗计在测试中的连接方法是：汽油机应串接在汽油泵与喷油装置之间，如图4.57 所示；柴油机应串接在柴油滤清器与喷油泵之间，如图 4.58 所示，高压和低压回油管应接在油耗计与喷油泵之间。

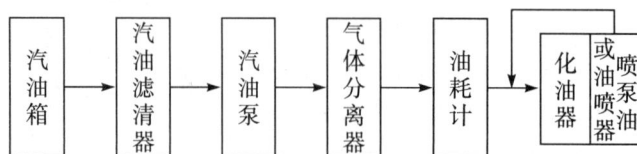

图 4.57 油耗计在汽油机上的连接方法

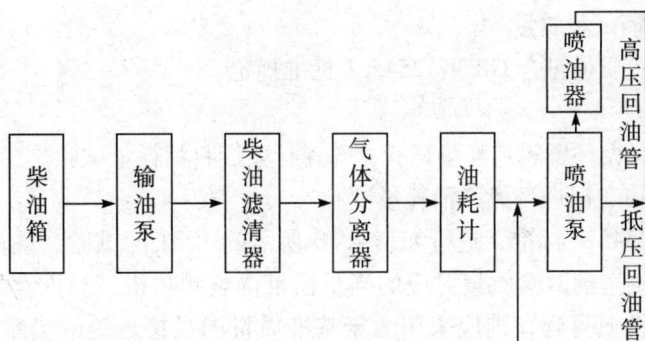

图4.58　油耗计在柴油机上的连接方法

（2）油路中气泡的排除

油路中的气泡对油耗检测结果影响很大，油耗计将会把气泡所占的容积当作燃油消耗量计量，使得检测数据高于实际数，造成测量值的失真。因此，测量开始前应将管路中的气体排净。测量中若发现油耗计出油管有气泡，应宣布数据作废，重新测量。比较妥当的办法是在油耗计的进口处串接气体分离器，以保证测量精度。气体分离器如图4.59所示，当混有气体的燃油进入分离器浮子室时，气体会迫使浮子室内的油平面下降，针阀打开，气体排出进入大气，从出油管进入传感器的燃油就没有气体了，使测量精度提高。

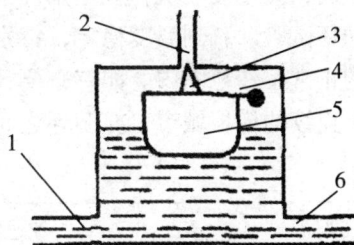

图4.59　气体分离器简图
1. 进油管　2. 排气管　3. 针阀
4. 浮子室　5. 浮子　6. 出油管

排除油路中的空气泡是一件比较费时的工作，汽油机与柴油机的排除方法有所差别。

对于汽油机：把车上从油箱到汽油泵的管路"短路"，装上密封性好的无堵塞的新油管，用性能较稳定的电动汽油泵和汽油滤清器代替原车相应部件，减短油泵到传感器的油管长度，使油泵到油耗传感器的阻力大大减小，从而避免了空气气泡对检测结果的不良影响。

对于柴油机：在油路中装好油耗计后，用手动泵泵油，以泵油压力排除油路中的空气泡。此项工作须在发动机起动之前完成，且在测量完拆去油耗计恢复原油路后仍需排除油路中刚产生的空气泡。

2. 检验方法

台架检验中常见的两种检测方法，重量法（采用重量式油耗计）和容积法（采用容积式油耗计）。

当汽车驶上底盘测功试验台后，连接好检测油路，排净油路中的空气泡，然后在底盘测功试验台上进行加载，使加载量符合该车在路试状态下的各种阻力，然后进行油耗检测。

对于乘用车，根据中华人民共和国国家标准 GB/T 12545.1《汽车燃料消耗量试验方法》规定，其台架方法如下。

（1）试验车辆试验质量

试验车辆试验质量符合 GB/T 12545.1 标准规定。

（2）试验项目

模拟域市工况循环燃料消耗量试验；等速行驶燃料消耗量试验。

（3）模拟城市工况循环燃料消耗量试验

按照 GB/T12545.1 标准，进行如表 4.10 所示的 15 工况试验。载荷分布应符合标准的规定，按规定车辆试验质量对应的当量惯量调整测功机。当推荐的当量惯量无法在所使用的测功机上得到，则应采用大于基准质量的最接近等效当量惯量试验质量。设定测功机的载荷，并按规定的车辆试验质量来确定有效道路总行驶阻力。

燃料消耗量值由两个连续的模拟城市工况循环所消耗的燃料量来决定。进行循环之前，应使发动机在规定条件下进行足够次数（至少进行五次循环）的模拟城市工况循环试验，直到温度稳定，特别应使机油温度稳定。发动机温度应保持在制造厂规定的正常工作范围内。如有必要，可采用附加冷却装置。为了便于测量燃料消耗量，两个连续的模拟城市工况循环之间的间隔时间（怠速状态）不应超过 60s。

表 4.10　试验运转循环

工况号数	运转次序	加速度 m/s²	速度 km/h	每次时间 运转/s	每次时间 工况/s	累计时间 s	手动变速器使用档位
1	1 怠速	—	—	11	11	11	6s PM + 5sK₁
2	2 加速	1.04	0→15	4	4	15	1
3	3 等速	—	15	8	8	23	1
4	4 等速	−0.69	15→10	2	5	25	1
	5 减速，离合器脱开	−0.92	10→0	3		28	K₁
5	6 怠速	—	—	21	21	49	16s PM + 5s K₁
6	7 加速	0.83	0→15	5	12	54	1
	8 换档			2		56	—
	9 加速	0.94	15→32	5		61	2
7	10 等速	—	32	24	24	85	2
8	11 减速	−0.75	32→10	8	11	93	2
	12 减速离合器脱开	−0.92	10→0	3		96	K2
9	13 怠速	—	—	21	21	117	16s PM + 5s K₂
	14 加速	0.83	0→15	5		122	1
10	15 换档			2	26	124	—
	16 加速	0.62	15→35	9		133	2
	17 换档			2		135	—
	18 加速	0.52	35→50	8		143	3
11	19 等速	—	50	12	12	155	3

续表

工况号数	运转次序	加速度 m/s²	速度 km/h	每次时间 运转/s	每次时间 工况/s	累计时间 s	手动变速器 使用档位
12	20 减速	0.52	50→35	8	8	163	3
13	21 等速	—	35	13	13	176	3
14	22 换档	—		2		178	—
14	23 减速	−0.86	35→10	7	12	185	2
14	24 减速离合器脱开	−0.92	10→0	3		188	K₂
15	25 怠速	—		7	7	195	7s PM

1）PM 指变速器在空档，离合器结合；

2）K_1（或 K_2）指变速器挂 1 档（或 2 档），离合器脱开；

3）如车辆装备自动变速器，驾驶员可根据工况自行选择合适的档位。

按模拟城市工况循环测量的燃料消耗量应等于按上述规定进行的三次连续测量的算术平均值。当进行三次试验后的燃料消耗量极限值与平均值之差超过5%，则按上述规定继续试验。直至获得至少5%的测量精度为止。测量精度由（4-12）式计算。

$$\text{精度} = k \frac{s}{\sqrt{n}} \frac{100}{C}\% \qquad (4-12)$$

式中：$S = \sqrt{\dfrac{\sum\limits_{i=1}^{n}(\overline{C} - C_i)}{n-1}}$;

$\overline{C}$：n 次 C 值的算术平均值；

C：由重量法或容积法计算出的燃料消耗量值；

n：测量次数。

如果进行 10 次试验后测量精度仍未达到 5%，那么应更换一辆同型式的试验车辆进行试验。K 值见表 4.11。

表 4.11 K 值表

n	4	5	6	7
K	3.2	2.8	2.6	2.5
n	8	9	10	
K	2.4	2.3	2.3	

测试时，在测功机程序主界面中，按"F6 经济性能测试"，进入经济性能测量项目选择界面，先选取好工况配置，如图 4.60 所示。点击工况法测油耗，进入工况法测油耗界面，如图 4.61 所示。按照点阵屏提示，即可操作检测各种工况下的汽车油耗。

图4.60 工况选取界面

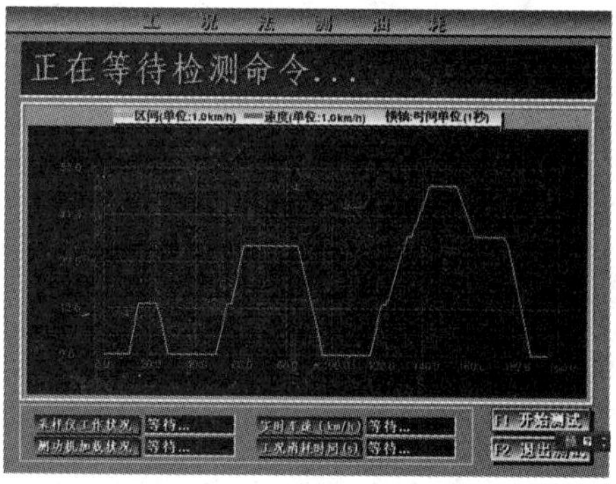

图4.61 工况法测油耗

（4）等速行驶燃料消耗量试验

车辆试验质量、载荷分布、变速器换档等，符合 GB/T 12545.1 标准规定。

试验室的条件应能调整，以便车辆在润滑油、冷却液和燃油的温度同在道路上用同一速度行驶时的温度范围相一致的正常运行条件下进行试验。该温度范围是基于制造厂使用结构类似的发动机/车辆在道路试验期间事先收集的数据，并进行确认后得到的。

车辆的装载质量应与在道路上试验时相同。驱动轮轮胎应密封，将车辆停在测功机上进行以下检查：车辆的纵向中心对称平面是否与一个或多个滚筒轴线垂直；车辆的固定系统不应增加驱动轮的载荷。车辆一达到试验温度，就应以接近试验速度的速度在测功机上行驶足够长的距离，以便调节辅助冷却装置来保证车辆温度的稳定性。该阶段持续时间不得低于 5min。

按适当的试验速度和规定的试验质量等规定设定测功机，以达到总的道路行驶阻力。测量行驶距离不应少于 2km。试验时，速度变化幅度不大于 0.5km/h，此时，可以断开惯性装置。至少应进行四次测量。根据情况采用等速路试时采取措施，保证测量准确可靠。

对于 GB/T 12545.2《商用车辆燃料消耗量试验方法》，采用的试验仪器满足：车速测定仪，精度为 0.5%；燃油流量计，精度为 0.5%；计时器，最小读数为 0.1s。该标准的试验项目有：多工况循环燃料消耗量试验、六工况循环试验、四工况循环试验等。

电控喷油的汽油机油耗测定时应注意的问题

使用油耗计时，电控喷油发动机须处理从压力调节器回流多余燃油的问题。如果多余的油回到油耗计的前面，则测出的油耗变成是发动机实际消耗的油加上回流的油。必须让多余的油回到油耗传感器的输出端才算正确，如图 4.62a 所示。

在上述场合，如果遇到油耗计和喷油泵间产生负压，引起气穴现象时，自油箱来的油压大概为 20kPa，有必要加一个辅助泵，如图 4.62b 所示。该辅助泵使燃油泵的进油端的油路保持正压，气穴现象不易发生，可以进行稳定的油耗测量。

在使用上述方法，且当回油温度过高时，应采用图 4.62c 的连接法。

当回流管路内有阻力，压力调节器的工作特性压力比规定压力高时，采用回油处理用油罐，如图 4.62d 所示，使回油向大气开放．可解决上述问题。另外，MF－113

可作为燃油从油耗计流入回流处理用油罐的泵用，但是回流处理用油罐的进口端最大
截止压力为50kPa，MF—113 的加压部加压后，在减压部减到 50kPa 以下。当压力为 40
～50kPa 时，MF—113 没有必要安装，当供油压力为 50kPa 以上时，仅使用 MF—113
的减压部。

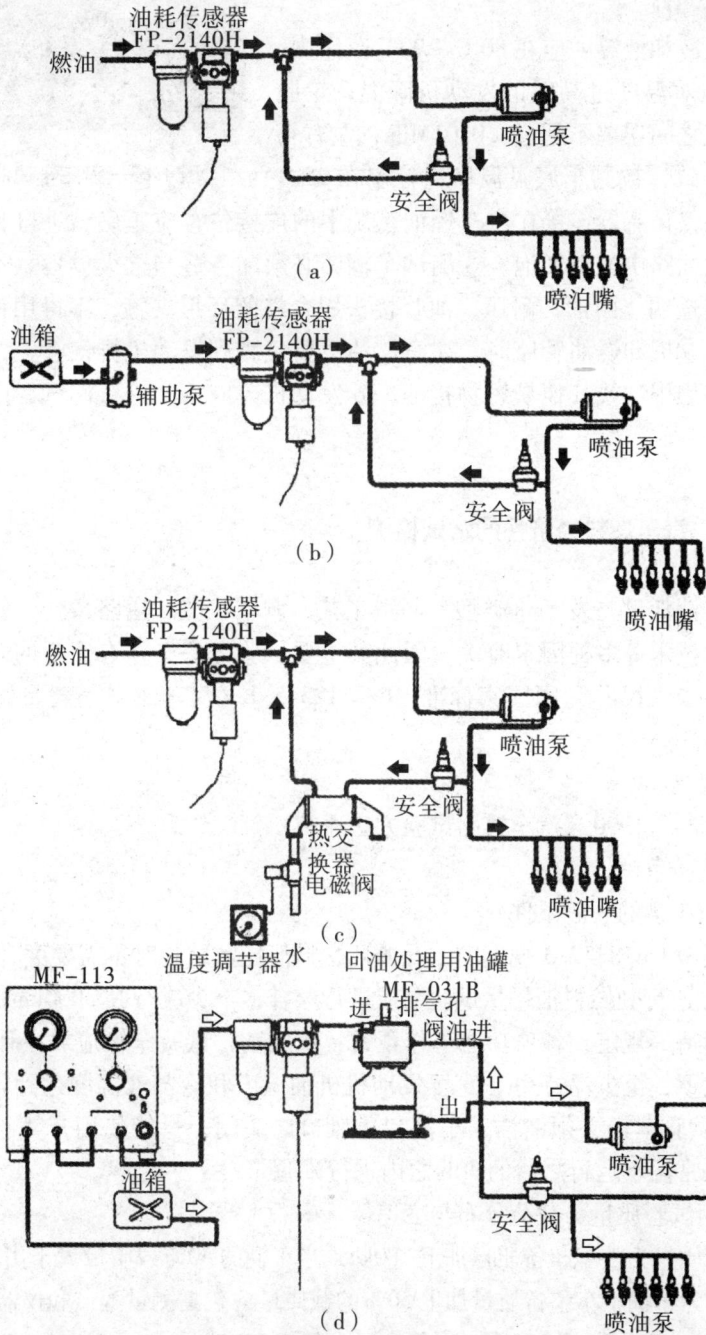

图 4.62 油耗计在油路中的连接

测试时，在测功机程序主界面中，按"F6 经济性能测试"，进入经济性能测量项目选择界面，选取设定车速油耗检测，如图 4.63 所示。按照点阵屏提示，即可操作检测等速汽车油耗。

（5）注意事项

①发动机冷却液温度应在80℃～90℃范围内，可用冷却风扇对温度过高时的发动机降温；轮胎气压与规定值之间误差不超过 ±0.01MPa；左右轮胎的花纹应一致；被测车底盘温度应控制在 25℃

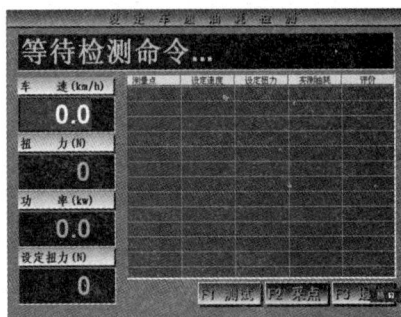

图 4.63 设定车速油耗检测

以上。②油耗仪传感器连接在汽车燃油系统中的连接位置应正确，进口和出口不要接反，注意排除油路中的空气泡。③测试车辆旁必须配备适当灭火设备。④油耗仪传感器所用油管应透明、耐油、耐压，油管接头用合格的环形夹箍，不得用铅丝缠绕，并确保无渗漏。⑤拆卸燃油管路时，注意燃油不要飞溅到发动机排气管上，必须用沙盘接油，不允许用棉纱或其他易燃物接油。⑥发动机盖应打开进行测试，以利观察有无燃油渗漏。

4.6.3 汽车燃料经济性的路试检测

汽车燃料消耗量与发动机类型、制造工艺、调整状况、道路条件、气候情况、海拔高度、驾驶技术等多种因素有关，因此其主要试验方法必须有完整的规范。对于乘用车，根据中华人民共和国国家标准 GB/T 12545.1《汽车燃料消耗量试验方法》规定，其路试方法如下。

1. 试验规范

GB/T 12534 - 1990《汽车道路试验方法通则》等。

2. 主要试验条件

（1）试验车辆的一般条件

试验车辆做 GB18352.3 规定的工况循环燃料消耗量试验时不需要磨合，做 90km/h 或120km/h 等速行驶燃料消耗量试验前应进行磨合，至少应行驶 3000km；试验车辆的性能应符合制造厂规定，各项功能工作正常；试验前，试验车辆应放在环境温度为 20～30℃的环境下，至少保持6h，直至发动机机油温度和冷却液温度达到该环境温度的 ±2℃为止；试验车辆必须清洁，车窗和通风口应关闭；只能使用车辆行驶必需的设备；车辆应在常温下运行之后的 30h 之内进行试验。

（2）车辆试验质量、载荷分布与变速器

车辆试验质量为整车整备质量加上 180kg，当车辆的 50% 载质量大于用 180kg 时，则车辆试验质量为车辆整车整备质量加上 50% 的载质量（包括测量人员和仪器的质量）。

载荷分布与变速器档位选择，应符合标准的规定。

（3）润滑油、试验燃料与轮胎

润滑油及试验燃料应符合车辆制造厂规定。轮胎应选用制造厂作为原配件所要求的类型，并按制造厂推荐的轮胎最大试验负荷和最高试验速度对应的轮胎充气压力进行充气。轮胎可以与车辆同时磨合或者花纹深度应在初始花纹深度的50%~90%之间。

（4）标准条件

空气密度符合标准中规定的数值；环境温度应在5℃（278K）和35℃（308K）之间，大气压力应在91kPa和104kPa之间。相对湿度应小于95%；如果制造厂允许，可在最低到1℃的环境温度下进行试验，此时，应采用标准中规定的5℃的温度校正系数。

（5）燃料消耗量的测量

可以采用重量法（式4-13）或容积法（式4-14）确定燃料消耗量。距离的测量准确度应为0.3%，时间的测量准确度应为0.2s。燃料消耗量、行驶距离和时间的测量装置应同步起动。燃料通过一个精度为±2%的能测量质量的装置供给发动机，该装置使车辆上的燃料记录装置进口处的燃料压力和温度的改变分别不得超过10%和±5℃。如果选用容积法测量时，应记录测量点的燃油温度。也可以设置一套阀门系统以保证燃油从正常的供油管路迅速流入测量管路。改变燃油方向的操作时间不得超过0.2s。

$$C_g = \frac{M}{D \cdot S_g} \times 100 \tag{4-13}$$

$$C_V = \frac{V\left[1 + \alpha\left(T_0 - T_F\right)\right]}{D} \times 100 \tag{4-14}$$

式中：C_g 为重量法计算所得的燃料消耗量，L/100km；

S_g 为标准温度20℃（293K）下的燃料密度，kg/dm³；

D 为试验期间的实际行驶距离，km；

M 为燃料消耗量测量值，kg；

C_V 为容积法计算所得的燃料消耗量，L/100km；

α 为燃料容积膨胀系数，汽油和柴油的系数为0.001/℃；

T_0 为标准温度20℃（293K）；

T_F 为燃料平均温度，即每次试验开始和结束时，在容积测量装置上读取的燃料温度的算术平均值。

（6）道路条件和气象条件

道路应干燥，路面可以有湿的痕迹，但不得有任何积水。平均风速小于3m/s，阵风不应超过5m/s。

3. 试验项目

90km/h 等速行驶燃料消耗段试验；120km/h 等速行驶燃料消耗量试验。

4. 等速行驶燃料消耗量试验

等速行驶燃料消耗量曲线示意图如图4.64所示。

在第一次测量之前，车辆应进行充分的预热，并达到正常工作条件。在每次测量之前，车辆应在试验道路上以尽可能接近试验速度的速度（该速度

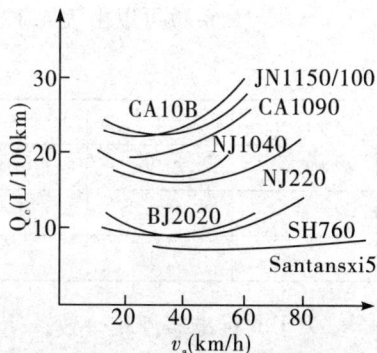
图4.64 等速行驶燃料消耗量曲线

133

在任何情况下与试验速度相差不得大于 ±5% ）行驶至少 5km，以保持温度稳定。在测量燃料消耗量时，若速度变化超过 ±5% ，冷却液、机油和燃油温度变化不应超过 ±3℃。

测量路段的长度应至少 2km，可以是封闭的环形路（测量路程必须为完整的环形路），也可以是平直路（试验在两个方向上进行）。试验道路应保证车辆按规定等速稳定行驶，路面应保持良好状态，在试验道路上任意的两点之间的纵向坡度不应超过 +2%。

为了确定在规定速度时的燃料消耗量，应至少在低于或等于规定速度时进行两次试验，并在至少等于或高于规定速度时进行另两次试验，但应满足下面规定的误差。在每次试验行驶期间，速度误差为 ±2km/h。每次试验的平均速度与试验规定速度之差不得超过 2km/h。

按照标准给定公式计算每次试验行程的燃料消耗量。指定速度的燃料消耗量应按规定的方法取得的试验数据用线性回归法来计算。在试验道路上的两个方向上进行试验时，应分别记录在每个方向上获得的值。为了使置信度达到 95% ，燃料消耗里的精度应达到 ±3% 。为了得到此精度，可增加试验次数，测量精度可用式（4 - 15）计算。

$$精度 = K \frac{\sqrt{\frac{\sum(C_i - \hat{C}_i)^2}{n-2}} \sqrt{\frac{1}{n} + \frac{(V_{ref} - \hat{V})^2}{\sum(V_i - \hat{V})^2}}}{C} \cdot 100\% \quad (4-15)$$

式中：C_i 为在 V_i 速度时测量的燃料消耗量；

$\hat{C}_i$ 为在 V_i 速度时用线性回归法计算出的燃料消耗量；

C 为在指定速度 V 时，用线性回归法计算出的燃料消耗量；

V_{ref}：指定速度；

V_i：i 时的实际速度；

$\hat{V}$：平均速度，$\hat{V} = \frac{\sum V_i}{n}$；

n：试验次数；

K 系数可以由表 4.12 给出。

表 4.12　K 值表

n	4	5	6	7	8	9
K	4.30	3.18	2.78	2.57	2.45	2.37
n	10	12	14	16	18	20
K	2.31	2.23	2.18	2.15	2.12	2.10

为了与标准条件相一致，使用 GB/T 12545.1 中规定的公式，对在一定的环境条件范围内确定的燃料消耗量值进行校正。

4.6.4　检测结果分析

1. 油耗增加的原因分析

（1）主要原因

油耗增加的原因众多，应注意发动机电子数据的检查和车辆尾气的检测。

油耗过高的主要原因有：

空气滤清器阻塞或怠速调整不当；热空气阀门阻塞或点火时刻过迟；EFE 加热器工作不良或氧传感器失灵；排放系统工作差或轮胎气压不足；PCV 曲轴箱通风阀门阻塞或滤清器不干净；冷启动喷油器阻塞或泄露；燃油喷油器内部损坏或磨损严重；行车或驻车制动器有拖滞现象；点火时间调整过迟；冷却系统恒温器失灵或控制温度过低；恒温空气滤清器有故障，使热空气一直进入；EGR 再循环阀因卡滞而常开。

（2）油耗过高的维护方法

①定期维护发动机。如：定期更换机油。一般 4 缸汽车 8000km，6 缸汽车 10000km 换一次。根据发动机的使用说明，最好采用黏度较低的发动机油，机油黏度越低，阻力越低，发动机越省油。②定期检查前轮定位。汽车行驶一段时间后，尤其是更换轮胎后，一定要做动平衡。一旦前轮定位失准，会造成行驶阻力增加、油耗增加与轮胎磨损加剧，严重时还影响行车安全。③更换空气滤清器。汽车一般行驶 5000km 就需更换空气滤清器。空气滤清器影响空气的流量，空气不足，燃料燃烧就不充分，不仅会造成油耗增加，还会使汽车排放性能变差。④定期更换火花塞。火花塞工作情况良好，燃料燃烧更彻底；火花塞工作不良，会造成启动困难，反复启动，浪费汽油。

复习思考题

1. 什么是底盘测功？
2. 底盘测功机的组成与功用？
3. 简述底盘测功机检测驱动轮输出功率的原理？
4. 简述底盘测功机检测汽车加速能力与滑行能力的基本原理？
5. 简述底盘测功机速度测试和距离测试的原理？
6. 汽车排放污染物有哪些？在用车辆应检测哪些项目？
7. 汽车排放分析仪的组成与检测原理？
8. 简述烟度计的结构与检测原理？
9. 汽车排放检测方法？（双怠速，自由加速工况，ASM 工况法）
10. 汽车燃料经济性检测方法有哪些？有何有缺点？
11. 为什么一般汽车使用者感觉实际汽车油耗比厂商给出的油耗要高？
12. 汽车油耗过高的原因有哪些？
13. 日常维护中，如何降低汽车的油耗？

第五章

车轮阻滞力/轴荷/汽车制动性能检测

【导读】本章围绕着汽车综合性能检测线的第二工位，讲述了 ACZD – 10 型汽车制动试验台的结构与工作原理，阐述了汽车制动性能检测方法与测量，并对检测结果进行了故障诊断与分析；介绍了其它汽车制动性能检测设备结构与工作原理。

制动性能是指汽车在行驶中能人为地强制降低行驶速度并根据需要停车的能力，它是汽车的重要性能之一。汽车的制动性能不仅取决于制动系的性能，还与汽车的行驶性能、轮胎的机械特性、道路的附着条件以及与制动操作有关的人体工程特性有密切关系。

在机动车交通事故中，由制动问题所引发的事故占有很大的比重。重大交通事故往往与汽车制动距离太长、紧急制动时发生了侧滑等情况有关。若汽车制动系性能良好、工作可靠时，在行驶中常能化险为夷，避免交通事故；若制动性能不好，则很容易产生车毁人亡的恶性事故。因此，汽车制动性能的好坏直接关系到行车安全，对于汽车行驶安全性和运输生产效率都有十分重要的影响。

汽车制动性能评价主要有制动效能、制动效能的恒定性、制动时的方向稳定性三个指标。制动效能是指汽车迅速减速至停车的能力，即在良好路面上，汽车以一定的初速度制动到停车的制动距离、制动时的减速度或制动力。制动效能的恒定性是指抵抗制动效能的热衰退和水衰退的能力，即汽车在高速行驶或下长坡以及涉水连续制动时制动效能的稳定程度。制动时的方向稳定性是指制动时汽车按照驾驶员给定方向行驶的能力，即是否会发生制动跑偏、侧滑或失去转向能力。

汽车制动性能的检测是机动车安全技术检验的重要内容之一，也是汽车保修企业进行故障修理和调试的科学依据。对汽车安全性能进行定期检测（即采用检测设备对机动车的制动性能进行检验），检查评定机动车的制动效能是否符合国家标准的要求，已成为保证交通安全的必要手段。根据 GB7258、GB18565 和 GB21861 规定，机动车的制动效能可用制动距离和制动稳定性、充分发出的平均减速度（MFDD）制动协调时间及制动稳定性、制动力和制动协调时间三者其中之一来衡量。因此，制动性能的检测设备，相应也包括非接触式运动分析仪和第五轮仪（用于测量制动距离）、便携式制动性能检测仪（用于测量 MFDD 和制动协调时间）、滚筒反力式制动检验台（用于测量制动力）和平板式制动检验台（用于测量制动力和制动协调时间）。

5.1　ACZD－10型汽车制动试验台

汽车制动性能检测方法主要分为道路试验与台架试验两种。道路试验一般采用五轮仪、制动减速度仪等设备，室内台架试验一般采用滚筒式制动试验台或平板式制动试验台。

汽车综合性能检测线第二工位采用了ACZD－10型反力式滚筒制动试验台，它利用滚筒来模拟连续移动的路面，通过滚筒上带的惯性飞轮模拟相当于汽车质量的惯性，来测试制动时滚筒靠惯性相对于车轮移过的距离（即各轮制动距离）。这种测试条件接近于汽车实际行驶条件，可在任何车速下进行测试，但是试验台旋转部分的转动惯性大，结构复杂，占地大，测试车型受限。

5.1.1　汽车制动试验台结构

ACZD－10型汽车制动试验台外形如图5.1所示，其结构简图如图5.2所示。

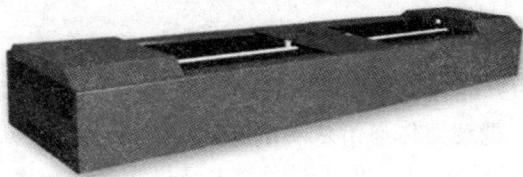

图5.1　ACCG－10型底盘测功机检验台机械部分结构

1. 力传感器　2. 从动滚筒　3. 挡轮　4. 电机　5. 力传感器　6. 离合器　7. 飞轮组　8. 举升板
9. 主动滚筒　10. 电涡流机　11. 速度传感器

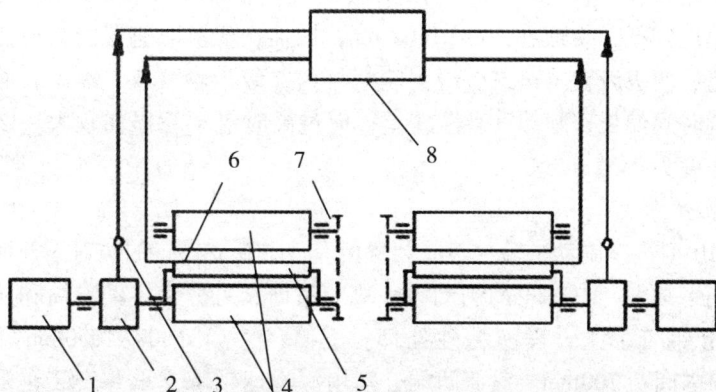

图5.2　单轴反力式滚筒汽车制动试验台结构简图

1. 电动机　2. 变速箱　3. 压力传感器　4. 主、从动滚筒　5. 第三滚筒　6. 转速传感器
7. 链传动　8. 测量指示装置

该制动试验台由结构完全相同的左右两套车轮制动力检测装置和一套指示与控制装置所组成，可以同时或单独检测车轴两端左、右车轮的制动力。每一套车轮制动力检测装置主要由驱动装置、滚筒装置、测量装置等组成。

1. 驱动装置

ACZD-10型汽车制动试验台驱动装置由电动机、减速器和链轮组等组成，如图5.3所示。电动机供电电压为 AC380v（三相），功率为 $2 \times 11KW$。因其电动机转速快、扭矩小，在电动机与滚筒之间增设了一个环面蜗杆减速器，以达到减速增矩的目的。

图5.3　驱动装置

1. 电动机　2. 减速器

电动机发出的动力，经减速器内的涡轮蜗杆减速增矩后，传递给主动滚筒，而主动滚筒又通过链传动，把动力传递给从动滚筒，从而带动着从动滚筒跟着一起旋转。电动机转轴与减速器输出轴同心，减速器壳与电动机壳连成一体，电动机转轴与减速器输出轴分别通过滚动轴承及轴承座支承在框架上。减速器输出轴与主动滚筒共用一轴，其壳体采用了浮动连接，它可以绕主动滚筒轴线自由摆动。

由于制动试验台测试车速较低且滚筒的直径较小，因而电动机的功率较小。制动试验台测试车速为 2~5km/h，相应的电动机功率为 $2 \times$ （3~11） kw。由于测试车速低，滚筒转速也较低，一般在 40~100r/min，因而，要求减速器的减速比较大，一般采用行星齿轮、两级齿轮减速或一级涡轮蜗杆与一级齿轮减速。滚筒表面线速度过低时，测取协调时间偏长、制动重复性较差；但过高时对车轮损伤较大。该滚筒试验台滚筒测试线速度为 2.5km/h。

2. 滚筒装置

ACZD-10型汽车制动试验台滚筒装置由左、右独立设置的两对滚筒所组成，它可以单独测试同一轴左、右车轮的制动力。每对滚筒又可分为主动滚筒和从动滚筒。滚筒采用了无缝钢管加工，表面粘砂处理。滚筒尺寸为 Φ300X1050mm，滚筒中心距495mm，滚筒内间距700mm。滚筒两端分别用深沟球轴承支承并安装在机架上，两滚筒中心轴线保持平行。

后滚筒为主动滚筒，前滚筒为从动滚筒。主动滚筒由电动机减速增矩后驱动，通过链轮链条传动带动从动滚筒作同步旋转，从而带动滚筒上的车轮旋转。此时，滚筒相当于连续移动的路面，同时起到支承被检车轮，并承受和传递制动力。

滚筒滑动附着系数直接影响到制动试验台所能测得的制动力大小。若该系数过小，则当制动力大于车轮与滚筒间的附着力时，车轮在滚筒上打滑。若车轮制动力继续增加，测量仪表只能测得滑移时的附着力。对滚筒的要求是：对不同类型（子午线、斜交）、不同尺寸、不同花纹的轮胎都有足够的附着系数，并且附着系数不会因轮胎沾水、沾泥而下降太多；滚筒表面不易沾上泥土、油污。一旦沾上，也容易清除干净；使用寿命较长，附着系数不会较快的衰减；制造工艺简单，滚筒的品质易保持稳定。因而，为提高滚筒与轮胎间的附着系数，滚筒表面都进行了相应的加工与处理，即在滚筒圆周表面上覆盖一定厚度的粘砂、烤砂或其它材料。常见的滚筒表面处理方式有：

a. 滚筒表面开设纵向浅槽。在滚筒外圆表面沿轴向开有若干间隔均匀、具有一定深度的沟槽。这种滚筒表面附着系数最高可达 0.65，但在制动试验中车轮抱死时，容易剥伤轮胎。当滚筒表面磨损且沾有油、水时，附着系数将急剧下降。为改进附着条件，滚筒表面常作拉花和喷涂处理，附着系数可达 0.75 以上。目前，这种滚筒表面处理方式已淘汰。

b. 表面粘有熔烧铝矾土砂粒的金属滚筒。这种滚筒表面干、湿时，其附着系数可达 0.8 以上。

c. 表面嵌砂喷焊层的金属滚筒。喷焊层材料选用 NiCrBSi 自熔性合金粉末及钢砂。这种滚筒表面新的时候附着系数可达 0.9 以上，其耐磨性也较好。

d. 高硅合金铸铁滚筒。这种滚筒表面带槽、耐磨，附着系数可达 0.7 ~ 0.8，价格便宜。

e. 表面带有特殊水泥覆盖层的滚筒。它比金属滚筒表面耐磨，滑动附着系数达 0.7 ~ 0.8，但其表面易被油污与橡胶粉粒附着，使滑动附着系数降低。

滚筒直径与两滚筒间中心距的大小，对制动试验台的性能有较大影响。滚筒直径增大有利于改善与车轮间的附着情况，增加测试车速，使检测过程更接近实际制动状况，但需相应增加电动机的功率。而且，随着滚筒直径增大，两滚筒间中心距也需相应增大，才能保证合适的安置角。但这样试验台的结构尺寸也相应增大，制造要求将提高。GB/T 13564 – 2005 推荐使用直径为 245mm 左右的滚筒。

主、从动滚筒之间设置了第三滚筒，其直径较小，如图 5.4 所示。它既可自传又可上下摆动，平时由弹簧使其保持在最高位置。在第三滚筒的一端装有转速传感器，用来测量车轮转速。第三滚筒下方装有车轮到位行程开关，用来感知汽车是否驶上制动试验台和起动电动机的开关信号。

第三滚筒装置主要作用有以下两个：

a. 防止滚筒剥伤轮胎和保护驱动电动机。车轮制动后，若车轮与主、从动滚筒间产生打滑，即滑移率为 30% 时，应及时让电动机停转，防止轮胎剥伤，保护滚筒和驱动装置。滑移率大于 30% 时，随着滑移率的增加，制动力变化并不大，但对轮胎和滚筒的磨损将加剧，特别是滑移率达到 100% 时，轮胎完全抱死，轮胎剥伤非常严重，甚至会产生轮胎橡胶的剥落。

b. 具有安全保护功能。只有当两个车轮制动测试单元的第三滚筒同时被压下时，试验台驱动电动机电路才能接通。当车轮没压下第三滚筒（或驶离）时，电动机不能起动。

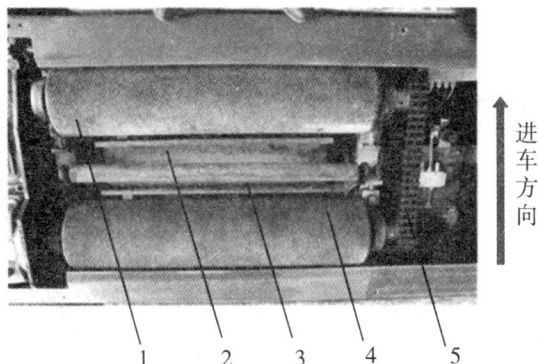

图 5.4　滚筒装置
1. 从动滚筒　2. 举升装置　3. 第三滚筒　4. 主动滚筒　5. 双排链

检测时，被检车辆的车轮置于主动滚筒 4、从动滚筒 1 之间的同时压下第三滚筒 3，并与其保持可靠接触。行程开关被接通，在延时继电器的作用下 5s 后，左、右驱动装置相继被启动。滚筒带动车轮旋转，车轮通过摩擦作用带动第三滚筒旋转，使第三滚筒与车轮作同步旋转。第三滚筒转速反映的是车轮转速，而主、从滚筒的转速等于驱动装置的输出转速（固定），比较两者的转速差，可间接的获取制动过程中各个瞬间车轮与滚筒间的滑移率。当滑移率达到一定值时（车轮接近抱死时），控制装置发出控制指令，使电动机停转。

3. 测量装置

（1）制动力测量

ACZD-10 型汽车制动试验台的制动力测量装置主要由测力杠杆、测力传感器和测力弹簧等组成。测力杠杆一端与传感器连接，另一端与减速器连接。测力杠杆直接固定在减速器壳体上，如图 5.5 所示。

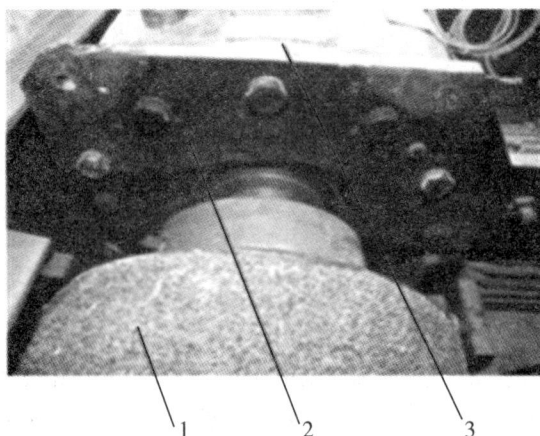

图 5.5　测力杠杆
1. 滚筒　2. 测力杠杆　3. 减速器壳体

测力杠杆采用了实心钢板切割而成,外形如图 5.6 所示。它与减速器壳体通过两个 Φ10 的定位销定位,采用 5 个 M12 的螺栓连接,测力杠杆另一端通过滚轮与力传感器接触。

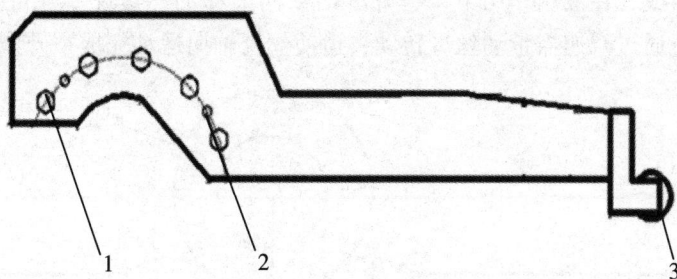

图 5.6 测力杠杆
1. 螺栓孔 2. 定位销孔 3. 滚轮

被测车轮制动时,测力杠杆与减速器壳体将一起绕主动滚筒轴线摆动。与滚轮接触的传感器将测力杠杆传来的与制动力成比例的力转变成电信号,并输送到计算机中处理显示。

（2）轮重测量

在每个车轮测试单元框架的四个支承脚处安装有悬臂结构的电阻应变式称重传感器,用于测量轴荷或整车重量。

4. 指示与控制装置

控制装置有电子式与微机式之分。电子式的控制装置多配以指针式指示仪表,微机式控制装置多配以数字显示器,也有配置指针式指示仪表的。国产反力式滚筒制动试验台多为微机式,其指示与控制装置主要由放大器、A/D 转换器、微机、数字式显示器和打印机等组成。

ACZD – 10 型汽车制动试验台采用了微机控制,从测力传感器送来的电信号,经直流放大后,送往数模转换器转为数字信号,再经过计算机采集、存储、处理后,由数码管显示或由打印机打印出来,其控制框图见图 5.7。

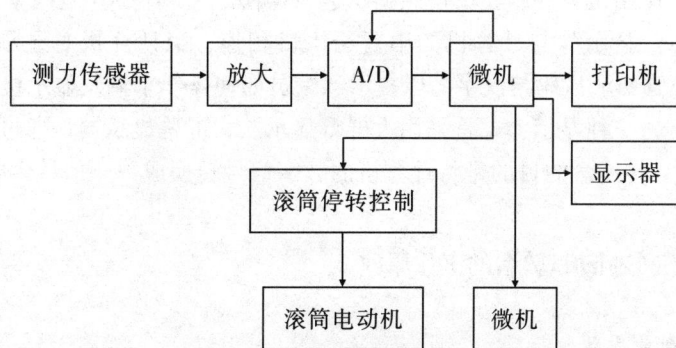

图 5.7 微机控制框图

5. 举升装置

为了便于汽车出入试验台,ACZD – 10 型反力式制动试验台采用了气压式举升装置。举升装置由举升器、U 型举升板和控制开关等组成，如图 5.8 所示。气压式举升器是以压缩空气为动力，驱动气缸中的活塞上移或使气囊向上变形完成举升工作。举升器除了气压式外，还有电动螺旋式和液压式。液压式举升器通常由电磁阀、分配阀、液压举升缸等组成，在液压作用下，举升缸活塞向上移动，实现举升目的。电动螺旋式则是由电动机通过减速器带动丝母转动，迫使丝杆轴向运动完成举升作用。

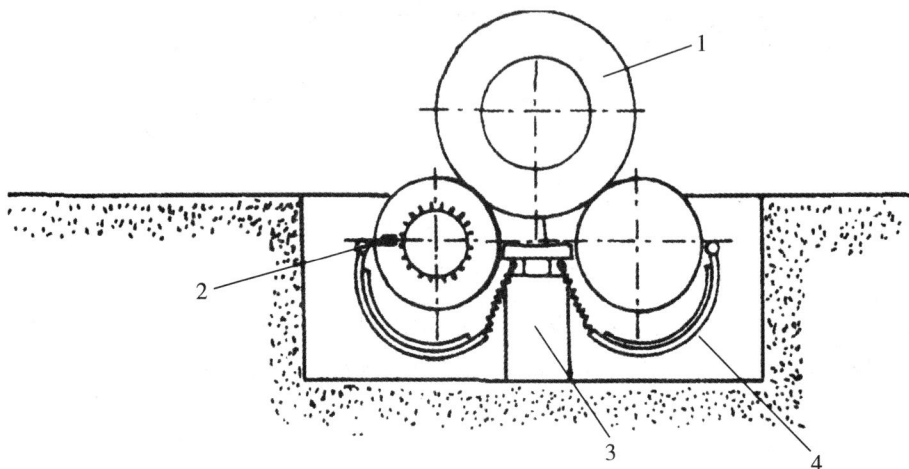

图 5.8 举升装置

1. 车轮 2. 滚筒转速传感器 3. 举升器 4. 滚筒制动器

6. 安全保障系统

安全保障系统包括左右挡轮、系留装置、车偃、发动机与车轮冷却风机。左右挡轮可防止汽车车轮在旋转过程中，在侧向力的作用下驶出滚筒（对前轮驱动车辆更应注意）；系留装置通过地面上的固定盘与车辆相连，防止车辆高速行驶时，由于滚筒的卡死而飞出滚筒；车偃是防止车辆在运行过程中，车体前后的移动，同时也达到与系留装置相同的功能；发动机与车轮冷却风机是防止车辆在运行过程中的发动机和车轮过热。

7. 引导系统

引导系统的作用是引导驾驶员按照提示进行操作。ACZD – 10 型汽车制动试验台采用了显示牌显示。显示牌与计算机的串行通讯口相连，当计算机对显示牌初始化后，便可对显示牌发送 ASCII 码与汉字，以提示驾驶员如何操作车辆及显示检测结果。

除此之外，另一种显示方式是采用大屏幕显示。大屏幕显示器是通过 AV 转换盒与计算机相连。AV 转换盒的目的是将计算机的数字信号转换成视频信号供电视机用。

5.1.2 汽车制动试验台的工作原理

1. 制动力测量原理

进行车轮制动力检测时，被检汽车驶上制动检验台，车轮置于主、从动滚筒之间，放下举升器（同时，车轮压下了第三滚筒，装在第三滚筒支架下的行程开关被接通）。通过延时电路启动电动机，经减速器、链传动和主、从动滚筒带动汽车车轮低速旋转。

待车轮转速稳定后，驾驶员根据系统提示踩下制动踏板。

被测车轮在滚筒上的受力如图5.9所示。车轮制动器对车轮作用的摩擦力矩 T_μ 使车轮减速转动，此时电动机仍然驱动滚筒转动，主、从动滚筒通过车轮的切向摩擦力 $F_{\mu1}$ 和 $F_{\mu2}$（$F_{\mu1}$ 和 $F_{\mu2}$ 的合力等于车轮制动器制动力）克服摩擦力矩 T_μ 带动车轮转动。与此同时，车轮对主、从动滚筒产生一个大小相等、方向相反的反作用力 F_{X1} 和 F_{X2}。滚筒对车轮的切向摩擦力 $F_{\mu1}$ 和 $F_{\mu2}$ 之和即为需要检测的车轮制动器制动力。实际检测中是通过测量其反作用力 F_{X1} 和 F_{X2} 来获得车轮制动器制动力的大小。

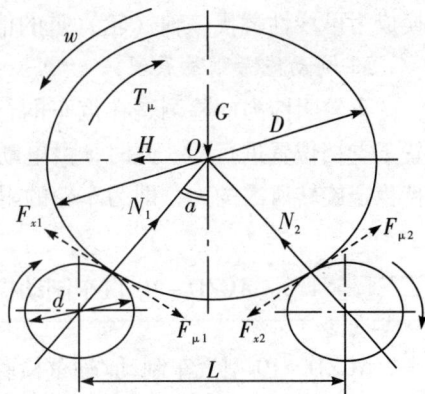

图5.9　被测车轮在滚筒上的受力简图

在 $F_{\mu1}$ 和 $F_{\mu2}$ 对滚筒轴线形成的反作用力矩的作用下，浮动的减速器壳体与测力杠杆一起向滚筒转动相反方向摆动（图5.10），使测力杠杆一端向下位移，将力作用在传感器上，力经传感器转换为电信号，从测力传感器送来的电信号经放大滤波后，送往A/D转换器转换成相应数字量，经计算机采集、存储和处理后，将检测结果显示并由打印机打印出来，打印格式与内容由软件设计而定。一般可以把左、右轮最大制动力、制动力和、制动力差、阻滞力和制动力——时间曲线等打印出来。

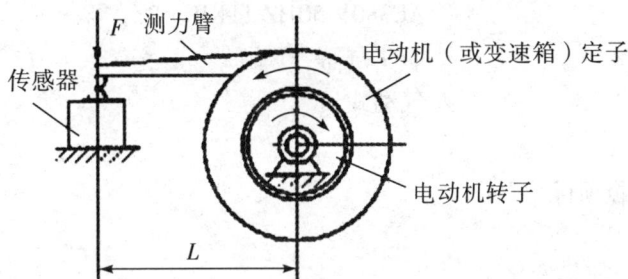

图5.10　制动检验台检测原理图

在制动过程中，当左、右车轮制动力和的值大于某一值（如：5000N）时，计算机即开始采集数据，采集过程所经历时间是一定的（如3s）。经历了规定的采集时间后，计算机发出指令使电动机停转，以防止轮胎被剥伤。在制动过程中，第三滚筒的转速信号由传感器转变成脉冲信号后输入控制装置，计算车轮与滚筒之间的滑移率。当滑移率达到一定值时，计算机发出指令使电动机停转。如车轮不驶离制动台，延时电路将电动机关闭3.5s后又自动启动。检测过程结束，车辆即可驶出制动试验台。

2. 轴（轮）重测量原理

轴制动力的诊断参数标准是轴制动力与轴荷的百分比，必须在测得轴荷和轴制动力后才能评价制动性能。因而，反力式滚筒试验台要配备轴重计或轮重仪。

轴（轮）重测量是通过置于制动台台架下的四只传感器，传感器所承载的重量减去台架的重量（除皮重）即为被称的轴（轮）重。汽车车轮压在制动台台架承重平板上后，轴（轮）重作用于台架四角下的四只传感器上，使传感器产生弹性变形，应变电桥失平衡，输出与传感器变形量成线性关系的电压值。轴（轮）重通过传感器已转换成为可线性替代该轴（轮）重的信号电压，由此获得轴（轮）重的数值。

3. 制动拖滞测量原理

车轮阻滞力的检测是在汽车的行车和驻车制动装置均处于完全释放状态，变速器置于空挡位置进行的。此时，由电动机通过减速器、链传动、主从滚筒来带动车轮维持稳定旋转所需的力，即为车轮的阻滞力。测量原理同制动力测量。

5.1.3 ACZD-10 汽车制动检验台的主要参数

ACZD-10 型汽车制动/轴重检验台的主要参数如下：

最大允许轴荷：	10000kg（或 5000kg 轮荷）
轮最大测量制动力：	30000N×2
最大测量轴荷：	10000kg
制动测量精度：	<±3%
轴重测量精度：	<±2%
滚筒尺寸：	Φ300×1100（粘沙滚筒）
左右滚筒间距：	680mm
仪表电源：	AC220V 50HZ 200W
电机电源：	AC380V 50HZ 11KW×2
显示方式：	CRT 屏幕
举升装置：	气动式

5.1.4 测量项目

1. 轴荷及整备质量变化率
2. 行车制动力及制动力平衡
3. 车轮阻滞力
4. 驻车制动力
5. 制动协调时间

5.1.5 试验台特点

1. 测试条件稳定，不受外界条件的限制，重复性好，检测时间短、经济、安全

2. 可定量测得各车轮的制动力大小、左右轮制动力差值、制动协调时间、车轮阻滞力，能全面评价汽车的制动性，为制动系的故障诊断、维修调整提供可靠依据

3. 试验台制动时的最大测试能力，受检测因素的影响较大。制动力极限值受安置角 α、附着系数 φ、水平推力 F（与非测试车轮制动力有关）等因素的影响。当 α、φ、F 增加时，制动力的最大测试能力提高；而当车轮直径减小（α 减小）、附着系数 φ 减

小、非测试车轮制动力过小时，则被测车轮容易抱死，其制动力难以测出，导致整车制动力过小，易引起误判

4. 制动检测时，汽车没有平移运动，也就没有因平移惯性而引起的轴荷前移作用。在这种情况下，若车辆空载检测，则前轴车轮容易抱死，前轴制动器能够提供的最大制动力难以检测，导致检测到的整车制动力不够，引起误判。汽车无平移情况下的检测也无法反映汽车转向系统、悬架结构对汽车制动性能的影响

5. 不能反映制动防抱死系统（ABS）的性能。制动试验台检测时车速较低（一般不超过5km/h），而现代汽车ABS一般在车速10～20km/h以上起作用，因而无法对装备ABS系统的汽车制动性能进行准确的检测

5.1.6 提高检测制动力极限值措施

反力式滚筒制动试验台能检测出的制动力极限值的本质就是增加轮胎与滚筒间的附着力，同时避免制动时车轮抱死。可采取的措施有：

1. 车辆增加足够的附加质量或施加相当于附加质量的作用力。而在评价制动性时，不要计入轴重

2. 非测试车轮加三角垫块或采取牵引方法阻止车辆移动，可增加水平推力 F

3. 保持轮胎及滚筒表面清洁、干燥，从而增大附着系数

5.2 其它制动性能检测设备

汽车制动试验台按不同的分类方法，可分不同的类型。按试验台测试原理分，可分为反力式和惯性式两类；按支承车轮形式不同，可分为滚筒式和平板式两类；按检测参数不同，可分为测制动力式、测制动距离式和多功能综合式；按传递信号不同，可分为机械式、液压式和电气式；按同时能测车轴数的不同，可分为单轴式、双轴式和多轴式；按轴载质量分，分为轴荷 1.5t、3t、6t、10t、13t（或15t）。

目前，国内台试法制动检测设备大多采用反力式滚筒制动检验台，平板式制动检验台还没有广泛使用。路试检测制动性能方法有制动距离法和制动减速度法。采用的设备主要有速度计、五轮仪、制动减速度仪等。

5.2.1 其它台试制动性能检测设备

1. 惯性式滚筒制动试验台

（1）基本结构

惯性式滚筒制动试验台按同时检测的轴数不同可分为单轴式、双轴式。单轴式一次只能检测一个车轴，双轴式可同时检测两个车轴。双轴惯性式滚筒制动试验台的结

构简图，如图 5.11 所示。

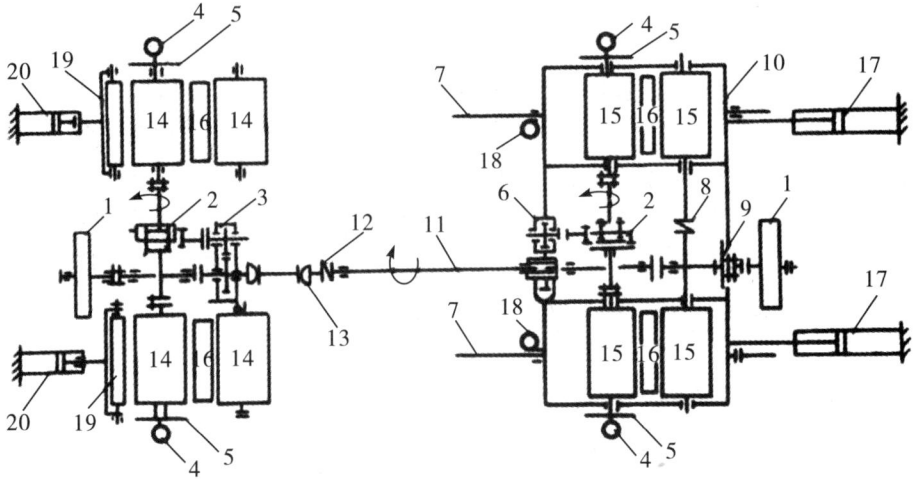

图 5.11　惯性式滚筒制动试验台

1. 飞轮　2. 传动器　3、6. 变速器　4. 测速发电机　5、9. 光电传感器　7. 可移导轨
8、12. 电磁离合器　10. 移动架　11. 传动轴　13. 万向节　14. 后滚筒　15. 前滚筒
16. 举升托板　17. 移动架驱动液压缸　18. 锁紧液压缸　19. 第三滚筒　20. 第三滚筒调节器

前、后滚筒组之间的距离可根据车辆的轴距进行调节。调节移动移动架驱动液压缸 17，使滚筒组在导轨上移动，两轴间距离随之改变，距离调节合适后用夹紧液压缸 18 进行夹紧定位。前后左右各滚筒及飞轮通过连接部件连接。后滚筒组之后的第三滚筒 19 是为防止汽车制动时车轮向后窜出而设置的。

（2）基本原理

惯性式滚筒制动试验台是利用旋转飞轮的动能模拟汽车在道路上行驶时的动能，使车辆在试验台上能模拟出在道路上制动时的工况来检测制动性能。其检测参数是制动距离、制动减速度和制动时间。

检测时，滚筒与车轮先在某一转速旋转，然后切断驱动滚筒旋转的动力，并迅速踩下制动踏板，车轮对滚筒表面产生切向阻力，欲使滚筒停下来，而飞轮系统的惯性作用使滚筒继续旋转一段时间后方能完全停下。滚筒在踩下制动踏板到完全停转之间所转动的圈数与滚筒圆周长之积相当于车轮的制动距离。在国标规定的检测车速下，该制动距离的大小可以充分反映出被测车辆的车轮制动器和整个制动系的技术状况。

滚筒的制动初速度、制动减速度、滚筒转动的圈数可通过测量系统测得。

（3）使用方法

检测试验时，被检车驶上试验台后，被测汽车的驱动轮驱动后滚筒组旋转，同时，左右主动滚筒用半轴与传动器 2 相连，并经变速器 3、万向节 13、电磁离合器 12、传动轴 11、变速器 6、传动器 2 带动前滚筒及汽车从动轮一起旋转。同时，与汽车惯性等效的惯性飞轮 1 也一起旋转。

当汽车达到试验转速时，将变速器挂入空档，断开连接各滚筒的电磁离合器 8、12，同时作紧急制动。车轮制动后，滚筒及试验台飞轮依靠惯性继续转动，装在滚筒端部的传感器5感应滚筒依靠惯性转动的圈数,并将其转变为电信号送入计数器记录。此圈数即可转换为车轮制动距离显示出来。

(4)惯性式滚筒制动试验台特点

惯性式滚筒制动试验台,采用了高速模拟试验,试验条件比较接近汽车实际行驶条件,具有在任何车速下进行制动测试的优点,比反力式试验方法更为先进些。而且,这种试验台可发展为进行加速、等速、滑行、测功等试验的多功能台架,以便对整车的技术状况作出综合性检验。但这种试验台旋转部分转动惯量较大,因此其结构较复杂,占地面积大,且检验的车型范围受到一定限制,所以应用范围不如反力式来得广泛。

2. 平板式制动试验台

现代汽车在设计上为满足汽车行驶状态的制动要求,提高制动稳定性、减少制动时后轴车轮侧滑和汽车甩尾,前轴制动力一般占50%~70%左右,后轴制动力设计相对较少。除此之外,还充分利用汽车制动时惯性力导致车辆重心前移轴荷发生变化的特点,使前轴制动力可达到静态轴重的140%,上述制动特性只有在道路试验时才能体现,在滚筒反力式检验台上,由于受设备结构和检验方法的限制,前轴最大制动力是无法测量出来的。

平板式制动试验台是20世纪80年代发展起来的检测设备,它凭借汽车在测试平板上的实际紧急制动过程来测定前、后轴制动力,因此能比较客观地反映汽车制动器产生的制动力的大小,正确评价汽车的制动性能。

平板试验台是一种低速动态式制动试验台,是利用汽车平移惯性进行检测的试验台,它检测的是各车轮的制动力。

(1)基本结构

平板式制动试验台如图5.12所示,它是由四块表面轧花的测试平板、控制柜和辅助装置等组成。

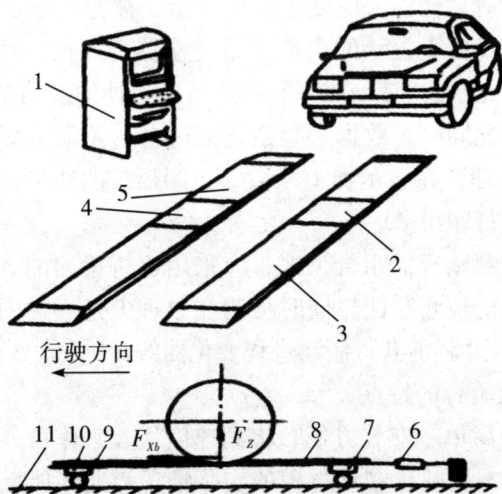

行驶方向 ←

图5.12 平板式制动试验台

1. 控制柜 2. 侧滑测试平板 3、5. 制动-轮荷测试平板 4. 空板
6. 拉力传感器 7、10. 压力传感器 8. 面板 9. 钢球 11. 底板

测试平板是制动力和垂直力的承受与传递装置。面板为一长方形钢板，其下面四个角上安置了四个压力传感器，压力传感器底部加工成可以放置钢珠的纵向 v 形沟槽，底板与压力传感器底部的纵向沟槽对应处也加工有四条可以放置钢珠的纵向沟槽。这样，面板既可以通过钢珠在底板上沿纵向移动，又可以通过钢珠将作用于面板上的垂直力传递到底板上。平板共 6 块，其中 4 块为制动（轴重）测试板，一块为侧滑测试板，还有一块为空板（不起测试作用）。每块制动（轴重）测试板经过两类力传感器与地面固接、安装在一起，一类是测量汽车行使方向轮胎作用于平板上的水平力传感器，另一类为测量轮胎作用于平板垂直力的传感器；侧滑板下设置一位移传感器测量汽车前轮定位参数的综合变化量（侧滑量）。

控制柜包括数据采集系统、微机、键盘打印机、显示器及遥控接收模块等，它是一个以微机微核心的数据采集、分析、处理、显示的系统。微机对传感器输出信号进行高速采样，然后处理、计算，按要求显示出各轮制动力、轴制动力、左右轮制动力差、全车制动力、制动协调时间、制动释放时间等测试数据，进而判定汽车制动性是否合格，同时它还能给被检车辆的驾驶员提供操作指令。

辅助系统包括前、后引板，中间过渡板，踏板压力计等。前后引板和中间过渡板是为方便汽车平稳的上下制动试验台。踏板压力计是用来测量制动时制动踏板力的装置，除常见的有线式以外，还有红外线式和无线式等。测量时，需将其固定在汽车制动踏板上方。

（2）基本原理

平板制动试验台检测原理是基于牛顿第二定律，制动力等于质量乘上加速度。检测时，只要知道轴荷与制动减速度，即可求出制动力。从理论上讲，制动力与检测时车速无关，只与刹车后的减速度相关。

（3）平板式制动试验台的使用方法

检测汽车制动性能时，检测台应处于开机状态。被检汽车以 5~10km/h 的速度驶上平板，引车员根据显示器上提示的信息（置变速器于空档，当前轮处于第二块制动板的几何中心附近时），及时迅速地踩下装有踏板压力计的制动踏板，使车辆在测试平板上制动直至停车。与此同时，数据采集系统通过各传感器采集制动过程中的全部数据，并经计算机分析处理，在显示器上以数字、图形、曲线形式显示检测结果，最后可用打印机将检测结果打印出来。

如果检测台是两块测试板的组合型式，应采用逐桥检测的方式进行，即先检测前桥，接着检测后桥。逐桥检测和四轮同时检测在原理上是一样的，但后者能够测出汽车前/后制动力分配比，并且能获得制动过程变化曲线。

（4）平板式制动试验台的特点

平板式试验台结构简单、安装方便、检测速度快、工作可靠性高。由于被测车辆采用紧急制动方式，基本反映出制动过程的实际情况，尤其能反映由于车辆制动引起的动态轴荷变化，从而防止了附着性能对制动力检测的影响，完全可以检测出轿车高速制动时，车身重心向前转移引起的前轴最大制动器制动力。

由于平板式制动试验台可对汽车前后桥制动力同时进行检测，测试结果能反映前后桥的同步情况和前后制动力的分配，对装有比例阀的车辆制动性能测试更为有利。

平板式制动试验台不需要模拟汽车转动惯量，结构简单，容易与轮重仪、侧滑仪组合在一起，使车辆测试更加方便与高效。缺点是这种试验台测试重复性差、占地面积大、需要助跑车道和不安全、不利于流水作业，目前国内尚未广泛采用。

▽ 5.2.2 路试制动检测设备

汽车制动性能道路检测设备有速度计、五轮仪、制动减速度仪等。

1. 五轮仪

五轮仪可以测试出汽车动力性（加速性能）、底盘的传动效率（滑行性能）、测定燃油经济性（需结合油耗仪）。当用五轮仪测量汽车制动性能时，能测出制动距离、制动时间和制动减速度等参数。

五轮仪主要有机械式、电子式和微机式三种类型。

（1）基本结构

五轮仪一般由传感器和记录仪两部分组成，并附带一个脚踏开关。传感器部分与记录仪部分由信号线相连，脚踏开关带有触点的一端套在制动踏板上，另一端插接在记录仪上。

传感器作用是把汽车行驶的距离变成电信号。它一般由充气车轮、传感器、支架、减振器和连接装置等组成，如图 5.13 所示。轮子为充气轮胎式，安装在支架上。支架则通过连接装置固定在汽车的侧面或尾部的车身上。在减振器压簧的作用下，轮子紧贴地面，并随汽车的行驶而滚动。对于四轮汽车来说，安装上的充气车轮就像汽车的第五个轮子一样，故称为五轮仪。当充气车轮在路面上滚动一周时，汽车行驶了充气车轮周长的距离。车轮中心处的传感器可以把车轮在路面上滚动的距离变成电信号，其常用光电式或磁电式转速传感器。

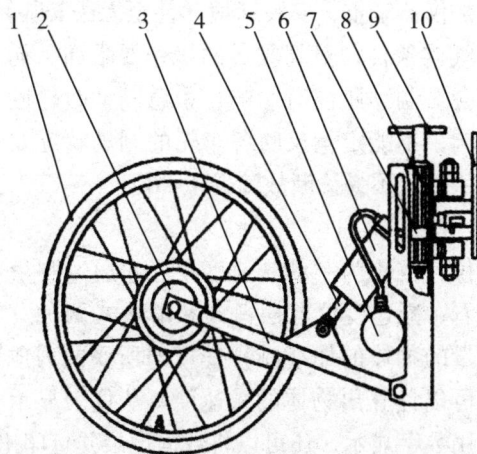

图 5.13 五轮仪传感器部分

1. 充气车轮 2. 传感器 3. 支架 4. 活塞杆 5. 储气筒 6. 汽缸 7. 螺母 8. 丝杆
9. 手柄 10. 固定板

脚踏开关作用是当驾驶员踩制动踏板时闭合，通过信号线输入记录仪作为制动距离、制动系反应时间和制动全过程时间等的开始信号。

记录仪作用把传感器送来的电信号和内部产生的时间信号，进行控制、计数并计算出车速，然后指示出来。微机式记录仪（如：WLY－5型微机五轮仪）是以MCS－51系列的8031单片机为核心的智能仪器，可以完成距离、速度和时间等参数测量和数据处理外，还可以存储全部数据并能打印试验结果。

（2）基本原理

五轮仪固装在试验车车身上，随着汽车的运动而转动。当汽车达到规定车速时，驾驶员踩下制动踏板，套在制动踏板上的脚踏开关同时被闭合，记录仪开始工作。通过记录仪记录从踩下制动踏板到车辆完全停止时五轮仪转过的距离，即为制动距离，记录的时间为制动时间。

（3）五轮仪的使用方法

使用五轮仪时，按要求充电至规定电压；汽车运行至正常热状态；将传感器部分固定在汽车侧面或尾部的车身上，将记录仪放置在驾驶室或车厢内，正面朝上，水平放置，前端对准汽车前进方向并紧靠在固定部位；正确安装脚踏开关，连接好传感器部分和记录仪；按要求进行检查与仪器自校，做好预选准备工作；在符合要求的道路和气候条件下，汽车空载或满载加速行驶，驾驶员根据记录仪的提示，至预选制动初速度时，用力踩下制动踏板直至车辆停止，读取并打印检测结果；重新在同一路段的反方向上进行试验，制动减速度及其他参数取平均值。

（4）五轮仪的特点

用五轮仪检测汽车制动性能，可以测得在规定制动初速度下，从踩下制动踏板到车辆完全停住所经过的制动距离和制动时间。它可以真实反映汽车在实际行驶过程中的动态制动性能，检测制动性能直观、简便；同时可以综合反映出汽车其它系统的结构性能对汽车制动性能的影响。

但这种仪器的缺点是仪器笨重，安装麻烦（甚至无法安装），检测周期长；路试时需要良好的道路条件和气候条件；对驾驶员的操作要求高，初速车速的控制、制动踏板踩下速度和力度等都会对制动距离有影响；紧急制动时轮胎磨损严重，冲击载荷对汽车各部件均有不利影响；不能定量反映各车轮的制动状况及制动力分配，不能为制动系故障诊断提供可靠依据，不易诊断故障发生部位。

2. 制动仪

制动仪多为减速度仪，也称为制动减速度仪。它通过测量制动减速度来检测制动性能。从机械结构方面看，减速度仪有摆锤式和滑块式两种。二者的原理相同，都是牛顿第二定律，一定质量的物体的加（减）速度与所受的力成正比。通过直接或间接测量所受力的大小，就可以计算出物体的减速度。从仪表显示上看，可以通过机械指针直接读数，也可以采用数字显示，还可以将数据记录并打印出来。

下面介绍摆锤式减速度仪，如图5.14所示。

（1）基本结构

制动仪一般由仪器部分和传感器两部分组成，并附带一个脚踏开关。仪器和传感器可制成整体式，装在一个壳体内，也可为分体式，两者用导线相连。

（2）基本原理

当减速仪安装于汽车内，汽车处于静止或匀速运动时，摆锤会保持铅垂位置。若汽车做加速或减速运动，则摆锤会因惯性而偏斜一个角度θ。与摆固定连接的大齿轮以及所啮合的小齿轮都随之转动，小齿轮又带动指针偏转，指针偏转角度即可指示出汽车的减速度值。

若设摆锤质量为 m，所受重力为 G，在匀减速运动时所受惯性力为一恒定值 F，G 与 F 二者沿摆锤运动方向切向分力分别给 G_t 和 F_t，则摆锤将在 G_t 和 F_t 平衡时保持一个固定位置。

根据力的平衡关系，可以得到：

$$G\sin\theta = F\cos\theta \quad (G = m*g, \ F = m*a)$$

$$即：a = g*\tan\theta \qquad (5-1)$$

可见，减速度与摆的偏向角 θ 的正切成正比，所以只要测量出摆的偏斜角，就可以计算出减速度的大小。

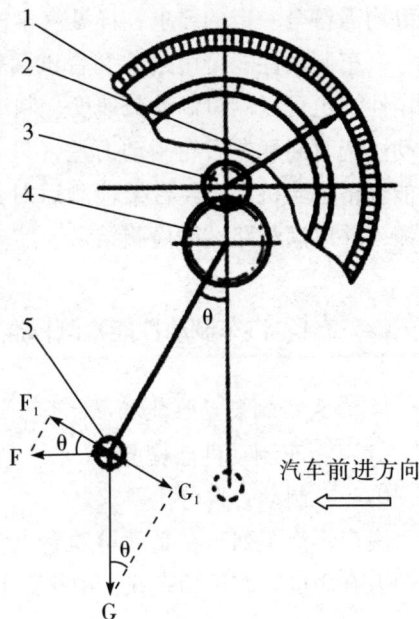

图 5.14　摆锤式减速度仪结构示意图
1. 仪表盘　2. 指针　3. 小齿轮
4. 大齿轮　5. 摆锤

（3）制动仪使用方法

按要求对制动仪充电；汽车运行至正常热状态；将传感器部分固定在汽车侧面或尾部的车身上，将记录仪放置在驾驶室或车厢内，正面朝上，水平放置，前端对准汽车前进方向并紧靠在固定部位；正确安装脚踏开关，连接好传感器部分和记录仪。按要求进行检查与仪器自校，做好预选准备工作；在符合要求的道路和气候条件下，汽车空载或满载加速行驶，驾驶员根据记录仪的提示，至预选制动初速度时，用力踩下制动踏板直至车辆停止；读取并打印检测结果；重新在同一路段的反方向上进行试验，制动减速度及其他参数取平均值；检测结束后，关闭减速度仪电源，拆卸脚踏开关等。

（4）制动仪的特点

仪器小巧轻便，便于携带，不用五轮仪作传感器，并且对制动初速度和路面不平度要求也不高，使用较为方便。根据制动协调时间的长短可以判断制动系的调整情况。制动减速度是一个整车性能参数，不能反映各车轮的制动性能状况。

❀ 5.3　汽车制动性能检测

根据国家标准 GB7258－2012《机动车运行安全技术条件》规定，汽车行车制动系统、应急制动系统、气压制动系统、液压制动系统、储气筒、制动管路和制动报警装置等均需符合一定的要求，详见汽车检测标准相关章节内容。

汽车制动性能可用路试和台试两种方法检测。路试时，可以检测制动距离和制动稳定性，也可以测量制动减速度、制动协调时间和制动稳定性。台试主要检测制动力、制动协调时间和左右轮制动力差，只要其中之一符合标准规定时，即可认为汽车制动性能合格。当机动车经台架检测后对其制动性能有质疑时，可用规定的路试检测进行复测，并以满载路试的检测结果为准。

5.3.1 汽车制动性能检测标准

1. 台式检测制动性能标准

（1）行车制动性能检验

第一，制动力百分比要求。

汽车、汽车列车在制动检验台上测出的制动力应符合表 5.1 的要求，对空载检验制动力有质疑时，可用表 5.1 中规定的满载检验制动力要求进行检验。

表 5.1 台式检测制动力要求

机动车类型	制动力总和与整车重量的百分比		轴制动力与轴荷[a]的百分比	
	空载	满载	前轴	后轴
三轮汽车	≥45		—	≥60[b]
乘用车、总质量不大于3500kg的货车	≥60	≥50	≥60[b]	≥20[b]
其它汽车、汽车列车	≥60	≥50	≥60[b]	
摩托车	—	—	≥60	≥55
轻便摩托车	—	—	≥60	≥50
[a] 用平板制动检验台检验乘用车时应按动态轴荷计算。				
[b] 空载和满载状态下测试均应满足此要求。				

第二，制动力平衡要求。

在制动力增长全过程中同时测得的左右轮制动力差的最大值，与全过程中测得的该轴左右轮最大制动力中大者（当后轴及其它轴，制动力小于该轴轴荷的 60% 时为与该轴轴荷）之比，对新注册车和在用车分别符合表 5.2 的要求。

表 5.2 台试检验制动力平衡要求

	前轴	后轴（及其他轴）	
		轴制动力大于等于该轴轴荷60%时	制动力小于该轴轴荷60%时
新注册车	≤20%	≤24%	≤8%
在用车	≤24%	≤30%	≤10%

第三，制动协调时间要求。

对液压制动的汽车应小于等于 0.35s，对气压制动的汽车应小于等于 0.60s；汽车列车和铰接客车、铰接式无轨电车的制动协调时间应小于等于0.80s。

第四，车轮阻滞力要求。

进行制动力检验时，汽车、汽车列车各车轮的阻滞力均应小于等于轮荷的10%。

台试检验汽车、汽车列车行车制动性能时，检验结果同时满足第一项~第四项的，方为合格。

（2）驻车制动性能检测

当采用制动检验台检验汽车和正三轮摩托车驻车制动装置的制动力时，机动车空载，乘坐一名驾驶人，使用驻车制动装置，驻车制动力的总和应大于等于该车在测试状态下整车重量的20%，但总质量为整备质量1.2倍以下的机动车应大于等于15%。

对机动车台架检验制动性能结果有异议的，在空载状态下按路试复检。对空载状态复检结果有异议的，以满载路试复检结果为准。

2. 路试检验制动性能标准

机动车行车制动性能和应急制动性能检验应在平坦、硬实、清洁、干燥且轮胎与地面间的附着系数不小于0.7的水泥或沥青路面上进行。检验时，发动机应与传动系统脱开。

（1）行车制动性能检验

第一，制动距离检验行车制动性能。

机动车在规定的初速度下的制动距离和制动稳定性要求应符合表5.3规定。对空载检验的制动距离有质疑时，可用表5.3规定的满载检验制动距离要求进行。

表5.3 制动距离和制动稳定性要求

机动车类型	制动初速度 km/h	空载检验制动距离要求 M	满载检验制动距离要求 M	试验通道宽度 m
乘用车	50	≤19.0	≤20.0	2.5
总质量不大于3500kg的低速货车	30	≤8.0	≤9.0	2.5
其他总质量不大于3500kg的汽车	50	≤21.0	≤22.0	2.5
铰接客车、铰接式无轨电车、汽车列车	30	≤9.5	≤10.5	3.0
其他汽车	30	≤9.0	≤10.0	3.0

第二，用充分发出的平均减速度检验行车制动性能。

汽车、汽车列车在规定的初速度下急踩制动时充分发出的平均减速度及制动稳定性要求应符合表5.4的规定，且制动协调时间对液压制动的汽车应小于等于0.35s，对气压制动的汽车应小于等于0.60s，对汽车列车、铰接客车和铰接式无轨电车应小于等于0.80s。对空载检验的充分发出的平均减速度有质疑时，可用表5.4规定的满载检验充分发出的平均减速度进行。

汽车、汽车列车在符合规定的制动踏板力或制动气压下的路试行车制动性能若符合第一项或第二项，即为合格。

表 5.4　制动减速度和制动稳定性要求

机动车类型	制动初速度 km/h	空载检验充分发出的平均减速度 m/s²	满载检验充分发出的平均减速度 m/s²	试验通道宽度 m
乘用车	50	≥6.2	≥5.9	2.5
总质量不大于3500kg 的低速货车	30	≥5.6	≥5.2	2.5
其他总质量不大于3500kg 的汽车	50	≥5.8	≥5.4	2.5
铰接客车、铰接式无轨电车、汽车列车	30	≥5.0	≥4.5	3.0
其他汽车	30	≥5.4	≥5.0	3.0

（2）应急制动性能检验

汽车（三轮汽车除外）在空载和满载状态下，按表 5.5 所列初速度进行应急制动性能检验，应急制动性能应符合表 5.5 的要求。

表 5.5　应急制动性能要求

机动车类型	制动初速度 km/h	制动距离 m	充分发出的平均减速度 m/s²	允许操纵力不应大于 N 手操纵	允许操纵力不应大于 N 脚操纵
乘用车	50	≤38.0	≥2.9	400	500
客车	30	≤18.0	≥2.5	600	700
其它汽车（三轮汽车除外）	30	≤20.0	≥2.2	600	700

（3）驻车制动性能检验

在空载状态下，驻车制动装置应能保证机动车在坡度为 20%（对总质量为整备质量的 1.2 倍以下的机动车为 15%）、轮胎与路面间的附着系数不小于 0.7 的坡道上正、反两个方向保持固定不动，时间应大于等于 5min。

5.3.2　汽车制动性能检测

1. 台试法

（1）准备工作

①核实汽车各轴负载，确保轴负载在试验台允许负载范围之内；②检查轮胎气压是否正常，不足的应充至规定值；③检查轮胎是否沾有泥、水、油污等物，如有，应清除干净；④检查电缆线的连接是否可靠，有无破损和接触不良现象；⑤检查滚筒上是否有泥、水、油污及石子等物，如有，应清除干净；⑥检查举升器动作是否灵活，如有阻滞或漏气，应进行检修，且举升器是否在升起位置，否则应使举升器升起到位；⑦将制动试验台指示与控制装置上的电源开关打开，检查各指示灯工作是否正常，并按使用说明书的要求预热至规定时间。

（2）检测流程

正常情况下，工位机登陆以后将自动运行检测程序，进入系统主界面。一般全自

154

动的时候不需要进行人工干预,如果需要手动进行测试,可在工位机上双击图标来启动检测程序,进入启动登录界面,如图 5.15 所示。

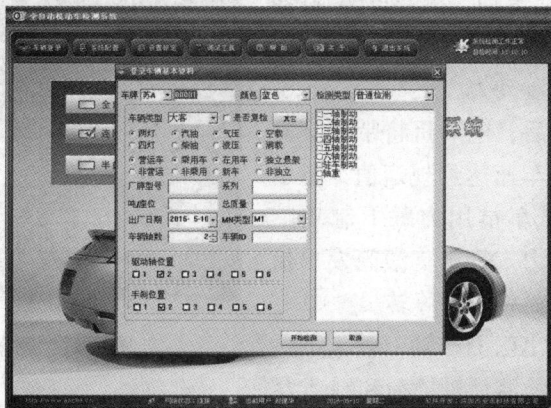

图 5.15　制动登录界面

登录车辆相关信息后,可进入制动性性测量项目选择界面。本模块可检测项目有:轴荷及整备质量变化率、车轮阻滞力、行车制动力及制动力平衡、车轮阻滞力、制动协调时间等。

根据需要选择对应的检测项目后,其检测参数将可以进行设置。设置完所有参数以后,单击"开始检测"按扭,程序将依次进入对应的检测项目。所有可检测的项目将被激活,默认情况下不可操作的项目用灰色显示。

汽车制动性能全自动检测的顺序依次为轴重及整备质量变化率检测、车轮阻滞力检测、行车制动力检测、驻车制动力检测。

升起制动试验台举升器;汽车应尽可能沿垂直于滚筒的方向驶入制动试验台;先前轴,再后轴,使车轮处于两滚筒之间;汽车停稳后变速杆置于空档位置,行车制动器和驻车制动器处于完全放松状态;降下举升器,至举升器平板与轮胎完全脱离为止。

第一,测量轴荷

当车轮准确的停在制动台两个滚筒之间后,系统会提示停止,并开始自动测量汽车车轴的轴重,如图 5.16 所示。

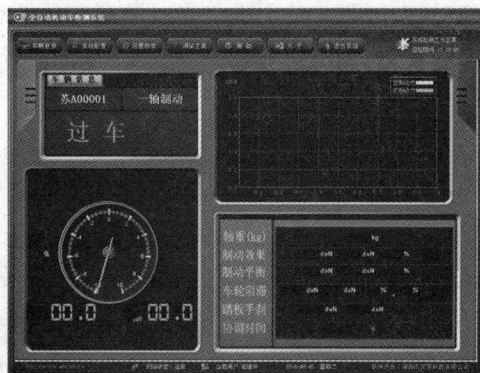

图 5.16　汽车轴重测量

第二，测量车轮阻滞力

测完轴重后，系统自动起动电动机。此时，滚筒将带动车轮转动，测出车轮阻滞力，如图5.17所示。

第三，测量行车制动力

车轮阻滞力测量后，电动机将带动滚筒及车轮加速。当汽车车速达到规定值，指示牌发出指令，提示试车员用力踩下制动踏板，开始检测轴制动力。等第三滚筒发出信号后，制动试验台滚筒将自动停转。

升起举升器，驶出已测车轴，驶入下一车轴。按上述方法，检测后轴轴荷和制动力。

图5.17 测车轮阻滞力

第四，测量驻车制动力

当与驻车制动器相关的车轴在制动试验台上时，检测完行车制动性能后，应重新起动电动机。在行车制动器完全放松的情况下，根据指示牌指令，用力拉紧驻车制动器操纵杆，检测驻车制动性能。

所有车轴的行车制动性能及驻车制动性能检测完毕后，升起举升器，汽车驶出制动试验台。

读取与打印检测结果。此时，轴重、车轮阻滞力、左右轮制动力、制动协调时间等将显示出来，如图5.18所示。

切断制动试验台电气源，设备罩好防尘罩。

（3）注意事项

①汽车进入试验台时，沿引车线平稳驶入，尽可能使车轴与滚筒保持平行。②在接通电源：汽车到位后，一定要在举升器与车轮完全脱离后，方可进行测试。③汽车在检

图5.18 制动测量结果

验台检测进行检测时，绝对禁止升起举升器。④当被测车轴为前轴时，一定要用方向盘准确地保持汽车处于直驶状态。⑤被测汽车的轴荷不应超过检验台的允许载荷。

2. 路试法

（1）准备工作

①若五轮仪自备电源，使用前需按使用说明书要求充电至规定电压；②汽车运行至正常热状态；③将传感器部分固定在汽车侧面或尾部的车身上，以不影响轮子左右摆动为准，并将轮子充气至适当程度；④将记录仪放置在驾驶室或车厢内，正面朝上，水平放置，前端对准汽车前进方向并紧靠在固定部位，以防制动时撞坏；⑤用信号线把轮子上的传感器与记录仪连接起来。脚踏开关一端通过导线插接在记录仪上，另一端套在制动踏板上。

（2）检测流程

①打开记录仪电源开关，按说明书要求进行检查与自校。若有预热要求，预热至规定值；②进入初始化程序，按照说明书要求置入第五轮修正系数；③制动性能检测前，须将与制动相关的旋钮、开关或键打到规定位置，并预选制动初速度；④制动性能检测时，按国家有关标准规定，在符合要求的道路和气候条件下，汽车空载或满载加速行驶，驾驶员根据记录仪的提示，至预选制动初速度时，用力踩下制动踏板直至车辆停止；⑤读取并打印检测结果；⑥按记录仪"复位"键，仪器复原，看重新进行制动试验；⑦制动性能检测应在同一路段的正反两个方向上进行，制动减速度及其他参数取平均值；⑧路试结束后，关闭记录仪并拆除设备。

（3）注意事项

①路试法只能测出整车制动性能，而对于各轮制动性能差异无法获得定量数据。②对于制动性能不合格的车辆，不易诊断故障发生的具体部位。③制动性能的测试受驾驶员操作方法、路面状况和交通情况而异，重复性差，且存在较大的交通安全隐患。

5.3.3　检测结果分析

1. 制动不合格原因分析

汽车制动性能检测不合格常见问题为制动不灵、制动拖滞、制动跑偏等。产生制动性能不合格的原因有很多，主要为以下几个方面问题。

（1）车辆本身问题

①汽车制动性能方面原因：制动性能不佳的原因很多，如制动蹄片与制动鼓间隙大，制动蹄片回位弹簧过软，蹄片在支销上卡滞，制动管路脏，制动液粘度大，破裂、总泵有故障，无自由行程，制动蹄片铆钉外露，制动蹄片与接触面相大，蹄片支销偏心，套磨损不一致，轮胎气压、磨损不一致等。

②其他方面原因：如：车架（身）变形，悬架系统变形等。

（2）检测设备方面原因

检测设备性能的好坏，直接影响车辆的检测结果。由于设备在工作的过程中，各种性能都会发生改变，设备一定要保持处于良好的运行状态。

（3）环境因素影响

如：雨雪天，将导致轮胎与制动台的摩磨擦系数下降。

（4）人为因素影响

在检测的过程中，人员的操作、工作态度等，都会对检测结果造成影响。

2. 故障诊断

（1）制动不灵

故障表现：汽车行驶中制动时，制动减速度小；紧急制动时，制动距离过长；严重时，汽车将失去制动性能，造成制动失效。

故障原因：制动主缸、制动轮缸、管路或管接头泄漏；制动主缸储液室制动液不足或变质；制动管路中有空气；制动主缸、制动轮缸的皮碗、活塞、缸壁磨损过甚；

制动主缸进油孔、补偿孔、储液室通气孔堵塞或活塞前贯通小孔堵塞；制动主缸出油阀、回油阀不密封或活塞回位弹簧预紧力太小；制动主缸或制动轮缸皮碗老化、发粘、发胀；油管凹瘪、软管老化、发胀、内孔不通畅或管路内壁积垢太厚；增压器、助力器性能不佳或失效；制动器踏板自由行程过大；制动蹄摩擦片与制动鼓（盘）的接触面积太小、摩擦片质量欠佳或使用中表面硬化、烧焦、油污及铆钉头外露；制动间隙调整不当；制动鼓磨损过甚或制动时变形严重。

汽车制动不灵的故障诊断流程如下图 5.19 所示。

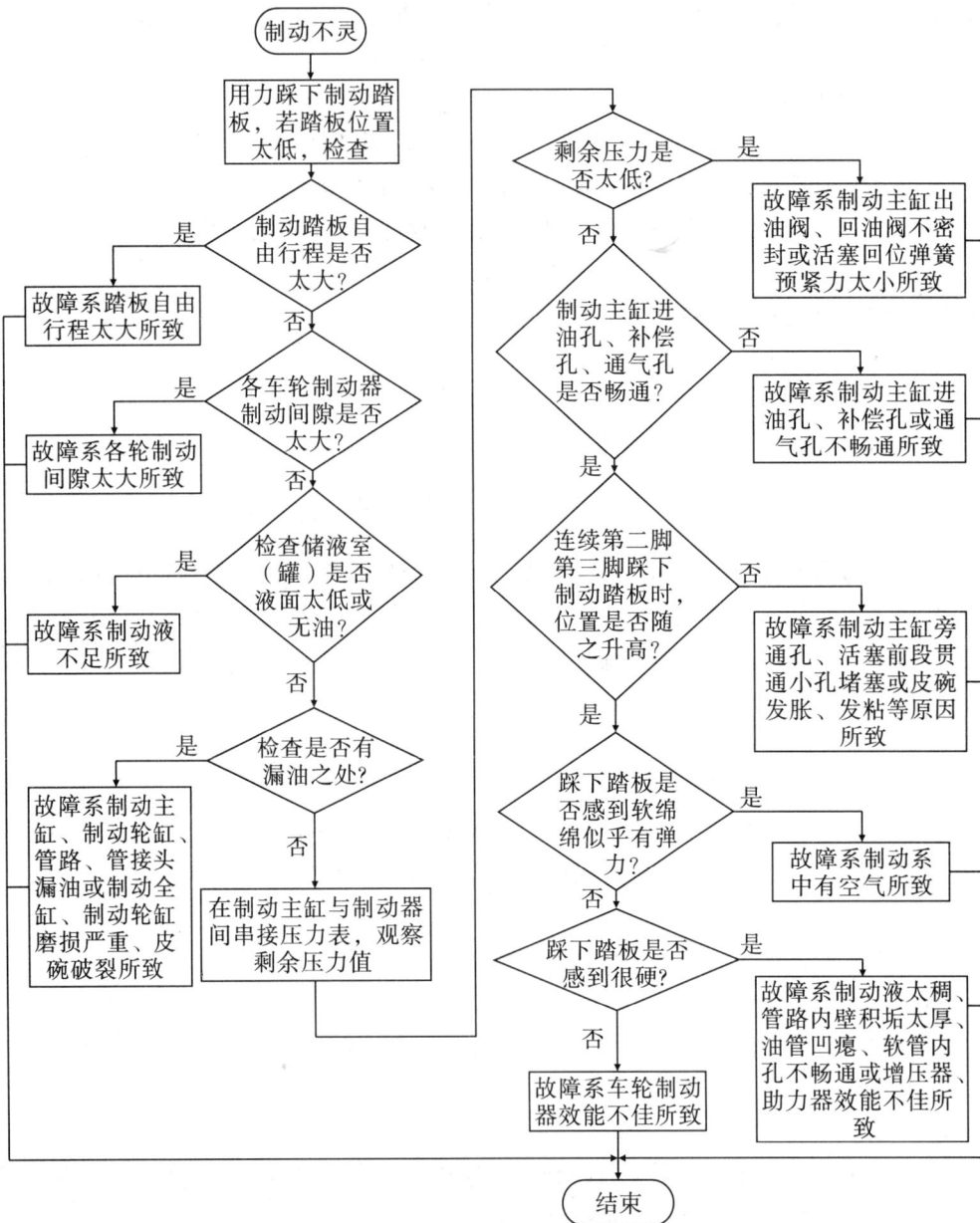

图 5.19　制动不灵诊断流程图

（2）制动拖滞

故障表现：汽车在行车制动中，当抬起制动踏板后，全部或个别车轮的制动作用不能完全立即解除，以致影响汽车重新起步、加速行驶或滑行。

故障原因：制动踏板无自由行程，踏板回位弹簧脱落、拉断或拉力不足或踏板轴锈蚀、卡住而回位困难；制动主缸皮碗发胀、发粘或活塞回位弹簧折断、预紧力太小；制动主缸补偿孔被污染物堵塞；制动轮缸皮碗发胀、发粘或活塞移动不灵活；制动蹄回位弹簧脱落、拉断、拉力太小，制动蹄在支承销上不能自由制动或制动间隙调整的太小；制动油管凹瘪、堵塞或制动液太脏、太稠造成回油困难；轮毂轴承松旷；不制动时，增压器辅助缸活塞中心孔打不开。

汽车制动拖滞的故障诊断流程如图 5.20 所示。

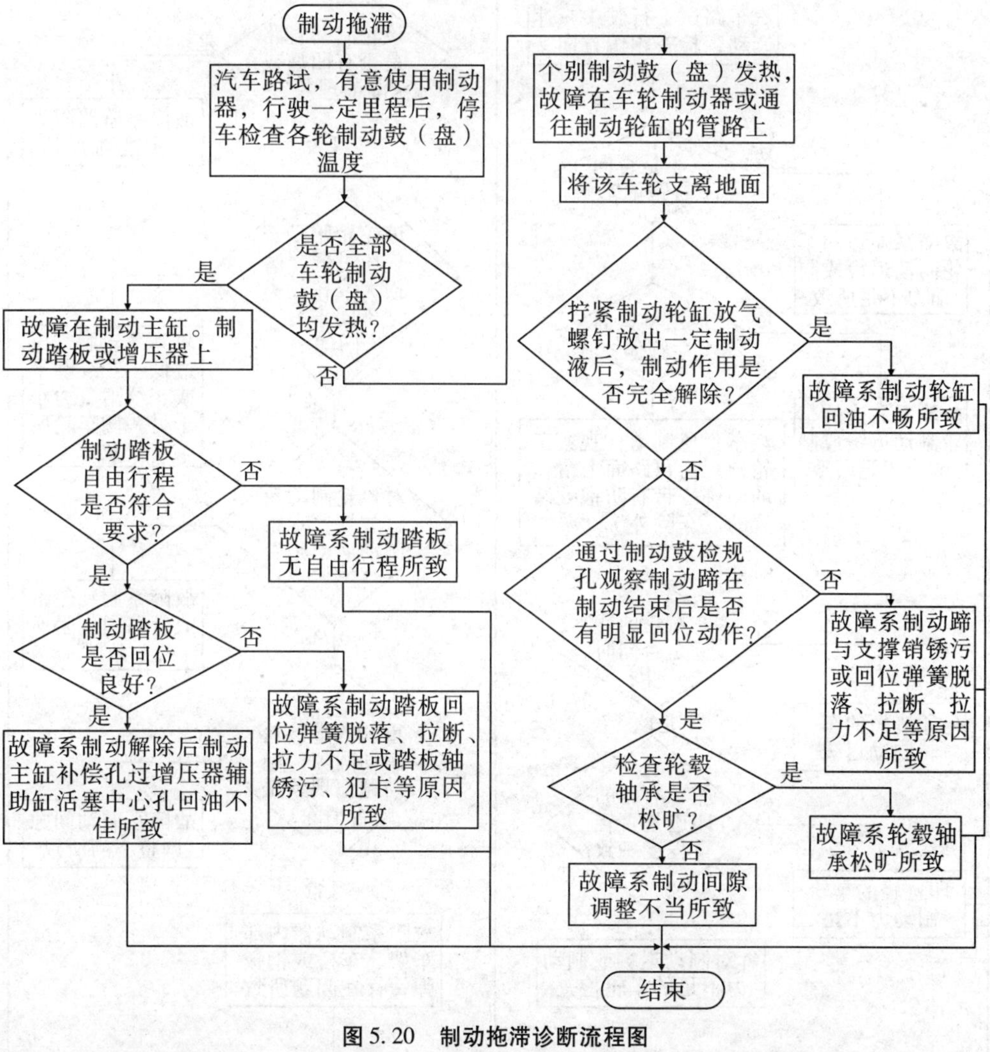

图 5.20　制动拖滞诊断流程图

（3）制动跑偏

故障表现：汽车制动时，车辆行驶方向发生偏斜；紧急制动时，车辆出现扎头或甩尾现象。

故障原因：左、右轮制动蹄摩擦片材料不一、新旧程度不一或质量不一；左、右轮制动蹄摩擦片与制动鼓（盘）的接触面积不一或制动间隙不一；左、右轮制动蹄回位弹簧拉力不一；左、右轮轮胎气压不一、直径不一、花纹不一或花纹深度不一；左、右轮制动鼓（盘）的厚度、新旧程度或工作面的表面粗糙度不一；单边制动管路凹瘪、阻塞、漏油或有空气；单边制动蹄与支承销配合紧或锈污；单边制动轮缸活塞与缸壁磨损过甚或皮碗老化、发胀、发粘；车架水平平面弯曲变形、前轴与车架不垂直、前后轴不平行或两边钢板弹簧刚度不等。

汽车制动跑偏的故障诊断流程如图 5.21 所示。

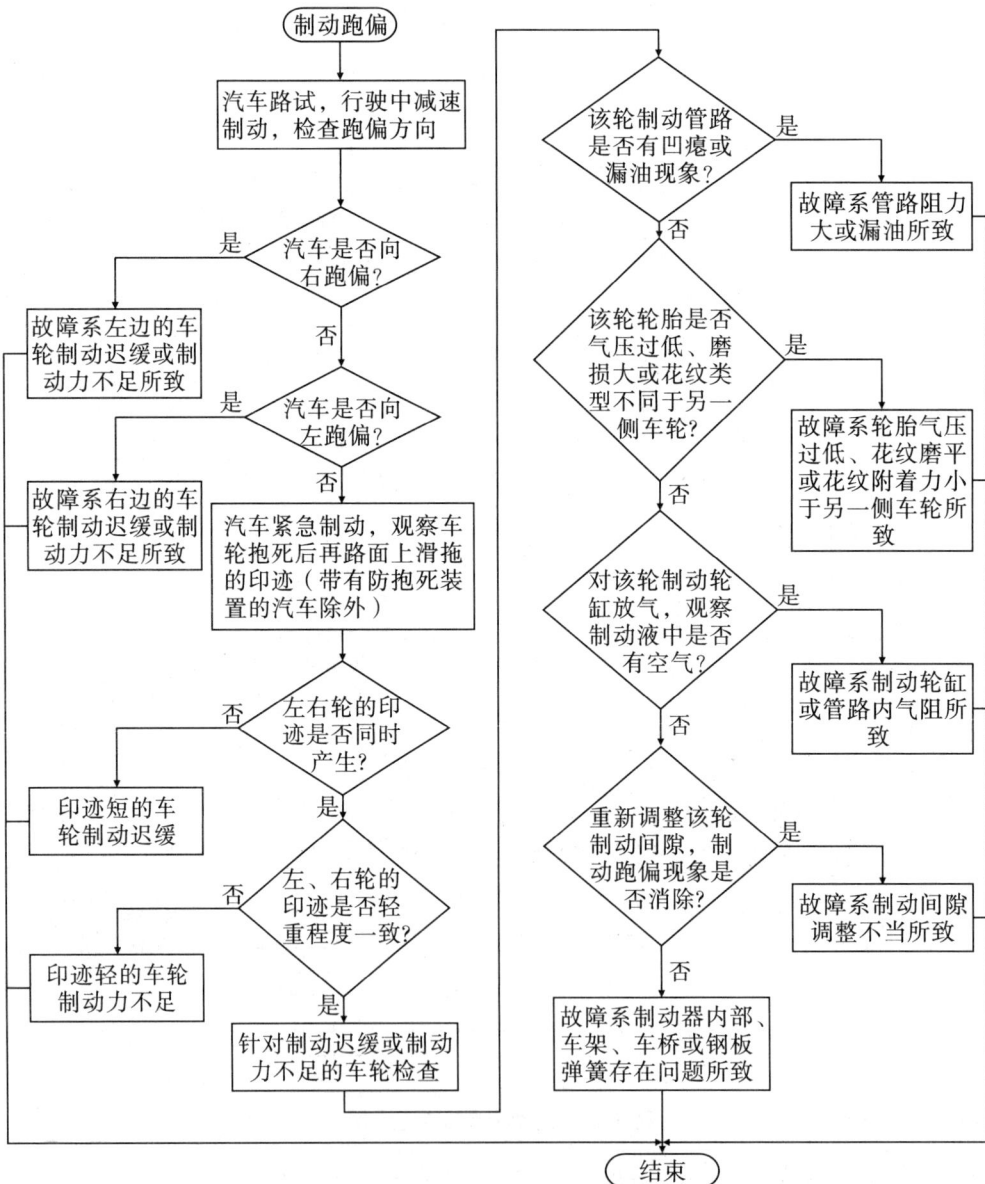

图 5.21　制动跑偏故障诊断流程图

复习思考题

1. 汽车制动性能评价指标有哪些？

2. 汽车制动性能检测方法有哪些？

3. 简述汽车制动试验台的组成与工作原理？

4. 若同一辆汽车分别用滚筒与平板式制动试验台测量制动性能，结果不一致，怎么处理？原因分析？

5. 对于交通事故中的汽车，其制动性能检测该如何进行？

6. 汽车制动性能不合格的原因有哪些？

7. 汽车制动不灵的原因有哪些？

8. 汽车制动拖滞的原因有哪些？

9. 汽车制动跑偏的原因有哪些？

第六章

前照灯性能/喇叭声级/转向轮侧滑检测

【导读】本章围绕着汽车综合性能检测线的第三工位，讲述了 ACCH－10 型侧滑试验台的结构与工作原理、QDC－1C 前照灯检测仪结构与工作原理、HY104 数字式声级计结构与工作原理；阐述了汽车侧滑检测、灯光检测与噪声检测方法，并对检测结果进行了故障诊断与分析。

      侧滑是指由于前束与车轮外倾角配合不当，造成汽车在行驶过程中，车轮与地面间产生一种相互作用力。这种作用力垂直于汽车行驶方向，使轮胎处于边滚边滑的状态，它使汽车的操纵稳定性变差，引起汽车行驶方向不稳、转向沉重、轮胎磨损加剧、燃油消耗增加等诸多问题，极易导致交通事故的发生。所以在汽车的定期检验中，侧滑检测是必不可少的检验项目之一。

      汽车侧滑与车轮的定位参数息息相关。车轮定位，主要是指转向轮定位（前轮）和非转向轮（后轮）定位。前轮定位包括前轮外倾、前轮前束、主销后倾、主销内倾，它是评价汽车前轮直线行驶稳定性、操纵稳定性、前轴和转向系技术状况的重要诊断参数。后轮定位主要有后轮外倾和后轮前束，可用于评价后轮直线行驶稳定性和后轴的技术状况。

      对汽车车轮定位的检测，主要有静态检测法和动态检测法两种。静态检测法是指在汽车静止的状态下，根据车轮旋转平面与各车轮定位间存在的直接或间接几何关系，用四轮定位仪等专用设备对车轮定位进行几何角度的测量；动态检测法是指在汽车以规定车速行驶的情况下，用侧滑试验台等检测设备检测车轮定位产生的侧向力或由此引起的车辆侧滑量。

6.1 ACCH－10 型侧滑试验台

      侧滑量是指汽车在没有外加转向力的条件下，以较低车速（3～5km/h）直线行驶通过试验台时，滑板的横向位移量与滑板的纵向有效测量长度之比值，单位为 m/km。

汽车侧滑试验台是用来测量汽车车轮侧滑量并判断是否合格的一种检测设备。它可测量转向轮的侧滑，反映出转向轮外倾和前束的匹配情况。若二者配合恰到好处时，汽车前轮将保持稳定的直线行驶状态。侧滑试验台除了可以测量转向轮侧滑量外，对于有些汽车的后轮（具有前束和外倾）也可以进行侧滑量检测。然而，相当一部分汽车的后轮是没有车轮定位的，检测这部分汽车后轮侧滑量时，反映的是汽车后轴的技术状况（如后轴是否弯曲变形和轮毂轴承是否松旷等）。

侧滑试验台有滑板式和滚筒式之分，滑板式侧滑试验台在我国应用较为广泛。滑板式侧滑检验台按滑动板数量的不同，可分为单板式和双板式两种。双板式按左右板动作情况又可分为联动式和分动式两种；按载荷的不同，分为3t级、10t级和15t级；按滑动板尺寸的不同，分为宽板式和窄板式。

单板式结构简单，成本低，一般为便携式，主要在流动检测车上及安全检测站使用。检验时，汽车只有一侧车轮从试验台上通过，检测数据的重复性很差，影响随机误差的因素很多。双板式有左右两块侧滑板，检验时，汽车左、右两车轮同时从侧滑板上通过。

汽车综合性能检测线的第三工位配备了 ACCH – 10 型侧滑试验台，它是深圳市安车检测技术有限公司生产的双板联动式侧滑试验台，主要用来测量汽车转向轮侧滑量。它具有结构紧凑，易于操作、方便使用等优点，其滑板上表面进行粘砂处理，提高了滑板表面的平整度和附着系数，使其检测更具准确性。

6.1.1 侧滑试验台结构

ACCH – 10 型双板联动式侧滑试验台结构如图 6.1 所示。它由机械部分、测量装置、指示装置和报警装置等组成。

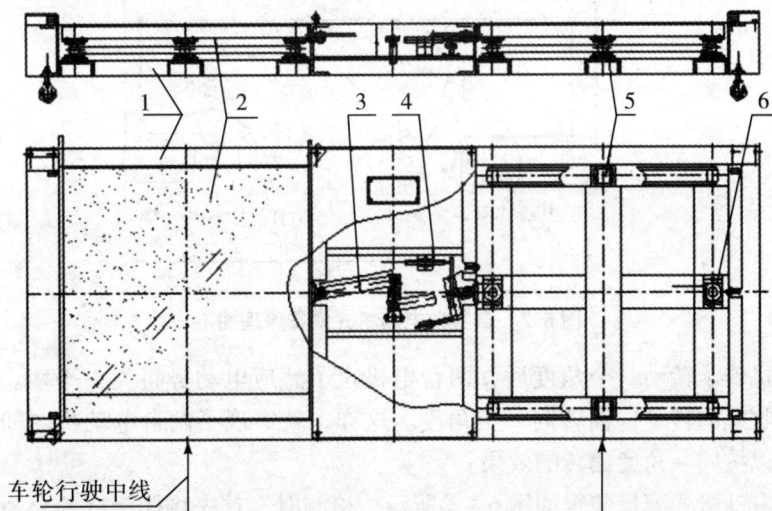

车轮行驶中线

图 6.1 侧滑试验台结构简图

1. 机架 2. 滑板 3. 杠杆联动机构 4. 位移传感器 5. 滚柱 6. 导向机构

1. 机械部分

ACCH－10型双板联动式侧滑检验台的机械部分包括机架、左右滑板、杠杆联动机构、位移传感器、滚柱、导向装置和回位机构、锁止机构等。

两块滑板通过滚柱支承在机架的导轨面上，滑板纵向受导向装置约束，只能沿横向水平滑动。两块滑板间由同步连杆与摆杆机构相联，使滑板只能同时向内或向外同步横向运动，滑板横向水平移动的量通过位移传感器采集。滑动板台面尺寸为1000X1000mm，板上面制有"T"形纹或"十"形纹，以增加与轮胎之间的附着力。

回位机构主要为回位弹簧，它起到自动复位的作用，使滑板在不受力时能够保持中间位置（零位）。

锁止机构用于非检测情况下滑板的锁止，防止机构的非正常损坏。

2. 测量装置

按滑动板位移量传递给指示装置的方式不同，测量装置可分为机械式和电测式两种。机械式测量装置的测量结果只能在机构附近显示，不便于远距离传输，近年来应用较少。

电测式测量装置是把滑动板的位移量通过位移传感器变成电信号，再经过放大与处理而传输给指示装置的一种结构形式，可以借助于导线，将测量结果长距离传输，或与计算机接通，处理十分方便。

电测式的位移传感器有自整角电动机式、电位计式和差动变压器式等多种形式。ACCH－10型侧滑检验台的测量装置采用了自整角电动机式位移传感器。

（1）自整角电动机式

自整角电动机式测量原理如图6.2所示。自整角电动机由发送机和接收机组成，每个电机都有A、B、C三相定子绕组和一个转子励磁绕组F。两个电动机的三相定子绕组对应连接，两个转子励磁绕组F_1和F_2同时接到220v交流电源上。

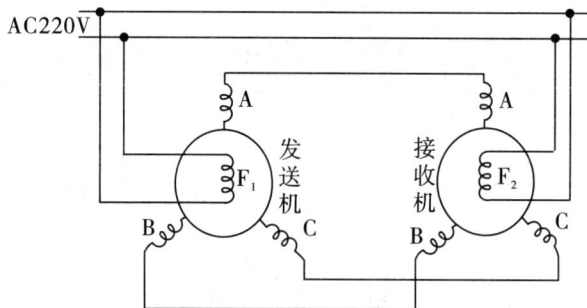

图6.2 自整角电动机式测量原理图

当发送机转子转动一个角度后，两台电机定子感应电动势将失去平衡。因电磁感应关系使接收机的转子也偏转同一个角度。这样，就实现了两台电动机之间没有机械连接但却可以按同一角度偏转的效果。

自整角电动机式测量装置如图6－3所示。检测时，首先将侧滑试验台滑板的横向移动通过杠杆联动机构传递给齿条10、齿轮11，把直线运动变为旋转运动，再将这种旋转运动传递给自整角电动机的发送机7。接收机9装在指示仪表内，它跟随发送机7

偏转，带动仪表指针8转动，从而仪表指针的偏转角度与侧滑板的位移量成正比。

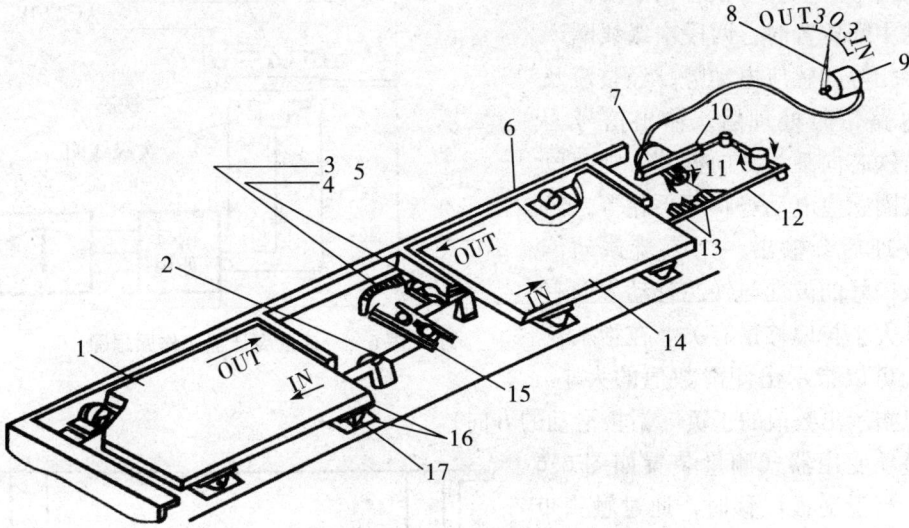

图6.3 侧滑检验台自整角电动机式测量装置

1. 左滑动板 2. 导向滚轮 3. 回位弹簧 4. 摇臂 5. 回位装置 6. 框架 7. 产生电信号的自整角电动机
8. 指针 9. 接受电信号的自整角电动机 10. 齿条 11. 齿轮 12. 连杆 13. 限位开关 14. 右滑动板
15. 双销叉式曲柄 16. 轨道 17. 滚轮

（2）电位计式

电位计式测量装置如图6.4所示。当滑动板位移时，将其变为电位计触点在电阻线圈上的移动，致使电路阻值发生变化，进而使电路电压发生变化。把这一变化传输给指示装置（电压表），可以将滑动板位移量的大小和方向指示出来。

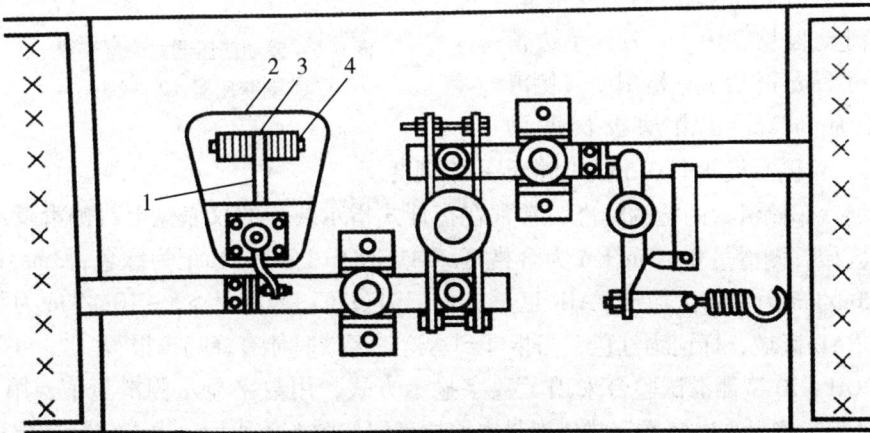

图6.4 电位计式测量装置

1. 滑动片 2. 电位计 3. 触点 4. 线圈

（3）差动变压器式

差动变压器式测量原理如图6.5所示。差动变压器有一个可以随着滑板一起移动的铁芯，该铁芯插在初级线圈与次级线圈之间，可轴向移动。当初级线圈内通有交流电时,在两段次级线圈中均有感应交流电压信号产生。若铁芯处于两次级线圈的中间位置时,两段次级线圈产生大小相等的感应电动势,经整流及差动电路信号处理后,输出信号为零。若铁芯向某一方向偏移,则两段次级线圈感应电动势将不再相等,经电路处理后会输出一个直流差动信号,该信号的极性与铁芯移动方向有关,其大小与偏移量有关。在指示仪表中既可以指示出侧滑数值的大小,还可以指示出数值的正负(滑板滑动的方向)。

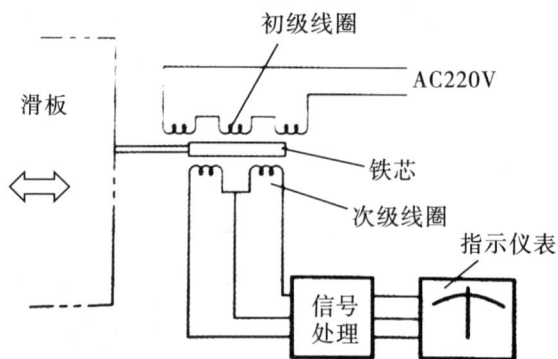

图 6.5　差动变压器工作原理图

差动变压器式测量装置如图 6.6 所示。当滑动板位移时,通过触头带动差动变压器线圈内的铁芯移动,改变了磁通量,使电路电压发生变化。将这一变化传输给指示装置,即可将滑动板位移量的大小和方向指示出来。

3. 指示装置

常用的指示装置有指针式和数字显示两种。指针式仪表是把从测量装置传递来的滑动板位移量,按汽车每行驶 1km 侧滑 1m 定为一格刻度指示。因此,滑动板长度为 1m 时,单边滑动板侧滑 1mm 时指示一格刻度(侧滑量单位为 m/km);滑动板长度为

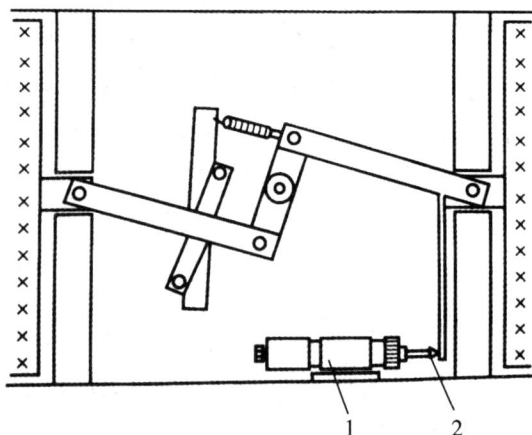

图 6.6　差动变压器式测量装置
1. 差动变压器　2. 触头

0.5m 时,单侧滑板侧滑 0.5mm 时指示一格刻度。

遵循汽车侧滑台的检测标准,常常在指针式指示装置的仪表盘上将侧滑量示值分为三个区域:侧滑量 0～3m/km 为合格区域或 GOOD 区域,标记为绿色;3m/km＜侧滑量≤5m/km 为警示区域或 FAIR 区域,标记为黄色;侧滑量＞5～10m/km 为不合格区域或 BAD 区域,标记为红色,当指针到达这一区域时伴有蜂鸣声报警。

ACCH -10 型侧滑试验台采用了数字显示方式,用数字显示侧滑量值,用 " + " " - "号表示侧滑方向。数字式侧滑量电路原理图如图 6.7 所示,由电位计式位移传感器 W1 输出滑动板位移的电压量,再由运算放大器 OP 将传感器输出的电压量放大到模数转换器 A/D 能够满量程转换的电压值。电位计 W2 上提供相对零点参考电压 UR = 2.5V,当滑板无位移时,放大器 OP 输出 2.5V,当两滑板分离时,OP 输出的电压小于 2.5V,在滑板到达极限位置时,OP 输出为 0V;反之,当两滑板合拢时,OP 输出大于 2.5V,待滑板位于极限位置时,OP 输出为 5V。这样,确保 A/D 转换器的模拟量输入

电压始终在 $0 \sim 5V$ 内变化。A/D 转换器将输入的侧滑模拟电压量转换成数字量，并送入单片机 8081 进行运算处理，单片机根据预先固化在用户程序存贮器内的测试程序运算测量结果，判别侧滑方向，定性判断合格与否，输出测试结果和判定结果。

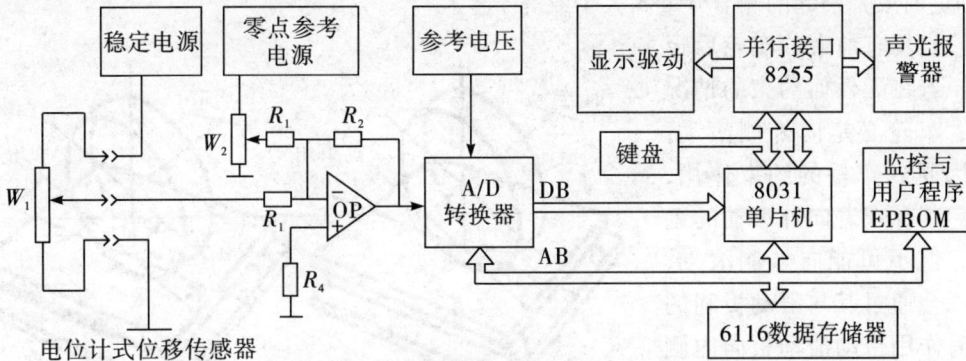

图 6.7　数字式侧滑台测量电路原理图

4. 报警装置

在检测侧滑量时，为了便于快速显示检测结果是否合格，当侧滑量超过规定值（正负 5 格刻度）时，侧滑量定性显示装置用蜂鸣器、信号灯以声、光信号报警，引起检测人员的注意。

6.1.2　侧滑试验台工作原理

1. 滑动板仅受到车轮外倾角的作用

以右前轮为例，当只存在车轮外倾角时（即前束为零），具有外倾角的车轮，其中心线的延长线必定与地面在一定距离处有一个交点，此时的车轮相当于一个圆锥体的一部分，如图 6.8 所示。具有外倾角的车轮在滑动板上滚动时，车轮有向外侧滚动的趋势，由于受到车桥的约束，车轮不可能向外移动，从而通过车轮与滑动板间的附着作用带动滑动板向内运动，运动方向如图所示。此时滑板向内移动的位移量记为 S_a（即由外倾角所引起的侧滑分量）。按照约定，具有外倾角的车轮，由于其类似于滚锥的运动情况，因而无论其向前还是后退时引起的侧滑分量均为正；反之，具有内倾角的车轮引起的侧滑分量为负。

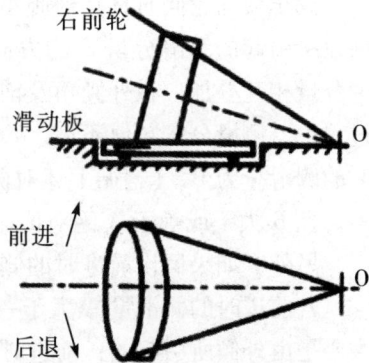

图 6.8　具有车轮外倾角的车轮在滑动板上滚动的情况

2. 滑动板仅受到车轮前束的作用

当车轮只存在前束角，而外倾角为零时。具有前束的车轮在前进时，由于车轮有向内滚动的趋势，但因受到车桥的约束作用，实际前进驶过侧滑台时，车轮不可能向内侧滚动，从而会通过车轮与滑动板间的附着作用带动滑动板向外侧运动。此时，车轮在滑动板上做纯滚动，滑动板相对于地面有侧向移动，其运动方向如图 6.9 所示。此时测得的滑动板的横向位移量记为 S_t（即由前束所引起的侧滑分量）。遵照约定，前进时，由车轮前束引起的侧滑分量 S_t 小于或等于零。反之，汽车前进时，由车轮前张（即负前束）引起的侧滑分量 S_t 大于或等于零。

当具有前束的车轮后退时，若在无任何约束的情况下，车轮必定向外侧滚动，但因受到车桥的约束作用，虽然其存在着向外滚动的趋势，但不可能向外侧滚动，从而会通过其与滑动板间的附着作用带动滑动板向内侧移动，其运动方向如图 6.9 所示。此时测得滑动板向内的位移量记为 S_t，遵照约

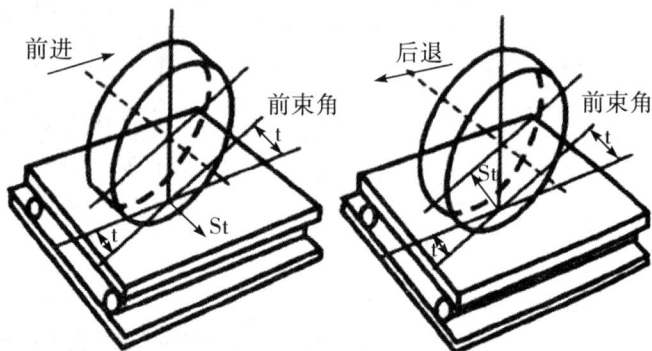

图 6.9　具有前束角的车轮在滑动板上的运动动情况

定，仅具有前束角的车轮在后退时，通过侧滑台所引起的侧滑分量 S_t 大于或等于零。反之，仅具有前张角的车轮在后退时，通过侧滑台所引起的侧滑分量 S_t 小于或等于零。

综上所述，对仅具有前束的车轮，在前进时驶过侧滑台时所引起的侧滑分量为负值，在后退时驶过侧滑台所引起的侧滑分量为正值。反之，仅具有前张的车轮，在前进时驶过侧滑台时所引起的侧滑分量为正值，在后退时驶过侧滑台所引起的侧滑分量为负值。

3. 滑动板受到车轮外倾角和车轮前束角的同时作用

汽车转向轮同时具有外倾角和前束角，在前进时由外倾所引起的侧滑分量 S_a 与由前束所引起的侧滑分量 S_t 的方向相反，因而两者相互抵消。在后退时两者方向相同，两分量相互叠加。在外倾角及前束值不大的情况下，可以认为 S_a 和 S_t 在前进和后退的过程中，侧滑分量数值不变。设车轮在前进时通过侧滑台所产生的侧滑量为 A，后退时的侧滑量为 B，（遵循上述对侧滑量的符号约定）则可得到下述结论：B 大于或等于零，且 B 大于或等于 A 绝对值。

另外，如果假设前进时的侧滑量就是 S_a 与 S_t 简单叠加关系，还可以得出以下结论：

若前进时的侧滑量 A 大于一定的正数，后退时的侧滑量 B 大于另一正数，则侧滑主要是由外倾所引起的；前进时的侧滑量 A 小于一定的负数，后退时的侧滑量 B 大于某一正数，则侧滑主要由前束所引起；外倾角引起的侧滑量 $S_a = (A + B)/2$，前束所引起的侧滑量 $S_t = (A - B)/2$。

汽车前束就是为了消除具有外倾角的车轮类似于滚锥运动所带来的不良后果而设计的。

▼ 6.1.3　ACCH - 10 型侧滑试验台的主要参数

测量范围：$-10.0 \sim +10.0\text{m/km}$

分辨率：0.1m/km

滑板同步误差：<0.1mm

示值误差：零点示值误差≤±0.2m/km；

最大示值误差≤±0.2m/km；

重复性示值误差≤±0.2m/km。

滑板动作力：滑板从零位移动至0.1m/km时所需作用力：

窄滑板侧滑台小于40N；

宽滑板侧滑台小于60N。

滑板移动至侧滑量为5m/km时所需作用力：

窄滑板侧滑台小于80N；

宽滑板侧滑台小于120N。

6.1.4 测量项目

1. 转向轮侧滑量；
2. 汽车后轴技术状况。

6.2 汽车侧滑检测

6.2.1 汽车侧滑量检测标准

根据国家标准 GB 7258《机动车安全运行安全技术条件》和国家标准 GB 18565《营运车辆综合性能要求和检验方法》的规定：

1. 转向轮的横向侧滑量

汽车（三轮汽车除外）的车轮定位应符合该车有关技术条件，车轮定位值应在产品使用说明书中标明。

（1）对前轴采用非独立悬架的汽车，其转向轮的横向侧滑量，用侧滑试验台检验时侧滑量值应在±5m/km之间

（2）前轴采用独立悬架的汽车，可以前轮定位参数值符合原厂规定的该车有关技术条件为合格

2. 车轮定位值

（1）车辆的前轮定位值应符合该车有关技术条件的规定

（2）凡后轮有定位技术参数的汽车，后轮定位值应符合该车有关技术条件的规定

6.2.2 侧滑检验台的使用方法

1. 准备工作

①核实汽车各轴负载，确保轴负载在试验台允许负载范围之内；②检查轮胎气压

是否正常，不足的应充至规定值；③检查轮胎是否沾有泥、水、油污等物，如有，应清除干净；轮胎花纹深度必须符合 GB 7258《机动车运行安全技术条件》的规定。④检查电缆线的连接是否可靠，有无破损和接触不良现象；⑤检查侧滑检验台及周围场地是否有油污、石子等杂物，必要时清理干净；⑥在不通电的情况下，检测仪表指针是否指在零位；接通电源，晃动滑板，待滑板停止后，查看数据显示仪表上的侧滑量数值为零。如发现失准，可按下校准键，调整调零电阻，使侧滑量显示值为零，或者按复位键清零。

2. 检测方法

正常情况下，工位机登陆以后将自动运行检测程序。在主控机发出"发送车辆"指令后，即可进行检测。

一般全自动的时候不需要进行人工干预，如果需要手动进行测试，可在工位机上双击侧滑检测图标来启动检测程序，进入启动登录界面，如图 6.10 所示。点击选择登陆方式"联网半自动"或"单机半自动"，即进入半自动检测状态。

在半自动检测信息窗口中的工具栏区域，选择登入车辆信息（联网半自动可不选），录入车牌、颜色、车辆类型、检测类型等信息后，在其右边区域选择要检测的项目，如图 6.11 所

图 6.10　启动登录界面

示。若半自动检测信息窗口点击"系统配置"，可对系统和点阵屏设置；点击"设置标定"，可对检测线设备（大灯、声级计、侧滑试验台等设备）进行添加、标定管理。

图 6.11　半自动检测界面

选择完毕后，点击下面的"开始检测"，即进入检测状态。然后，按照点阵屏的提示进行操作即可。

3. 汽车侧滑检测流程

①拔掉滑动板的锁止销钉。②被测车辆需按照点阵屏提示进行操作。控制车速以 3

−5km/h 的速度对正侧滑板驶向侧滑试验台，使被测车轮平稳通过滑板。③侧滑测试过程如图 6.12 所示。当被测车轮完全通过滑板后，从指示装置上观察侧滑方向并读取、打印最大侧滑量。④检测结束后，切断电源并锁止滑动板。

4. 使用注意事项

①不能让超过试验台允许轴荷的车辆通过侧滑检验台。②车辆不能在侧滑检验台上转向或制动。③保持侧滑检验台内、外及周围环境清洁。④非检测车辆不能在试验台上停留。

图 6.12 侧滑测试过程图

6.2.3 检测结果分析

汽车侧滑与前轮定位结构参数有关，车轮外倾角在汽车行驶中有使左右车轮向外分开的趋势，而前束在汽车行驶中有使左右两车轮向内收拢的趋势。车轮的前束与外倾对转向轮侧滑的影响比较大。因此，经侧滑检验台检验侧滑量超过标准规定的车辆，应查找出原因进行调整。

汽车侧滑检测不合格，可分为转向轮侧滑不合格和后轮侧滑不合格两种。

1. 转向轮侧滑检测不合格

故障表现：前轴采用非独立悬架的汽车，转向轮侧滑检测超过 ±5m/km。

故障原因：转向轮的侧滑量是其外倾角与前束值综合作用的结果，而外倾角在正常情况下不会改变。经侧滑试验台检验所得侧滑量的大小直接表明其前束值是否与外倾角匹配。

故障排除：

第一，若侧滑板向外且侧滑量超过规定值，则表明转向轮前束值太大，可相应将转向梯形机构的横拉杆缩短；若侧滑板向内移动，且其侧滑量超过规定值，则表明转向轮负前束太大，应增长转向梯形机构的横拉杆。

调整时，须先松开横拉杆长度锁紧螺母，然后用管钳转动调整螺母套管，该套管左右两端螺旋线方向相反，转动时可使横拉杆向两端伸长或缩短，以此来调节车轮前束值。

经过反复调试，直至汽车驶过侧滑检验台时，其侧滑量符合国家标准。

第二，如果用改变转向横拉杆的长度（在规定范围之内）无法使转向轮的侧滑量达到国家标准规定值，若前束合格，那可能是由于转向轮外倾角的变化太大所致。

先检查车轮前束，将汽车停放在平地上，用千斤顶将汽车前轴顶起，使两前轮离开地面并处于直线行驶位置，在两轮内侧前部（钢圈边缘处）作上记号，把前束尺放在两轮之间的记号上。前束尺与前轴在同一水平面上，记住尺上的数值，然后将两前轮同时旋转180°，到后面与前轴成同一水平面时为止，此时前束尺上的数值减去前边测量的数值即为前束值。

若前束合格，再进行车轮外倾角的调整。对于不同的悬架形式，其调整方式也不同。非独立悬架的车轴车轮的外倾角是在转向节设计中确定的。当车轮外倾角不符合规定时，必须检查轮毂轴承是否松矿、转向节套筒是否磨损和转向节轴是否变形等，根据故障情况可予以修复或更换；对于独立悬架汽车，如国产红旗轿车前轮采用不等长双摆臂式螺旋弹簧独立悬架，其车轮外倾角的调整可通过增减调整垫片来实现。其车轮外倾角和主销内倾角的关系是由转向节的结构确定的，因此，调整过车轮外倾角之后，主销内倾角也就随之确定下来。

此时，必须用车轮定位仪进行全面检测，找出原因，消除隐患。不过，车轮外倾角等定位参数的变化，一般都是由于转向桥或车架弯扭变形引起的，还须解体检验校正。

转向轮侧滑故障诊断流程如图 6.13 所示。

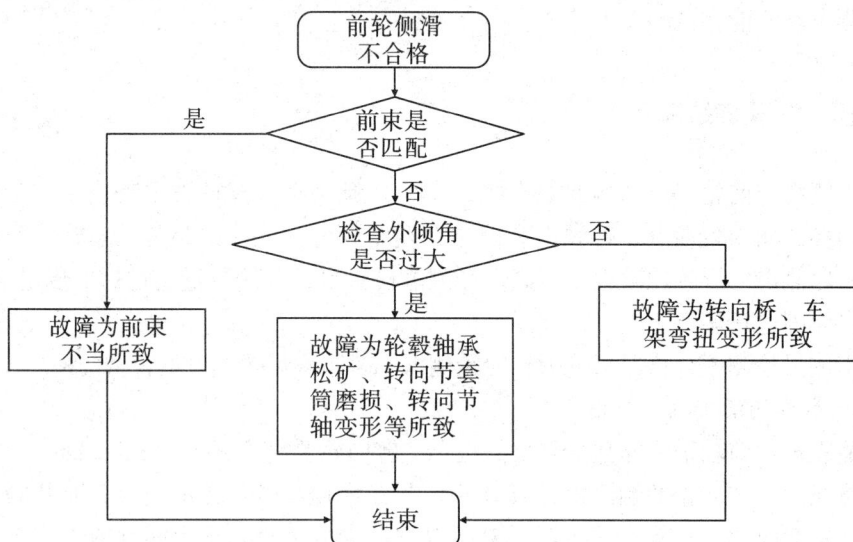

前轮侧滑不合格 → 前束是否匹配 → 是：故障为前束不当所致 / 否 → 检查外倾角是否过大 → 是：故障为轮毂轴承松矿、转向节套筒磨损、转向节轴变形等所致 / 否：故障为转向桥、车架弯扭变形所致 → 结束

图 6.13　前轮侧滑检测不合格诊断流程图

2. 后轮侧滑检测不合格

除一部分汽车的后轮也有前束和外倾（如上海桑塔纳汽车）外，相当一大部分汽车后轮是没有定位的。对于后者，侧滑试验台检测的结果反映的是汽车后轴的技术状况（后轴是否弯曲变形和轮毂轴承是否松旷等）。

故障表现：使汽车后轮从侧滑检验台滑动板上前进后，再后退驶过，产生了侧滑量数值。

故障原因：

第一，如两次侧滑量读数不为零，且前进和后退驶过侧滑板后，读数相等而侧滑方向相反，表明后轴在水平平面内发生弯曲。

a. 若前进时滑动板向外滑动，后退时向内移动，说明后轴端部在水平平面内向前弯曲。

b. 若前进时滑动板向内滑动，后退时向外移动，说明后轴端部在水平平面内向后移动。

第二，如两次侧滑量读数不为零，且前进和后退驶过侧滑板后，侧滑量读数相等而侧滑方向相同，表明后轴在垂直平面内发生弯曲。

a. 若滑动板向外滑动，说明后轴端部在垂直平面内向上弯曲。

b. 若滑动板向内滑动，说明后轴端部在垂直平面内向下弯曲。

第三，后轮多次驶过侧滑检验台滑动板，每次读数不相等，说明轮毂轴承松矿。

对于后轮有定位的汽车，仍可按上述方法检测后轴是否变形和轮毂轴承是否松矿，只是在检测结果中减去定位值，剩余值即为后轴弯曲变形造成。

6.3 QDC-1C 型前照灯检测仪

汽车前照灯是保证汽车夜间安全行驶及保持较高行车速度必不可少的汽车装置。前照灯特性主要有发光强度、光束照射位置、配光特性等。发光强度指光源在给定方向上的发光强弱的度量；光束照射方向指光束中心（前照灯光线最亮的地方）对水平和垂直坐标轴的偏移量。配光特性指用等照度曲线表示的明亮度分布特征。前照灯应满足：远光具有良好照明，近光具有足够照度和不眩目。汽车前照灯发光强度若不足，会造成夜间行车或能见度较低的情况下行车时，驾驶员对汽车前方情况的辨识不清晰；若前照灯光束照射方向偏斜，则可能会引起迎面来车驾驶员的眩目。这些都将极大的影响行车安全。

前照灯在使用过程中，灯泡会逐渐老化，发光效率下降，反射镜也会逐渐变暗，聚光性能变差；前照灯安装位置随着行车振动，也可能引起错动，从而改变光束的正确照射位置。所以，应定期对前照灯的发光强度和光束照射方向进行检测、调整。汽车前照灯检测是汽车安全性能检测的重要组成环节。

在汽车前照灯检测过程中，从安全行车角度出发，国家规定了前照灯发光强度和光束照射方向为必检项目。前照灯的技术状况好坏，可用屏幕法和前照灯检测仪检测。屏幕法简单易行，但只能检测光束的照射位置，无法检测发光强度；前照灯检测仪则可以检测前照灯发光强度和光轴偏斜量。因此，在汽车检测站，广泛使用前照灯检测仪对汽车前照灯进行检测。

汽车综合性能检测线的第三工位配备的 QDC-1C 型前照灯检测仪，它是浙大鸣泉科技有限公司生产的，可用于测量机动车前照灯远光发光强度、远光光束偏移量、近光明暗截止线交叉点偏移量及前照灯基准中心高度等各项参数。该仪器应用了先进计算机技术，精密的光学系统，数字显示系统和高精度探测器，具有操作方便，测量准确等优点。

6.3.1 前照灯检测仪结构

前照灯检测仪是按一定测量距离放在被检车辆的对面，用来检测前照灯发光强度与光轴偏斜量的专用设备。按前照灯检测仪的结构特征与测量方法不同，常用汽车前照灯检测仪可分为聚光式、屏幕式、投影式和自动追踪光轴式四种类型。这些不同类型的前照灯检测仪主要组成是：接受前照灯光束的受光器、使受光器与汽车前照灯对正的照准装置、前照灯发光强度指示装置、光轴偏斜方向和偏斜量指示装置及支柱、底板、导轨、汽车摆正找准装置等。

QDC - 1C 型前照灯检测仪为自动追踪光轴式，结构如图6.14 所示，其各组件的主要结构有：

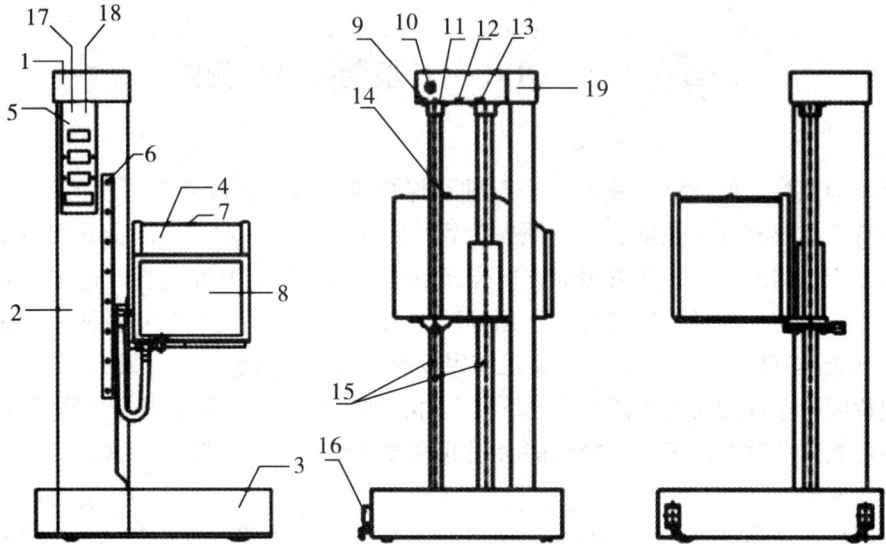

图 6.14　QDC－1C 前照灯

1. 上箱　2. 立板　3. 下箱　4. 光电箱　5. 显示面板　6. 立柱光电池　7. 准尖　8. 菲涅尔透镜

9. 保险丝盒　10. 电源开关　11. 电源插孔　12. 串行通讯和标定器接口　13. 控制器接口

14. 水准泡　15. 立柱　16. 行程开关　17. 远光测量指示灯　18. 近光测量指示灯　19. 控制面板

1. 上箱

上箱安装有主机的各种输入输出端口，主机电源开关，主机保险丝。端口包含有220v 的电源输入端口、串行通讯端口、控制器输入端口、控制面板。

2. 立板

它是光电箱垂直方向运动的支承导向柱。立板内部安装了检测仪的显示板、放大板、主板等电路板及开关电源。

3. 立柱

立柱的主要功能是引导光电箱上下行走。

4. 下箱

下箱安装有主机水平方向驱动系统，光电箱垂直方向驱动系统，光电箱上下运动、主机左右运动的限位开关，高度检测机构，以及为整机供电的变压器和电机驱动板。

5. 光电箱

光电箱内安装有光电检测元器件、光学测量系统、DSP 高速图像处理系统，用来实现各参数的检测工作。

6. 控制面板

控制面板用于控制主机的水平运动、光电箱的垂直运动，实现检测仪原地连续的测量远、近光。

6.3.2　前照灯检测仪工作原理

　　QDC – 1C 型自动追踪光轴式前照灯检测仪，它采用受光器自动追踪光轴的方法检测汽车前照灯的发光强度和光轴偏斜量，一般检测距离为 3m。其受光器的构造如图 6.15 所示。在受光器聚光透镜的上下和左右装有四个光电池构成主受光器（用于对准光轴），受光器内部也有四个光电池构成副受光器（用于检测光轴偏斜），透镜后中央部位装有光度计光电池（检测光强）。测试仪台架和受光器位移由电动机驱动。主受光器每对光电池由于受光不均所产生的电流差值，用于控制驱动电机运转使检测仪台架沿轨道移动，和使受光器上下移动，直至主受光器每对光电池所产生的电流相等，电动机停转。这样便实现了自动追踪光轴，追踪过程中受光器的位移由光轴偏斜指示器指出，发光强度由中央光度计光电池检测并由光度计指示。

图 6.15　受光器构造图
1、3. 聚光透镜　　2. 主受光器光电池
4. 光度计光电池　5. 副受光器光电池

　　1. 发光强度检测原理

　　测量前照灯发光强度的电路由光度计、可变电阻和光电池等组成，如图 6.16 所示。按规定的距离使前照灯照射光电池，光电池便按受光强度的大小产生相应的光电流使光度计指针摆动，指示出前照灯的发光强度。

　　2. 光轴偏斜量检测原理

　　测量前照灯光轴偏斜量的电路如图 6.17 所示，由两对光电池组成，左右一对光电池 S 左和 S 右上接有左右偏斜指示计，用于检测光束中心的左、右偏斜量；上下一对光电池 S 上和 S 下上接有上下偏斜指示计，用于检测光束中心的上下偏斜量。当光电池受到前照灯光束照射时，如果光束照射方向偏斜，将使各光电池的受光面不一致，因而产生的电流大小也不一致。光电池 S 左、S 右所产生电流的差值，使左右偏斜指示针的指针偏摆；S 上和 S 下光电池所产生的电流的差值，使上下偏斜指示针的指针偏摆，从而可以测出前照灯光束中心的偏斜量。

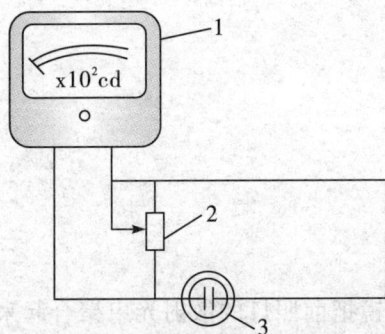

图 6.16　发光强度检测原理图
1. 光度计　2. 可变电阻　3. 光电池

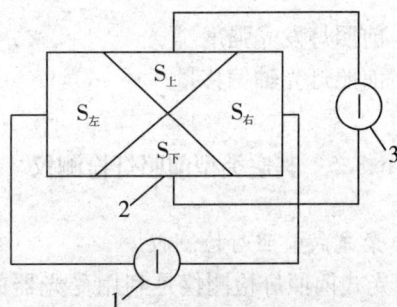

图 6.17　光轴偏斜量检测原理图
1. 左右偏斜指示计　2. 光电池
3. 上下偏斜指示计

若通过适当的调节机构，调整光线照射光电池的位置，使 S 左、S 右和 S 上、S 下每对光电池受到的光照度相同，此时每对光电池输出电流相等，两偏斜指示计的指针均指向零位，其调节量反映了光束中心的偏斜量。

图 6.18 所示为光轴无偏斜时的情况，这时上、下与左、右光电池组各自产生的光电流平衡，上下偏斜指示计和左右偏斜指示计的指针均垂直向下，即处于零位。当偏斜指示计指针处于零位时，光电池受到的光照最强，四块光电池所输出电流之和表明了前照灯的发光强度。

图 6.19 所示为光轴有偏斜时的情况，这时上下偏斜指示计的指针向"下"方向偏斜，左右偏斜指示计的指针向"左"方向偏斜。

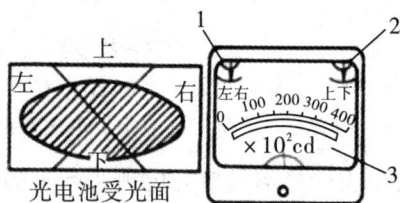

图 6.18 光轴无偏斜时的情况
1. 左右偏斜指示计　2. 上下偏斜指示计　3. 光度计

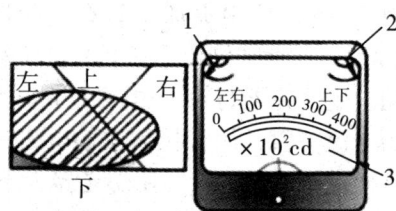

图 6.19 光轴有偏斜时的情况
1. 左右偏斜指示计　2. 上下偏斜指示计　3. 光度计

6.3.3 前照灯检测仪的主要参数

发光强度测量范围：0~80000cd
光轴偏移量：垂直方向：上 25cm/10m　下 40cm/10m
　　　　　　水平方向：左 40cm/10m　右 40cm/10m
发光强度示值误差：±12%　　　光轴偏移量示值误差：±15′
光照灯高度测量范围：500~1250mm　　高度测量示值误差：±10cm
测量距离：1m　　导轨长度：5.0m　　消耗功率：300W

6.3.4 测量项目

1. 前照灯发光强度
2. 前照灯光轴偏移量

6.3.5 其它类型前照灯检测仪

1. 聚光式前照灯检测仪

聚光式前照灯检测仪是利用受光器的聚光透镜把前照灯的散射光束聚合起来，并导引到光电池的光照面上，根据其对光电池的照射强度，来检测前照灯的发光强度和光轴偏斜量。检测时，检测仪需放在距前照灯前方1m处。

聚光式前照灯检测仪结构如图 6.20 所示，由支架、行驶部分、仪器箱、仪器升降调节装置、对正器等组成。

行驶部分：装有三个带槽的轮子，可实现在导轨上行走以便迅速对正。

仪器箱：它是检测仪的主体，转动升降手轮可使仪器箱的中心与被检车辆前照灯的基准高度保持一致。

对正器：装于仪器箱顶部，用来观察仪器与被检车辆的相互位置是否对正。

根据测量方法的不同，该仪器可分为移动反射镜式、移动光电池式和移动聚光透镜式三种形式。

（1）移动反射镜式检测法

移动反射镜式检测原理如图 6.21 所示。前照灯的灯光被聚光透镜聚集、投射在反射镜上，然后反射镜将光线反射在光电池上。反射镜的安装角可由转动移动光轴刻度盘发生变化，改变反射光线照在光电池的位置。当调整反射镜使光轴偏斜指示器的指针指向零位时，可从光轴刻度盘读得光轴的偏斜量，光度计也同时指示出发光强度。

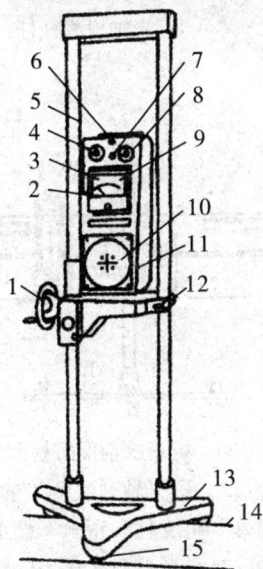

图 6.20　聚光式前照灯检测仪

1. 升降手轮　2. 光度针　3. 左右偏斜指示计
4. 光轴刻度盘（左、右）　5. 支柱　6. 汽车摆
正找准器　7. 光度、光轴变换开关　8. 光轴
刻度盘　9. 上下偏斜指示计　10. 前照灯照准器
11. 聚光透镜　12. 角度调整螺钉 13. 底座
14. 导轨　15. 车轮

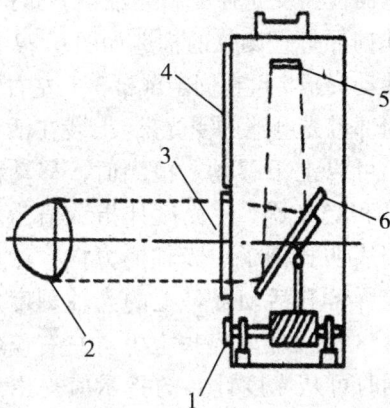

图 6.21　移动反射镜式检测法

1. 光轴刻度盘　2. 前照灯　3. 聚光透镜
4. 光轴偏斜指示器　5. 光电池　6. 反射镜

（2）移动光电池式检测法

移动光电池式检测原理如图 6.22 所示。转动光轴刻度盘，使光电池上下、左右移动，光电池受光位置随之发生变化，待左右偏斜指示计和上下偏斜指示计的指针均指向零时，从光轴刻度盘即可读取光轴的偏斜量，同时通过光度计指示出发光强度。

（3）移动聚光透镜式检测法

移动聚光透镜式检测原理如图 6.23 所示。通过移动光轴检测杠杆可以调节聚光透

177

镜的方位，照射在光电池的光束随之改变。当使通过聚光透镜照到光电池上的光线最强时，光轴偏斜指示器的指针为零。此时，光度计指示出发光强度，光轴刻度盘与光轴检测杠杆联动，从而指示出光轴的偏斜量。

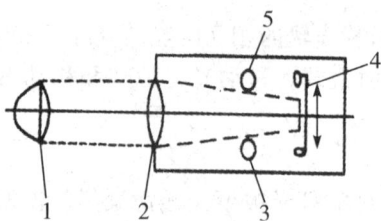

图 6.22　移动光电池式检测法
1. 前照灯　2. 聚光透镜　3. 光轴刻度盘（左、右）
4. 光电池　5. 光轴刻度盘（上、下）

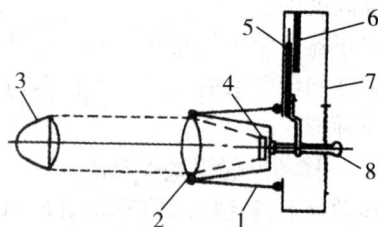

图 6.23　移动聚光透镜式检测法
1. 连接器　2. 聚光透镜　3. 前照灯　4. 光电池
5. 指针　6. 光轴刻度盘　7. 外壳
8. 光轴检测杠杆

2. 屏幕式前照灯检测仪

屏幕式前照灯是把光束照射在屏幕上，从而检测发光强度和光轴偏斜量的。屏幕式前照灯检测仪的构造如图 6.24 所示。活动屏幕 9 可在固定屏幕 3 上左右移动，内部带光电池的受光器 11 装在活动屏幕上可以上下移动。检测时，移动活动屏幕和受光器，使光度计指示值为最大时即表明找到了主光轴的方向，然后由固定屏幕和活动屏幕上的光轴刻度尺 10、2、8 即可读取光轴上下、左右偏斜量，同时可从光度计 6 的指示值得出发光强度。通常测试距离为 3m。

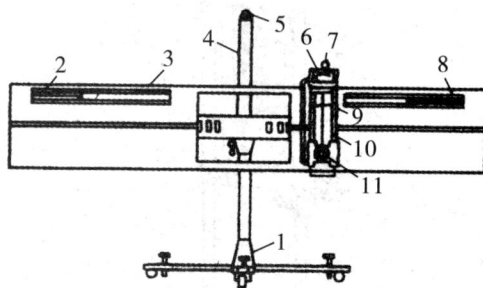

图 6.24　屏幕式前照灯检测仪
1. 底座　2、8. 光轴刻度尺（左、右）
3. 固定屏幕　4. 支柱　5. 汽车摆正找准器
6. 光度计　7. 前照灯照准器　9. 活动屏幕
10. 光轴刻度尺（上、下）　11. 受光器

3. 投影式前照灯检测仪

投影式前照灯检测仪是通过将前照灯光束的影像映射到投影屏上而检测出发光强度和光轴偏斜量的。测试距离一般为 3m。投影式前照灯检测仪的构造如图 6.25 所示。在聚光镜 14 的上、下与左、右方向装有 4 个光电池 4。前照灯影像通过聚光透镜 14、反射镜之后（均装在受光器 15 内），映射到投影屏 11 上，同时光线还照射在光度计的光电池（也在受光器上）上。在检测时，上下和左右移动受光器 15，直到上下偏斜指示计 10 和左右偏斜指示计 9 的指针指到零为止。此时上和下与左和右的光电池受光量相等，受光器对准了主光轴的方向。然后根据投影屏上前照灯光束影像的位置，测出主光轴偏斜量，再根据光度计 13 的指示得出发光强度值。

根据光轴偏斜量的检测方法不同，可分为投影屏刻度检测法和光轴刻度盘检测法。

（1）投影屏刻度检测法

如图 6.26 所示，在投影屏上刻有表示光轴偏斜量的刻度线，根据前照灯影像中心在投影屏上所处的位置，即可直接读出光轴的偏斜量。

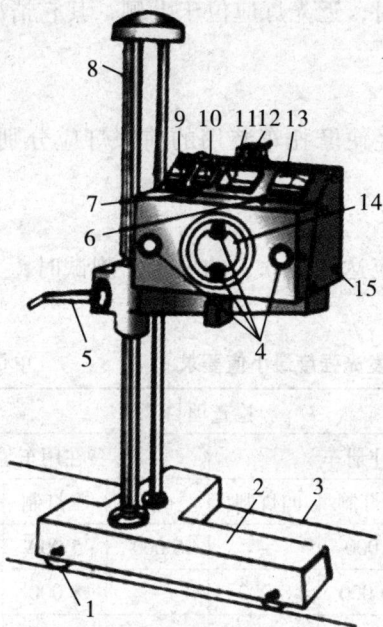

图 6.25　投影式前照灯检测仪

1. 车轮　2. 底座　3. 导轨　4. 光电池　5. 上下移动手柄
6. 上下光轴刻度盘　7. 左右光轴刻度盘　8. 支柱　9. 左右偏斜指示计　10. 上下偏斜指示计　11. 投影屏　12. 汽车摆正找准器　13. 光度计　14. 聚光透镜　15. 受光器

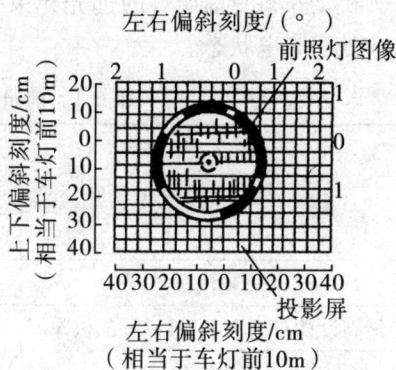

图 6.26　投影屏刻度式测量法

（2）光轴刻度盘检测法

光轴刻度盘检测法如图 6.24 所示。它的投影屏没有光轴偏移量刻度线，要知道光轴的偏移量须转动光轴刻度盘 6 和 7，直到前照灯影像中心与投影屏坐标原点重合为止，然后电光轴刻度盘 6 和 7 上的刻度分别测出主光轴上、下偏斜量和左、右偏斜量。

6.4　汽车前照灯检测

6.4.1　汽车前照灯检测标准

从安全行车的角度，对于前照灯的检测，发光强度和光束照射位置列为必检项目。根据 GB7258《机动车运行安全技术条件》的规定，前照灯还应满足以下的基本要求：

1. 基本要求

（1）在正常使用条件下，机动车前照灯光束照射位置应保持稳定。

（2）装有前照灯的机动车应有远、近光变换装置，并且当远光变为近光时，所有远光应能同时熄灭。同一辆机动车上的前照灯不允许左、右的远、近光灯交叉开亮。

（3）前照灯的远、近光灯上下并列设置时，近光灯应位于上侧，其它情况下近光灯应位于外侧。

（4）所有前照灯的近光都不允许眩目。

（5）汽车（三轮汽车除外）、摩托车及轻便摩托车装用的前照灯应分别符合 GB 4599、GB 5948 及 GB19152 的规定。

2. 远光光束发光强度

机动车每只前照灯的远光光束发光强度应达到表 6.1 的要求。测试时，其电源系统应处于充电状态。

表 6.1　前照灯远光光束发光强度最小值要求　　　　　单位为坎德拉

机动车类型	检查项目					
	新注册车			在用车		
	一灯制	两灯制	四灯制[a]	一灯制	二灯制	四灯制[a]
三轮汽车	8 000	6 000	–	6 000	5 000	–
最高设计车速小于 70km/h 的汽车	–	10 000	8 000	–	8 000	6 000
其他汽车	–	18 000	15 000	–	15 000	12 000

[a]四灯制是指前照灯具有四个远光光束；采用四灯制的机动车其中两只对称的灯达到两灯制的要求时视为合格。

3. 光束照射位置要求

（1）在检验前照灯近光光束照射位置时，前照灯照射在距离 10m 的屏幕上时，乘用车前照灯近光光束明暗截止线转角或中点的高度应为 0.7H～0.9H（H 为前照灯基准中心高度，下同），其它机动车（拖拉机运输机组除外）应为 0.6H～0.8H。机动车（装用一只前照灯的机动车除外）前照灯近光光束水平方向位置向左偏不允许超过 170mm，向右偏不允许超过 350mm。

（2）在检验前照灯远光光束及远光单光束灯照射位置时，前照灯照射在距离 10m 的屏幕上时，要求在屏幕光束中心离地高度，对乘用车为 0.9H～1.0H，对其它机动车为 0.8H～0.95H；机动车（装用一只前照灯的机动车除外）前照灯远光光束水平位置要求，左灯向左偏不允许超过 170mm，向右偏不允许超过 350mm，右灯向左或向右偏均不允许超过 350mm。

检测前照灯光束照射位置时，所用检测方法应满足以下规定：

第一，屏幕法：在屏幕上检查。

检查用场地应平整，屏幕与场地应垂直。被检验的机动车应空载、轮胎气压正常、乘坐一名驾驶员的条件下进行。将机动车停置于屏幕前，并与屏幕垂直，使前照灯基准中心距屏幕 10m，在屏幕上确定与前照灯基准中心离地面距离 H 等高的水平基准线及以机动车纵向中心平面在屏幕上的投影线为基准确定的左右前照灯基准中心位置线。分别测量左右远近光束的水平和垂直照射方位的偏移值。

第二，用前照灯检测仪检验。

将被检验的机动车按规定距离与前照灯检测仪对正（宜使用车辆摆正装置），从前照灯检测仪的显示屏上分别测量左右远、近光束的水平和垂直照射方位的偏移值。

第三，检验方法的选择。

机动车安全技术检验时宜采用前照灯检测仪检验前照灯光束照射位置。

6.4.2 汽车前照灯性能检测方法

1. QDC-1C 型前照灯检测仪检测法（自动追踪光轴式）

（1）准备工作

①汽车蓄电池和充电系统应处于良好状态；②轮胎气压应符合汽车制造厂的规定；③前照灯开关和变光器应处于良好状态；④清除前照灯上的污垢；⑤检查电缆线的连接是否可靠，有无破损和接触不良现象；⑥检查导轨是否沾有泥土等杂物。若有，应扫除干净。⑦检查聚光透镜和反射镜的镜面上有无污物。若有，可用柔软的布料或镜头纸擦拭干净。⑧检查水准器的技术状况。若水准器无气泡，应进行修理或更换。若气泡不在红线框内时，可用水准器调节器或垫片进行调整。⑨在不受光的情况下，调整光度计和光轴偏斜量指示计是否对准机械零点。若指针失准，可用零点调整螺钉调整。⑩将前照灯检测仪的电源开关打开，检查各指示灯工作是否正常，并按使用说明书的要求预热至规定时间。

（2）检测流程

①将被检汽车尽可能地与前照灯检测仪的轨道保持垂直方向驶近检测仪，使前照灯与检测仪受光器相距 3m。②用汽车摆正找准器使检测仪与被检汽车对正。③开亮前照灯，接通检测仪电源，用控制器上的上下、左右控制开关移动检测仪的位置，使前照灯光束照射到受光器上。④按下控制器上的测量开关，受光器随即追踪前照灯光轴，根据光轴偏斜指示计和光度计的指示值，即可得出光轴偏斜量和发光强度值。⑤检测完一只前照灯后用同样的方法检测另一只前照灯。检测结束，前照灯检测仪沿轨道或沿地面退回护栏内，汽车驶出。

2. 屏幕式前照灯检测仪检测法

（1）准备工作

①检查用场地应平整，屏幕与场地应垂直。②汽车蓄电池和充电系统应处于良好状态；③汽车空载，轮胎气压应符合汽车制造厂的规定；④前照灯开关和变光器应处于良好状态；⑤检查电缆线的连接是否可靠，有无破损和接触不良现象；

（2）检测流程

第一步：将机动车停置于屏幕前，并与屏幕垂直，使前照灯基准中心距屏幕 10m。

第二步：在屏幕上确定与前照灯基准中心离地面距离 H 等高的水平基准线及以机动车纵向中心平面在屏幕上的投影线为基准确定的左右前照灯基准中心位置线，如图 6.27 所示。

a. 屏幕上画有三条垂直线和三条水平线：

b. 中间垂直线 V-V 与被检车辆的纵向中心垂直面对齐。

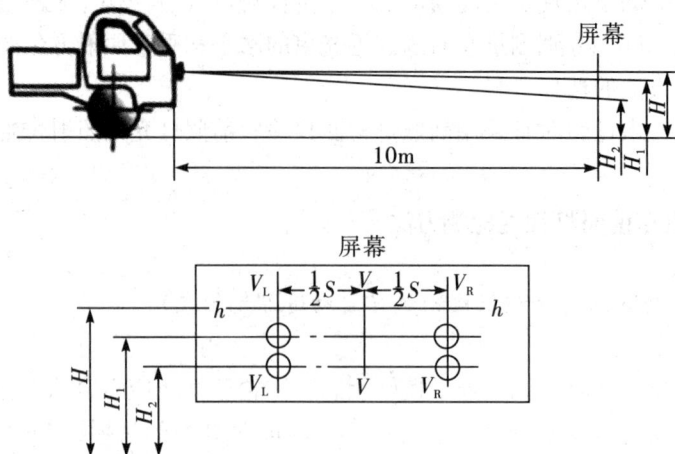

图 6.27　屏幕法检测前照灯光束照射位置

c. 两侧的垂直线 $V_L - V_L$ 和 $V_R - V_R$ 分别为被检车辆左右前照灯基准中心的垂直线。

d. 水平线中的 h—h 线与被检车辆前照灯的基准中心等高，距地面高度为 H；H 为被检车辆前照灯基准中心距地面的高度，其值视被检车型而定。

e. 中间水平线与被检车辆前照灯远光光束的中心等高，距地面高度为 H_1，$H_1 = 0.85 \sim 0.90H$。

第三步：下侧水平线与被检车辆前照灯近光光束的中心等高，距地面高度为 H_2，$H_2 = 0.60 \sim 0.80H$。

检测时，先遮盖住一边的前照灯，然后打开前照灯的近光开关，未被遮盖的前照灯的近光明暗截止线转角或光束中心应落在图中下边水平线与 $V_L - V_L$ 或 $V_R - V_R$ 线的交点位置上，否则为光束照射位置偏斜。其偏斜方向和偏斜量可在屏幕上直接测量。

第四步：用同样方法，分别测量左右远近光束的水平和垂直照射方位的偏移值。

根据检测标准，检测调整前照灯光束的照射位置时，对远、近双光束灯应以检测调整近光光束为主。对于远光单光束前照灯，则要检测远光光束的照射位置。其光束中心应落在中间水平线与 $V_L - V_L$ 或 $V_R - V_R$ 线的交点位置上。

用屏幕法检测前照灯简单易行，但只能检测出光束的照射位置，不能检测发光强度。为适应不同车型的检测，需经常更换屏幕，检测效率低，同时，需要占用较大场地。目前屏幕法对汽车前照灯进行检测应用较少。

3. 聚光式前照灯检测仪的检测流程

①将被测车尽可能与检测仪保证垂直方向驶近检测仪，直至前照灯与检测仪受光器之间的距离达到检测所要求的距离（3m、1m、0.5m、0.3m）。②用汽车摆正找准器使检测仪与被测车对正。③开亮前照灯，用前照灯照准器使检测仪与被测车前照灯对正。④将"光度·光轴"转换开关扭向光轴一边，然后转动上下和左右光轴刻度盘，使光轴偏斜指示计的指示值为零。此时，两光轴刻度盘上指示值即为光轴偏斜量。⑤保持光轴刻度盘位置不动，将"光度·光轴"转换开关扭到光度一边，此时光度计的指示值即为前照灯的发光强度。

4. 投影式前照灯检测仪的检测流程

①将被测车尽可能与检测仪的导轨保证垂直方向驶近检测仪，使前照灯与检测仪受光器相距3m。②用汽车摆正找准器使检测仪与被测车对正。③开亮前照灯，移动检测仪，使光束照射到受光器上，并使上下和左右光轴偏斜指示计的指示值为零。此时，根据投影屏上前照灯光束的影像位置，即可得出光轴的偏斜量。④根据光度计上的指示值，即可得出前照灯的发光强度。

6.4.3　检测结果分析

汽车前照灯检测不合格，主要有几种情况：一是前照灯发光强度偏低；二是前照灯照射位置偏斜；三是两种问题同时存在。具体故障表现为：前照灯远光或近光不亮，一侧前照灯远光与近光均不亮，光束照射方向偏斜，前照灯发光强度低等。

1. 前照灯发光强度偏低

（1）左、右前照灯发光强度偏低

故障现象：汽车前照灯灯光暗淡，光照视野不清晰。

故障原因：交流发电机输出电压低；变光开关接触不良；前照灯插接件接触不良；前照灯反射镜老化或锈蚀；线路搭铁不良等。

前照灯发光强度低故障诊断流程如图6.28所示。

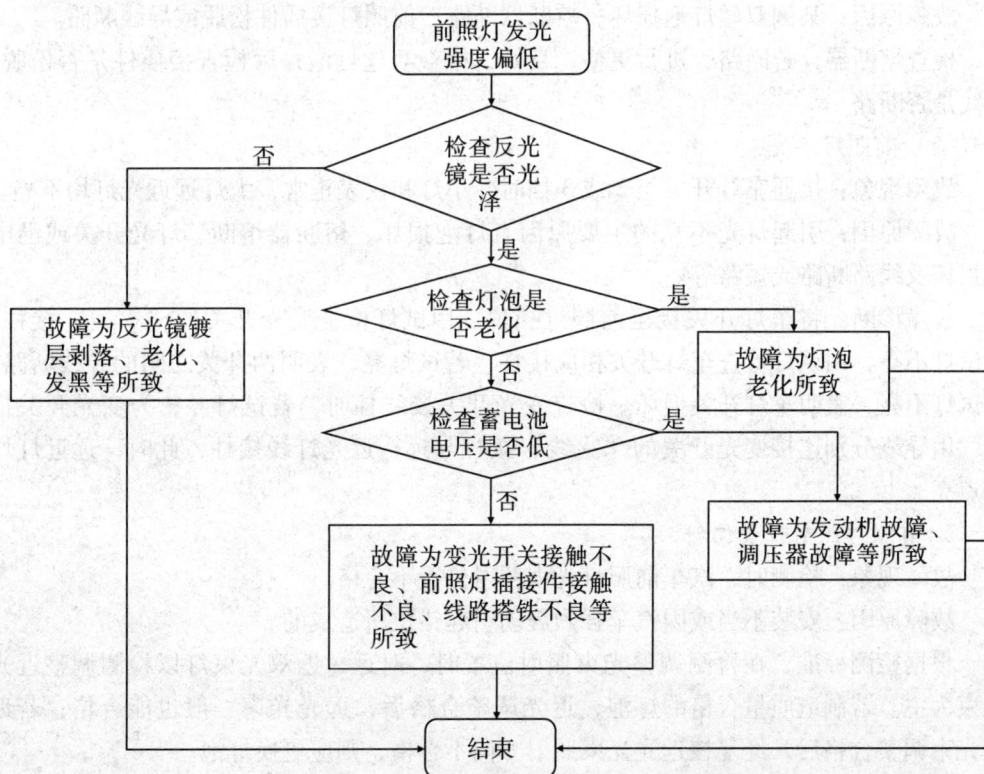

图6.28　前照灯发光强度偏低故障诊断流程图

（2）远光灯不亮

故障现象：打开前照灯变光时，只有近光。

故障原因：变光器损坏、线路断路或短路、灯丝烧断、灯座接触不良。

故障诊断：先将车灯开关接至前照灯挡，接通变光开关，查看远光指示灯。若指示灯亮，表明远光灯线接点至线束导线断路，或者两远光灯丝烧坏。可在左或右接线板远光灯接线柱上用试灯检查：试灯亮，为两远光灯丝烧坏；试灯不亮，为远光指示灯线至线束导线断路。若指示灯不亮，为可靠起见，先检查远光指示灯技术状况。若良好，连接变光灯的"火线"接柱和远光线接柱，观察大灯及远光指示灯：亮，表明变光开关损坏；仍不亮，表明远光指示灯线结点至变光开关之间导线断路。

（3）近光灯不亮

故障现象：近光灯不亮

故障原因：变光器损坏、线路断路或短路、灯丝烧断、灯座接触不良。

故障诊断：将车灯开关打开，连接变光灯开关的"火线"接柱和近光灯线接柱，观察大灯：亮，为变光开关损坏；仍不亮，为变光开关至线束导线断路或两近光灯丝烧坏。可在左或右接线板近光灯接线柱上用试灯检查：试灯亮，为近光灯丝烧坏；试灯不亮，为变光开关至线束导线断路。

（4）一侧前照灯远、近光均不亮

故障现象：一侧前照灯远、近光均不亮。

故障原因：某侧双丝灯泡损坏；熔断器断路；前照灯接插件松脱或导线断路。

检查熔断器，若断路，进行更换；良好，检查双丝灯泡；后检查接插件是否松脱、导线是否断路。

（5）前照灯不亮

故障现象：接通车灯开关至2或3挡时，小灯和仪表正常，大灯远近光灯均不亮。

故障原因：引起灯光不亮的主要原因有灯泡损坏、熔断器熔断、灯光开关或继电器损坏及线路断路或短路等。

故障诊断：将车灯开关接至前照灯挡位，用试灯检查变光开关的"火线"接柱。若试灯不亮，用试灯检查车灯开关相应接柱；若试灯亮，表明两开关之间的导线断路；若试灯不亮，表明车灯开关损坏。检查变光开关接线柱时，若试灯亮，为变光开关损坏。用导线分别连接变光开关的"火线"接柱与远、近光灯线接柱，此时，远近灯均应点亮。

2. 前照灯照射位置偏斜

故障现象：检测时，汽车前照灯光束照射位置不合格。

故障原因：安装不当或因汽车强烈震动引起错位所造成的。

根据检测标准，在检测调整光束照射位置时，对远、近双光束灯以检测调整近光光束为主。若制造质量合格的灯泡，近光调整合格后，远光光束一般也能合格；若近光光束调整合格后，经复核远光光束照射方向不合格，则应更换灯泡。

前照灯光束照射位置偏斜的调整，可以在前照灯检测仪上进行。先将左右及上下光轴刻度盘旋钮置于所需要调整的方位上，然后调整被检前照灯的安装螺钉，直至左右及上下偏斜量指示为零为止。

6.5 HY104 数字式声级计

噪声的一般定义为频率和声强杂乱无章的声音组合。噪声会使人的听力减弱、视觉功能下降、神经衰弱、血压变化和胃肠道出现消化功能障碍，甚至严重影响人的睡眠、谈话、学习、工作和情绪。可以简单的描述为引起人烦躁、或音量过强而危害人体健康，人们不喜欢的声音就是噪声。在示波器上，它们往往是一些不规则的或随机的声信号。

汽车噪声属于综合噪声，它主要包括：发动机的机械噪声、燃烧噪声、进排气噪声和风扇噪声，底盘的机械噪声、制动噪声和轮胎噪声，车厢振动噪声，货物撞击噪声，转向、倒车时的蜂鸣声噪声等。

噪声对人的身体和心理是有害的。当环境噪声大于 45db（分贝）时，人就会感到有些嘈杂；噪声达到 60 ~ 80db 时，会影响睡眠；当超过 90db 时，就会对人身体健康产生明显影响。车辆噪声一般为中等强度的噪声，大约为 60 ~ 90 分贝，且车辆噪声具有游走性，影响范围大，干扰时间长，受害人多，因而危害比较大，尤其是随着汽车向快速和大功率方面的发展，汽车噪声已成为一些大城市的主要噪声源。

噪声作为一种严重的公害已日益引起人们的关注，目前世界各国已纷纷制定出控制噪声的标准。我国 GB7258《机动车安全运行技术条件》，GB18565《营运车辆综合性能要求和检验方法》，对汽车的噪声有了严格的规定。

汽车噪声指标用声强大小来进行评定的，在其测量方法中，国家标准规定使用的仪器是声级计。根据测量精度不同，声级计可分为精密声级计和普通声级计两类；根据所用电源不同可分为交流式声级计和直流式声级计两类，后者也可以称为便携式声级计，它具有体积小、重量轻和现场使用方便等特点。

HY104 声级计，是天津嘉诺德科贸有限公司湖南分公司（原湖南衡阳自动控制仪器仪表厂）生产的数字式声级计，用于测量指数计权平均声级的常规声级计，它是一种应用范围广泛的便携式噪声测量仪器。它可用于测量汽车加速行驶车外噪声、汽车定置噪声、客车车内噪声、驾驶员耳旁噪声和汽车喇叭声级等。

6.5.1 声级计结构

HY104 声级计是一种能把噪声以近似于人耳听觉特性测定其噪声级的仪器。它采用了预极化背极驻极体电容传声器、高性能运算放大器及大规模数字集成电路等元器件，其动态范围宽、性能稳定、操作简便。

HY104 声级计外形为扁平形，由硅铝合金精密压铸而成，其结构简图如图 6.29 所示。它主要由传声器、放大器、衰减器、计权网络、检波器、显示器等组成。

1. 传声器

传声器是一种声电换能元件，是将声波的压力转换成电压信号的装置。俗称话筒，它是声级计的传感器。它将被测噪声信号转换为相应的电气输出，经前置放大器（场效应管源极输出器，其输入阻抗非常高）将传声器的高阻输出转换成为后续电路能接受的低阻信号。

HY104 声级计采用了电容式传声器，其它常见传声器还有晶体式、驻极体式、动圈式等多种形式。

电容式传声器由金属膜片和金属电极构成平板电容的两个极板，当膜片受到声压作用发生变形，使两个极板之间的距离发生变化，电容量也发生变化，从而实现了将声压转换为电信号的作用。电容式传声器具有动态范围大、频率响应平直、灵敏度高和稳定性好等优点，因而应用广泛。但是，电容式传声器输出阻抗很高，需要前置放大器进行阻抗变换。前置放大器装在声级计内部靠近安装电容式传声器的部位。

动圈式传声器由振动膜片、可动线圈、永久磁铁和变压器等组成。振动膜片受到声波压力作用产生振动，它带动着和它装在一起的可动线圈

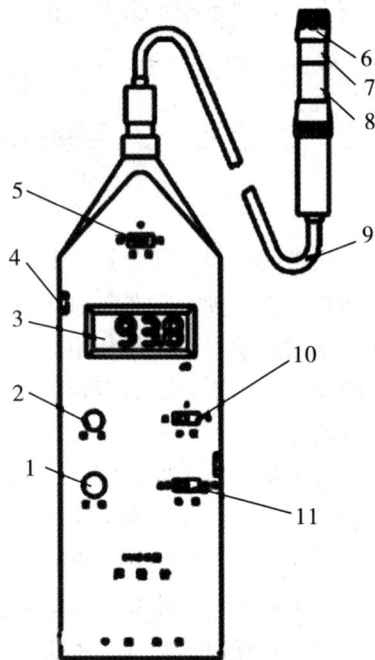

图 6.29　HY104 声级计

1. 复位按钮　2. 校准电位器　3. 显示屏
4. 电输出孔　5. 级量程开关　6. 防尘罩
7. 传声器　8. 前置放大器　9. 延伸电缆
10. 电源开关/频率计权　11. 功能开关

在磁场内振动而产生感应电流。该电流根据振动膜片受到声波压力的大小而变化。声压越大，产生的电流就越大；反之，声压越小，产生的电流就越小。

2. 放大器和衰减器

HY104 声级计在放大线路中采用了两级放大器，即输入放大器和输出放大器，其作用是将微弱的电信号放大。输入衰减器和输出衰减器是用来改变输入信号的衰减量和输出信号衰减量的，以便使指针能指在适当的位置上。输入放大器使用的衰减器调节范围为测量低端（0~70dB），输出放大器使用的衰减器调节范围为测量高端（70~120dB），高低端以 70dB 为界限。

3. 计权网络

为了模拟人耳听觉在不同频率有不同的灵敏度，在声级计内设有一种能够模拟人耳的听觉特性，把电信号修正为与听感近似值的网络，这种网络称为计权网络。通过计权网络测得的声压级，已不再是客观物理量的声压级，而经过听感修正的声压级，被称为计权声级计或噪声级。

如何将测量值与主观听感统一起来？于是就有了均衡网络，或者叫加权网络。人耳对各频段噪声的感知能力是不一样的，对 3kHz 左右的中频最灵敏，对低频和高频则差一些。通过对低频和高频都加以适度的衰减，这样中频便更突出，把这种加权网络

接在被测器材和测量仪器之间，于是器材中频噪声的影响就会被该网络"放大"。也就是说对听感影响最大的中频噪声被赋予了更高的权重，此时测得的信噪比就叫计权信噪比，它可以更真实地反映人的主观听感。

计权网络一般有 A、B、C 三种。A 计权声级模拟人耳对 55dB 以下低强度噪声的频率特性，B 计权声级模拟 55～85dB 的中等强度噪声的频率特性，C 计权声级模拟高强度噪声的频率特性。三者的主要差别是对噪声低频成分的衰减程度不同，A 衰减最多，B 次之，C 衰减量最少。A 计权声级由于其特性曲线接近于人耳的听感特性，因此是目前世界上噪声测量中应用最广泛的一种，B、C 计权声级已逐渐不被采用。许多与噪声有关的国家规范都是按 A 声级作为指标的，但由于 A 计权所依据的等响曲线经过多次修正后发生了很大的变化，A 计权的地位也正逐渐下降，目前比较流行的计权标准包括 NR，NC 等标准。

HY104 声级计采用的是 A 计权声级，其可以通过频率计权开关（与电源为同一开关）进行选择。测试得到的噪声级读数，须标明 A 计权网络。

4. 检波器和显示器

为了使经过放大的信号通过显示器显示出来，声级计还需要有检波器，以便把迅速变化的电压信号转变成变化较慢的直流电压信号（这个直流电压的大小要正比于输入信号的大小）。根据测量的需求，检波器有峰值检波器、平均值检波器和均方根值检波器之分。峰值检波器是给出一定时间间隔中的最大值；平均值检波器是在一定时间间隔中测量其绝对平均值；均方根值检波器指通过对交流信号进行平方、平均和开方，得出均方根电压信号。只有经过检波器处理后，才能将信号送出到表头（显示器）显示，从而得到噪声级数值。HY104 声级计采用了均方根值检波器，除了像枪炮声那样的脉冲声需要测量它的峰值外，大多数噪声测量均采用均方根值检波器。

HY104 声级计采用了三位半液晶屏显示器（LCD），其分辨力为 0.1dB，显示的计权声压级的有效值为四分之一秒内的平均值。

目前，测量噪声用的声级计，表头响应按灵敏度可分为四种：

（1）"慢"。表头时间常数为 1000ms，一般用于测量稳态噪声，测得的数值为有效值。

（2）"快"。表头时间常数为 125ms，一般用于测量波动较大的不稳态噪声和交通运输噪声等。快档接近人耳对声音的反应。

（3）"脉冲或脉冲保持"。表针上升时间为 35ms，用于测量持续时间较长的脉冲噪声，如冲床、按锤等，测得的数值为最大有效值。

（4）"峰值保持"。表针上升时间小于 20ms，用于测量持续时间很短的脉冲声，如枪、炮和爆炸声，测得的数值是峰值，即最大值。

HY104 声级计表头响应通过功能开关来实现。当功能开关置于"保持"时，声级计可测量一段时间内的最大声级值；置于"普通"时，声级计显示瞬时声级。

5. 其它部件

级量程控制器：它将测量范围分为高、中、低三档，以适应不同级噪声测量的要求。"低"档测量范围为 30dB（A）～90dB（A）；"中"档测量范围为 50dB（A）～

110dB（A）；"高"档测量范围为 70dB（A）～130dB（A）。

校准电位器：输入放大器中设置"校准"电位器，可在一定范围内调节电路增益，以适应不同灵敏度的传感器。

复位按钮：与功能开关配用，当功能开关置于"保持"时，按一下复位按键，则使所显示的最大值释放，同时开始新的保持周期。

三角架安装孔：为适应测量现场的需要，用于将声级计安装于三角架上。

6.5.2　声级计工作原理

声级计工作原理如图 6.30 所示。先由传声器将声音转换成电信号，再由前置放大器将传声器的高阻输出转换成后续电路能接受的低阻信号。通过选择合适的测量档位（级量程控制器）以及输入放大器的电路增益调节，信号送入频率计权放大器作标准化的频率计权处理（A 计权或 C 计权）。处理过的交流信号经过有效值检波器转换为直流电压信号，并作标准化的 F 时间计权处理，后送入对数放大器。对数放大器的输出信号比例于输入信号的对数，即得到比例于噪声声压级的电信号。来自输出放大器电信号送至级量程加法器，加法器根据级量程控制器的档位，自动加上量程底数，然后将这模拟信号送至模拟/数字转换器转化成直接驱动液晶显示器的数字量，最后通过液晶显示器显示出测量结果。

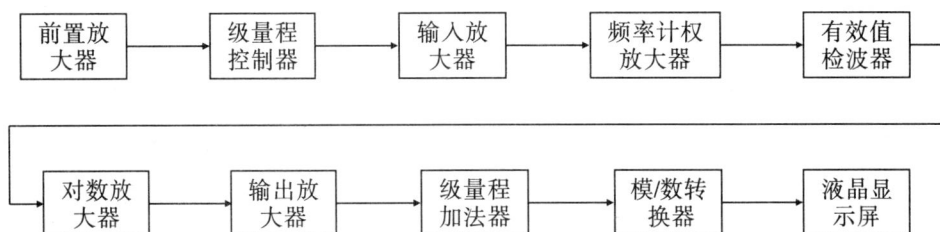

图 6.30　HY104 声级计原理框图

6.5.3　声级计主要参数

HY104 声级计的主要参数如下：

波特率：300bit/s（可按用户要求设计）

通讯方式：全双工、1 位起始位、8 位数据位、2 位停止位、无奇偶检验位

通讯协议：复位命令 BCH、启动检测 B2H、允许发送 BBH、检测完毕 B5H、应答信号 06H

测量范围：（35～130）dBA，（40～130）dBC

频率计：A、C

电　　源：外接 5V 直流稳压电源

时间计权：F、S

外型尺寸：长 257mm 宽 75mm 厚 26mm

重量：380g

6.5.4 测量项目

1. 汽车加速行驶车外噪声
2. 汽车定置噪声
3. 客车车内噪声
4. 驾驶员耳旁噪声
5. 汽车喇叭声级

6.5.5 注意事项

1. HY104 声级计显示值为四分之一秒的平均值，而不是瞬时值或一秒内的最大值。这对稳态噪声或起伏不大的噪声没什么差异，但对测量变化急烈的噪声时需注意差异。若读数周期较长，也可视其为瞬时值

2. HY104 声级计显示值是前一次采样测量周期的结果，即一秒钟前的声级。量程标志指示当前状态，若过载标志有显示，但显示值并未超出测量范围，这种情况说明，当前测量发生了过量限（或欠量限），但本次读数是有效的，而下次读数应是无效的

3. 有时，过载标志或欠量限标志短时间闪烁，而读数并未超出量限之外。这是因为过（欠）量限发生在模数转换器的取样周期之外，或是其四分之一秒内平均值仍在量限之内

6.6 汽车喇叭声级与噪声检测

6.6.1 汽车喇叭声级与噪声检测标准

GB7258《机动车运行安全技术条件》对客车车内噪声级、汽车驾驶员耳旁噪声级和机动车喇叭声级作了规定，GB1495《汽车加速行驶车外噪声限值及测量方法》对新生产汽车加速行驶车外噪声的限值及其测量方法作了规定。

1. 车内最大允许噪声级标准

客车以 50km/h 的速度匀速行驶时，客车车内噪声不应大于 79dB（A）。其检验方法按 GB/T18697《声学汽车车内噪声测量方法》的规定执行。

2. 汽车驾驶员耳旁噪声级标准

汽车（三轮汽车和低速货车除外）驾驶员耳旁噪声声级不应大于 90dB（A），其检验方法见 GB7258《机动车运行安全技术条件》附录 F，测量位置应符合 GB/T18697

《声学汽车车内噪声测量方法》的规定。三轮汽车和低速货车的驾驶员耳旁噪声声级应符合相关标准的规定。

（1）机动车喇叭声级标准

GB7258《机动车运行安全技术条件》要求机动车设置具有连续发声功能的喇叭，其工作应可靠。机动车喇叭声级在距车前 2m、离地高 1.2m 处测量时，其值对发动机最大净功率为 7kW 以下的摩托车及轻便摩托车为 80dB（A）～112dB（A），对其它机动车为 90dB（A）～115dB（A）。

（2）汽车加速行驶车外噪声限值

GB1495《汽车加速行驶车外噪声限值及测量方法》是机动车辆产品的噪声标准，同时也是城市机动车辆噪声检查的依据。

当汽车加速行驶时，车外最大允许噪声级应符合表 6.2 的规定。对于各类机动车辆的变型车或改装车（消防车除外）的加速行驶车外最大允许噪声级，应符合其基本型车辆的噪声规定。

表 6.2　汽车加速行驶车外噪声限值

汽车分类	噪声限值　dB（A）	
	第一阶段	第二阶段
	2002.10.1～2004.12.30 期间生产的汽车	2005.1.1 以后生产的汽车
M_1	77	74
M_2（GVM≤3.5t），或 N_1（GVM≤3.5t）： GVM≤2t 2t＜GVM≤3.5t	78 79	76 77
M_2（3.5t＜GVM≤5t），或 M_3（GVM＞5t）： P＜150KW P≥150KW	82 85	80 83
N_2（3.5t＜GVM≤12t），或 N_3（GVM＞12t）： P＜75KW 75KW≤P＜150KW P≥150KW	83 86 88	81 83 84

说明：

a）M_1，M_2（GVM≤3.5t）和 N_1 类汽车装用直喷式柴油机时，其限值增加 1dB（A）

b）对于越野汽车，其 GVM＞2t 时：

如果 P＜150KW，其限值增加 1dB（A）；

如果 P≥150KW，其限值增加 2dB（A）。

c），若变速器前进挡多于四个，P＞140KW，P/GVM 之比大于 75KW/t，并且用第三挡测试时其尾端出线的速度大于 61km/h，则限值增加 1dB（A）

M 类（客车）：至少有 4 个车轮的载客机动车辆；或者 3 个车轮，且厂定最大总质量不超过 1t 的载客机动车辆。

①M_1 类：除驾驶员外，乘客座位不超过 8 个的客车。②M_2 类：除驾驶员外，乘客座位不超过 8 个，厂定最大总质量不超过 5t 的客车。③M_3 类：除驾驶员外，乘客座位不超过 8 个，厂定最大总质量超过 5t 的客车。

N 类：至少有 4 个车轮的载货机动车辆；或者 3 个车轮，且厂定最大总质量不超过 1t 的载货机动车辆。

①N_1 类：厂定最大总质量不超过 3.5t 的载货车辆。②N_2 类：厂定最大总质量超过 3.5t，但不超过 12t 的载货车辆。③N_3 类：厂定最大总质量超过 12t 的载货车辆。

6.6.2 汽车喇叭声级与噪声的测量方法

根据国家标准，汽车检测线上可以进行汽车喇叭声级的检测工作，其它噪声的测量需按各自标准要求进行。

1. 汽车喇叭声级的测量

（1）准备工作

①汽车蓄电池和充电系统应处于良好状态；②轮胎气压应符合汽车制造厂的规定；③声级计的检查与校准：

a. 将级量程控制器置于"中"，功能开关置于"普通"，电源开关置于"A"，预热 60s。

b. 将声校准器紧密的耦合在声级计的传声器上，启动声校准器。

c. 用小螺丝刀调节"校准"电位器，使显示值为 93.8dB 或为所使用的声校准器输出的声压级的数值。

d. 关断声校准器的电源，取下声校准器，此时，声级计已经校准好。

（2）检测流程

①汽车在检测过侧滑性能、前照灯性能后，按照点阵屏提示，进入喇叭声级测量区域。

②注意汽车喇叭声级的测点位置如图 6.31 所示，测量时应注意不被偶然的其他声源峰值所干扰。

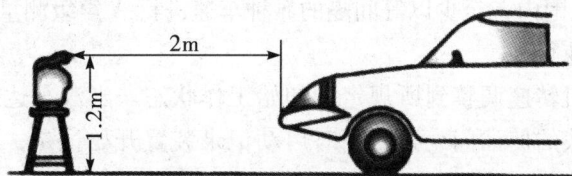

图 6.31 汽车喇叭噪声的测点位置

③声级计选用"A"计权网络，功能开关选"普通"，级量程开关选择"中"。引车员按照点阵屏提示按下汽车喇叭，测量喇叭声级次数宜 2 次以上，并注意监听喇叭声是否悦耳。

④测试中，可人工读取并处理数值或在测试结束后，由工控机程序端导出数据。

2. 车内噪声的测量

（1）测量条件

①测量道路为硬路面，尽可能平滑。表面必须干燥、不得有雪、污物、石块、树叶等杂物。②汽车外面的气温必须在－5℃到＋35℃范围内，沿着测量路线在约1.2m高度的风速不得超过5m/s。③测量过程中，发动机的所有运行条件，均应符合制造厂家的规定。④轮胎应较新，花纹无明显磨损。⑤汽车在测试噪声时必须是空载（除驾驶员、测量人员和测试设备外，不得有其他载荷）。

（2）测点位置

①应选择能代表驾驶员和乘客耳旁的车内噪声分布的足够的测点。

②一个测量点必须选在驾驶员座位。对于轿车，可以在后排座位上追加一个测量点。

③座位处的传感器位置如图6.32所示。

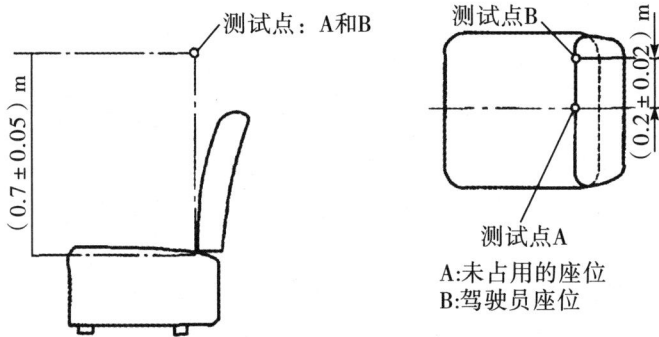

图6.32 传感器相对于座椅的位置

（3）检测流程

声级计使用"F"时间计权特性，选用"A"计权网络，功能开关选"普通"，级量程开关选择"中"。

从以下三种运行条件选出可以代表被测汽车车内噪声的运行条件进行测试。

一是匀速行驶。

从60km/h或最高车速的40%（取两者较小值）到120km/h或最高车速的80%（取两者较小值）范围内，至少以等间隔的5种车速进行A声级测量。

二是全油门加速行驶。

将车速或发动机转速调整到所规定的初始工作状态。当汽车达到稳定的初始工作状态时，须尽可能快的使油门全开，同时启动记录装置开始记录，直到发动机转速达到规定额定转速的90%或达到120km/h（取两者较小值），记录停止。

三是车辆定置试验。

作为辅助的检查性试验，多用于装有柴油机的商用车或公共汽车。

3. 驾驶员耳旁噪声的测量

（1）汽车空载，处于静止状态且置变速器于空档，发动机应处于额定转速状态，

192

门窗紧闭

（2）测点位置如图6.32所示

（3）环境噪声应低于被测噪声值至少10dB（A）

（4）声级计应置于"A"计权、"普通"档

4. 汽车加速行驶车外噪声的测量

适用新生产汽车加速行驶车外噪声的限值和测量。

（1）测量条件

①背景噪声至少比被测汽车噪声低10dB。②测量场地应达到的声场条件是：测量场地的中心（O点）放置一个无指向小声源时，半球面上各方向的声级偏差不超过±1dB。测量场地应基本上水平、坚实、平整，且试验路面不应产生过大的轮胎噪声。

（2）测点位置

加速行驶测量区域按图6.33确定。O点为测量区的中心，加速段长度2 * （10m±0.05m），AA'为加速始端线，BB'为加速终端线，CC'为行驶中心线。

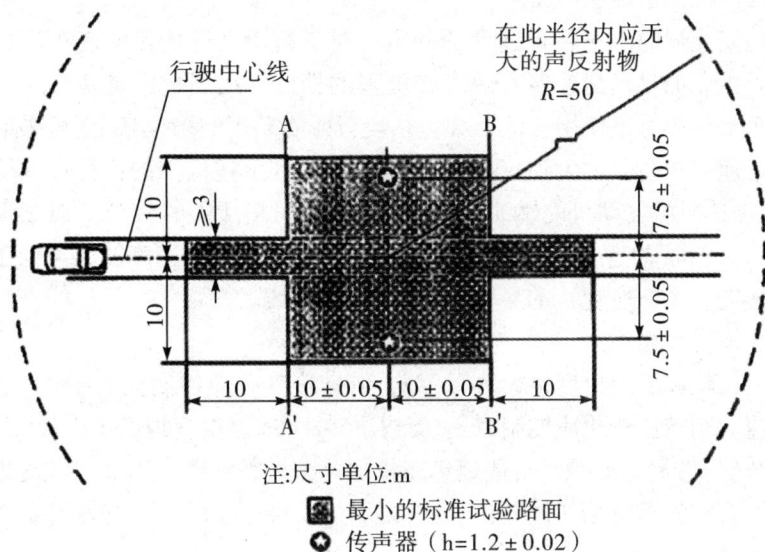

图6.33　测量场地与传声器的布置

传声器布置于1.2m±0.02m高，距行驶中心线CC' 7.5m±0.05m处，参考轴线必须水平并垂直指向行驶中心线CC'。

（3）检测流程

声级计使用"F"时间计权特性，选用"A"计权网络，功能开关选"普通"，级量程开关选择"中"。按照标准要求，进行测量与数据处理。

第一，档位选择。

a. 对于M1和N1类汽车，装用不多于四个前进档的变速器时，应用第二档进行测量。

b. 多于四个前进档的变速器时，应分别用第二档和第三档进行测量。若用第二档测量时，汽车尾端通过BB'线时，发动机转速超过了额定转速，则应逐次按5%额定

转速，降低接近 AA'线时发动机的稳定转速，直到通过 BB'线时的发动机转速不再超过额定转速。若仍超过，则只能用第三档测量。

c. 对于除 M1 和 N1 类以外的汽车，前进档总数为 X（包括由副变速器或多级速比驱动桥得到的速比）的汽车，应该用等于或大于 X/n 的各档分别进行测量。对于发动机额定功率不大于 225kW 的汽车，取 n = 2；对于额定功率大于 225kW 的汽车，取 n = 3。如 X/n 不是整数，则应选择较高整数对应的档位。从第 X/n 档开始逐渐升档测量，直到该车在某一档位下尾端通过 BB'线时发动机转速第一次低于额定转速时为止。

d. 对于自动变速器，若装有手动选档器，则应使选档器处于制造厂为正常行驶而推荐的位置来进行测量。

第二，接近速度。

装备手动变速器的汽车接近速度的确定：接近 AA'线时的稳定速度取下列速度中的较小值。50km/h；对于 M1 类和发动机功率不大于 225kW 的其他各类汽车，对应于 3/4 发动机额定转速的速度；对于 M1 类以外的且发动机功率大于 225kW 的各类汽车，对应于 1/2 发动机额定转速的速度。

装备自动变速器的汽车接近速度的确定：对于有手动选档器的汽车，其接近速度同上所述。若该车的自动变速器有两个或更多的档位，在测量中自动换到了制造厂规定的在市区正常行驶时不使用的低档（包括慢行或制动用的档位），则可采取以下任一措施：将接近速度提高，最大到 60km/h，以避免换到上述低档的情况；保持接近速度为 50km/h，加速时将发动机的燃油供给量限制在满负荷所需的 95%。对于无手动选档器的汽车，应分别以 30、40、50km/h（如果该车道路上最高速度的 3/4 低于 50km/h，则以其最高速度 3/4 的速度）的稳定速度接近 AA'线。

第三，加速行驶操作。

按规定的档位和稳定速度接近 AA'线，其速度变化应控制在 ±1km/h 之内；若控制发动机转速，则转速变化应控制在 ±2% 或 ±50r/min 之内（取两者中较大值）。当汽车前端到达 AA'线时，必须尽可能地迅速将加速踏板踩到底（即节气门或油门全开），并保持不变，直到汽车尾端通过 BB'线时再尽快地松开踏板（即节气门或油门关闭）。

第四，声级测量。

在汽车每一侧至少应测量四次；应测量汽车加速驶过测量区的最大声级，每一次测得的读数值应减去 1dB（A）作为测量结果。如果在汽车同侧连续四次测量结果相差不大于 2dB（A），则认为测量结果有效；将每一档位（或接近速度）条件下每一侧的四次测量结果进行算术平均，然后取两侧平均值中较大的作为中间结果。

第五，汽车最大噪声级的确定。

对应于用第二档测量的，直接取中间结果作为最大噪声级；若用了第二档和第三档测量时，取两档中间结果的算术平均值作为最大噪声级，若只用了第三档测量时，则取该档位的中间结果作为最大噪声级。且应将最大噪声级的值按有关规定修约到一位小数。

6.6.3 检测结果分析

使用声级计检测汽车噪声出现不合格的原因繁杂，需细致甄别。

1. 汽车喇叭声音低沉

故障现象：汽车喇叭声音低沉，用声级计测量显示声级数值不合格。

故障原因：喇叭老化损坏、喇叭电路故障、蓄电池输出电压低等。

故障诊断：先检测蓄电池输出电压，再检测汽车喇叭，若均无问题，为喇叭电路故障。

2. 汽车噪声超标

故障现象：汽车车内噪声、驾驶员耳旁噪声、汽车加速行驶车外噪声等超标。

故障原因：造成噪声超标的原因众多，一般与发动机噪声、底盘噪声、电器设备噪声、车身噪声等有关。

采取的措施：主要是对噪声源的控制，对噪声传播途径控制，对噪声接受者保护。具体表现在以下几个方面。

（1）控制发动机振动与噪声

降低发动机噪声是汽车噪声控制的重点。发动机噪声来源有燃料燃烧噪声、配气机构的进排气噪声、正时齿轮及活塞的敲击噪声等。

a. 发动机本体噪声：降低发动机本体噪声，用有限元法等方法分析设计发动机，选用柔和的燃烧工作过程，提高机体的结构刚度，采用严密的配合间隙，降低气缸盖噪声等；采用涂阻尼材料，运用发动机主动隔振系统。

b. 进气噪声：采用进气消声器，降低进气噪声。

（2）底盘噪声

a. 排气系噪声：优化设计性能良好的消声器；采用并联流路的双功能消声器；采用柔性管连接排气岐管到消声器入口。

b. 传动系噪声：选用低噪变速器；发动机与变速器及后桥主减速器等部件与底盘采用柔性连接；控制传动轴的平衡度。

（3）电器设备噪声

a. 冷却风扇噪声：其噪声产生主要取决于底盘。

b. 汽车发电机噪声：其噪声级取决于发电机的磁力和通风系统的结构及发电机制造和装配精度。

（4）车身噪声

取决于空气动力噪声：对车身流行型设计；车身与车架间采用弹性元件连接；室内软化，采用吸声材料；使用低噪轮胎。

（5）其它措施

采用以声消声技术，利用电子消声系统产生于噪声相位相反的声波，使两者的振动相互抵消，以降低噪声。

复习思考题

1. 汽车前轮定位参数有哪些？后轮定位参数有哪些？

2. 车轮定位的检测方法有哪些？

3. 什么是侧滑？有何危害？

4. 什么是静态检测法？什么是动态检测法？

5. 汽车侧滑试验台的组成？

6. 简述侧滑试验台的检测原理？

7. 汽车转向轮侧滑检测不合格的故障原因是什么？如何诊断？

8. 汽车后轮侧滑检测不合格的故障原因是什么？如何诊断？

9. 汽车前照灯的必检项目有哪些？

10. 汽车前照灯光轴偏斜量的检测原理是什么？

11. 汽车前照灯发光强度低的故障原因有哪些？如何诊断？

12. 汽车前照灯不亮的故障原因有哪些？如何诊断？

13. 汽车前照灯照射位置偏斜的故障原因有哪些？如何诊断？

14. 汽车前照灯的检测方法？

15. 声级计的组成哪些？

16. 汽车噪声超标可采取的措施有哪些？

第七章

悬架吸收率/转向轮转弯半径/四轮定位检测

【导读】本章围绕着汽车综合性能检测线的第四工位，讲述了 ACXX – 160 型悬架检测台的结构与原理、A – 850 型四轮定位仪的结构与原理，阐述了汽车悬架性能检测、四轮定位检测方法，并对检测结果进行了故障诊断与分析。

平顺性主要是指汽车保持在行驶过程中产生的振动和冲击环境对乘员舒适性的影响在一定界限内的能力，它是现代高速汽车的主要性能之一。而汽车悬架装置作为汽车重要组成部分，主要由弹性元件、导向装置和减振器组成。其基本功能是传力、缓和并迅速衰减车身与车桥之间因路面不平引起的冲击和振动，保证汽车行驶平顺性（舒适性）、汽车操纵稳定性、汽车制动安全性。因而，悬架装置的技术状况和工作性能，对汽车平顺性有重要影响。

汽车悬架装置最易发生故障的部位是减振器。当减振器工作不正常时，会出现汽车行驶中跳跃严重，轮胎有 30% 的路程附着力减少，汽车转向盘发飘，弯道行驶时车身晃动加剧，制动时易发生跑偏或侧滑，轮胎磨损异常，乘坐舒适性降低，有关机件磨损速度增快等不良后果。因此，对汽车悬架装置的性能检测是十分重要的。

汽车悬架性能的检测方法，主要有人工外观检查法、按压车体法和试验台检测法三种。人工外观检查法是通过人工外观检视的方法，从外部检查悬架装置的弹簧有无裂纹，弹簧与导向装置的连接螺栓是否松动，减振器是否漏油、损坏等现象；按压车体法指通过外力压下车身，然后突然松开，使车体上下运动，通过观察悬架装置减振器和各部件的工作情况，凭经验判断减振器和其它部件有否存在问题；试验台检测法主要利用汽车悬架试验台，对悬架装置进行快速、不解体的检测。

汽车悬架试验台按结构分，可分为跌落式和谐振式两类；按激振方式分，可分为跌落式、制动式和谐振式三种类型。

7.1　ACXX－160 型悬架检测台

汽车综合性能检测线第四工位采用了 ACXX－160 型悬架检测台，它是深圳市安车检测技术有限公司生产的谐振式悬架试验台，可以测量汽车静态载荷时轮重、动态载荷时最小吸收率、动态载荷时谐振频率、计算和显示悬架性能评价指标的百分比、显示及打印车轮振动曲线。适用于中小型汽车，检测类型为：轮距 1130～1680mm，独立悬架。其中，最大轴载荷为：1.6t/轴。

7.1.1　悬架检测台结构

ACXX－160 型悬架检测台主要由机械部分和微机控制两部分组成。

1. 机械部分

机械部分主要由由台面、电机、传感器、弹簧、飞轮、带轮及偏心轮等组成，如图 7.1 所示。

台面：主要起到支承作用。每侧台面下布置了 4 个称重传感器，用于测量单边轮重。

驱动电机：为 Y1001 电机，额定功率为 1.5kw，最高转速 1400r/min。

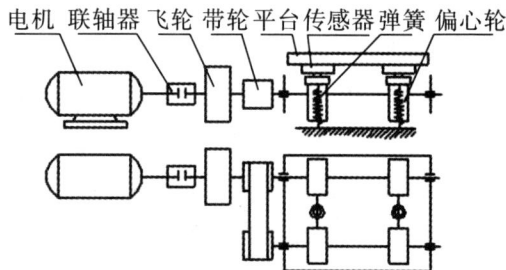

图 7.1　悬架检测台结构简图

飞轮：储能用。在电机停止后，能释放出先前电动机转动时存储的能量，带动激振系统进行振动。

偏心机构：将电机的转动转换为台面的上下运动。

2. 微机控制部分

微机控制系统主要由放大板、过滤板、I/O 板、电源板、固态继电器、计算机及控制软件组成，如图 7.2 所示。

控制软件是悬架检测台微机控制部分与机械部分联系的桥梁。软件不仅实现对悬架装置检测台测试过程的控制，同时也对悬架装置检测台所采集的数据和曲线进行分析和处理，最终将检测结果显示并打印出来。

7.1.2　悬架检测台工作原理

ACXX－160 型悬架检测台是利用机械激振方式使汽车悬架装置产生谐振的方法，来测定汽车悬架性能。

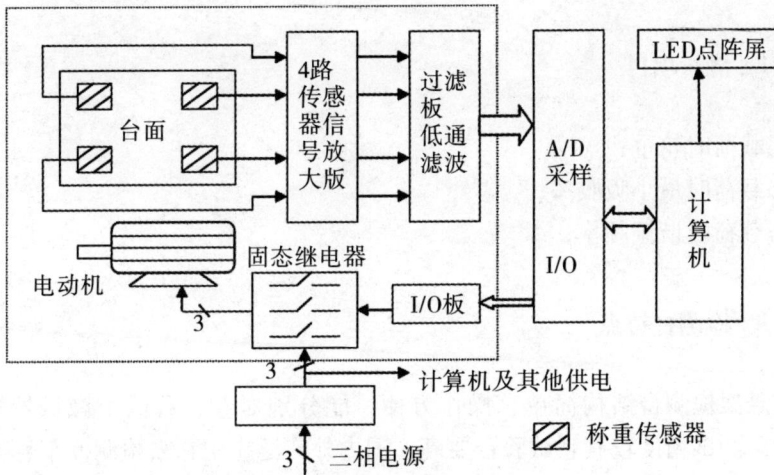

图 7.2 悬架检测台系统构成

如图 7.3 所示，谐振式悬架检测台通过电动机、惯性飞轮、偏心凸轮和弹簧等组成的激振器，迫使检测台台面及其上面被检汽车的悬架装置产生振动。在开机数秒（达到起始激振频率）后断开电动机电源，从而由蓄能飞轮产生扫频激振。由于电机的频率比车轮固有频率高，因此，蓄能飞轮逐渐衰减的扫频激振过程总可以降低到车轮固有频率处，从而使检测台台面与汽车悬架装置产生共振。测量此振动频率、振幅、输出振动波形曲线，经系统处理可评价汽车悬架装置性能。

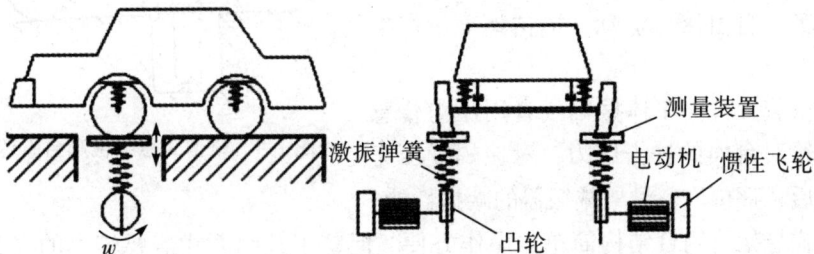

图 7.3 谐振式悬架检测台工作原理图

7.1.3 主要参数

最大轴载荷：1600kg

测试精度：+2%

最大轮距：1680mm

最小轮距：1130mm

电机功率：1.5kw

台体尺寸：2340 * 550 * 230mm

电源： AC380v，50Hz 三相四线

7.1.4 测量项目

1. 静态载荷时轮重；
2. 动态载荷时最小吸收率；
3. 动态载荷时谐振频率；

7.1.5 检测台特点

谐振式悬架检测台结构简单、操作方便，能分别对左、右两个减振器进行检测，并作出评价。测试精度较其它试验台要高，国内外广泛应用它来检测汽车悬架性能。

7.1.6 其它悬架检测台

1. 跌落式悬架检测台

跌落式悬架检测台在评价减振器性能方面与按压车体法相同。如图 7.4 所示，为一种跌落式悬架检测台原理简图。

测试开始时，先通过汽缸或液压缸等机构将汽车升起到一定高度，然后突然将支承机构松开，汽车作自由落体运动，撞击地面，产生自由振动。

用测量装置检测车体振幅或者用压力传感器测量车轮对台面的冲击压力，对振幅或压力分析处理后，评价汽车悬架减振器的减振性能。

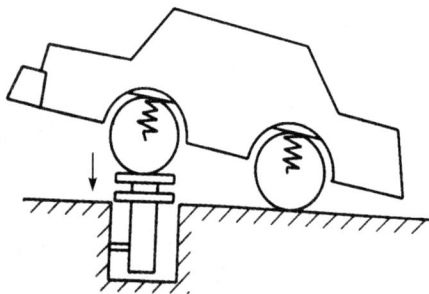

图 7.4 跌落式悬架检测台原理简图

跌落式悬架检测台结构简单、操作方便。但整车升起方式需要较大的提升力，且冲击波形不易控制，应用不多。另外，这种检测是以整根车轴为对象，给出评价结果，不能对单个减振器性能进行评价。

2. 平板式制动试验台

平板式制动试验台（详见 5.2 节内容），是利用汽车在测试平板上紧急制动过程的轴荷转移，在测定汽车制动性能的同时，测定汽车的悬架性能。

汽车紧急制动时，由于惯性和悬架的挠性作用，车身重心继续前移并通过悬架对车轮有扳动作用，前轮负荷增加，后轮负荷减少。随着车身重心后移，扳动车轮使前轮负荷减少，后轮负荷增加，从而引起的前后车身纵向俯仰振动，直到最后被悬架阻尼衰减、吸收，车身振动才消失。

通过测试平板下的压力传感器测量被测车轮作用于测试平板上的垂直力，对垂直力随时间的变化曲线进行处理和分析，获知汽车车身的振动情况，从而判断被测车轮悬架的技术状况。

由于每次在平板上制动时的初速度和制动减速度很难控制达到一致，造成了每次制动引起的车身振动不一样。因此，平板式制动试验台测量悬架性能的测量结果重复性比较差，且各类被测悬架只能对某些激励引起的车身振动有较好的减振效果，对其它激励引起的车身振动则难以发挥出良好的减振效果，故每次测得的悬架效率值就有差异。

✦ 7.2 汽车悬架性能检测

7.2.1 汽车悬架性能检测标准

GB18565《营运车辆综合性能要求和检验方法》规定，对于最大设计车速大于或等于100km/h、轴载质量小于或等于1500kg的载客汽车，应按规定进行悬架特性检测。

交通行业标准JT/T 497《乘用车悬架特性的评定指标和检测方法》，对乘用车悬架特性的评价指标和检测方法作了规定：

1. 评价指标

（1）吸收率

以吸收率作为评价指标，适用于谐振式（共振式）汽车悬架装置检测台检测汽车悬架特性。

按照交通行业标准JT/T 448《汽车悬架装置检测台》的规定，汽车在谐振式汽车悬架装置检测台检测悬架特性时，被测汽车的车轮在外界激励振动下，共振时的最小的动态车轮垂直接地力与静态车轮垂直接地力之比为"吸收率"，用百分数表示（%）。其中：动态车轮垂直接地力，指当谐振式悬架装置检测台台面与被测汽车悬架装置的车轮部分出现共振时，汽车车轮作用在台面上的垂直作用力。静态车轮垂直接地力，指谐振式悬架装置检测台台面与被测汽车悬架装置处于静止状态时，汽车车轮作用在台面上的垂直作用力。

汽车行驶时，因各个车轮悬架装置的工作性能不一致，车轮承受载荷不一致、轮胎气压不一致、道路对车轮的冲击不一致等诸多因素影响，汽车每个车轮的吸收率是不一样的，所以每侧车轮的吸收率都要单独计算。若使各轮承受的载荷、轮胎气压、台面冲击一样，那么吸收率主要决定于悬架装置的工作性能。因而，完全可以用吸收率来评价悬架装置的工作性能。通常，为获得一个好的测量结果可比性，悬架装置检测台台面的振幅一般为6mm的激振幅度。

吸收率表明了悬架装置在汽车行驶中确保车轮与路面相接触的最小能力，值在0～100%范围内变化；它也直接反映了车轮与路面的附着情况，其值越大，说明行驶时附着情况越好，行车安全性也越好；同时，吸收率也间接地反映了悬架系统的传递特性，即阻尼元件的阻尼特性，其实质是检测悬架的刚度和阻尼情况。

为了防止因同轴左、右悬架吸收率的差异过大而引起操纵稳定性和制动稳定性恶化，进而引发交通事故，需控制同轴左、右轮吸收率之差在一定范围内。这种评价方法不仅考虑了悬架装置对汽车平顺性的影响，更重要的是考虑了对汽车操纵稳定性和行驶安全性的影响。它考察了汽车在工作条件最差的情况下，即地面激振使悬架达到共振时，车轮与地面的接触状况。这是一个比较直观的评价指标，既能快速检测，又能综合评价汽车悬架装置的弹簧和减振器的匹配性能及其品质，所以成为很多国家标准的制定依据。

（2）悬架效率

用平板式制动试验台检测汽车悬架特性时，其评价指标为悬架效率。

用平板式制动试验台检测汽车悬架特性时，车辆以 5－10km/h 的速度驶上平板式试验台后，驾驶员迅速踩下制动踏板，车轮制动停在平板上。此时，车轮处的负重发生变化，主要是由于制动时前、后轴的负荷转移及车身通过悬架在车轮上的振动而引起的。车身加速向下时，车轮处负重增加，车身加速向上时，车轮处负重减少，反映了制动引起的车身振动被悬架系统逐渐衰减的过程。

图 7.5 反映的是制动时前部车身先加速向下，前轮处的动态负重先从静态负重附近（O 点）上升到最大值（A 点），再从最大值下降到最小值（B 点）。而图 7.6 反映后部车身的振动，它与图 7.5 反相位。即前部车身向下运动时后部车身向上抬起。由于车辆悬架系统能衰减、吸收车身的振动，所以，车身的振动经过一段时间后就会消失。

每侧车轮的悬架效率，可用下式表达：

$$\eta = [1 - | (G_B - G_0) / (G_A - G_0) |] \times 100\% \tag{7-1}$$

式中：η——悬架效率；

G_o——各车轮处静态负荷值；

G_A——曲线上 A 点的纵坐标绝对值；

G_B——曲线上 B 点的纵坐标绝对值。

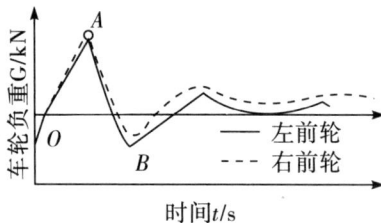

图 7.5　汽车前轮负重变化曲线　　　　图 7.6　汽车后轮负重变化曲线

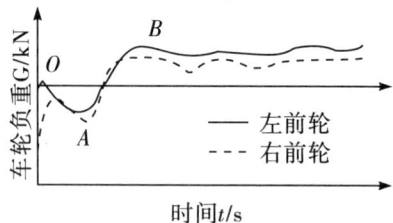

悬架效率是按照"车轮处动态负重的变化→车身振动→悬架衰减振动→悬架效率"这一原理测试出来的。平板式制动试验台检测悬架效率时，测试过程接近于路试，可以真实地反映车辆悬架的减振性能。

2. 评定标准

交通行业标准 JT/T 497《乘用车悬架特性的评定指标和检测方法》中规定：

（1）用谐振式汽车悬架装置检测台检测汽车悬架特性时，吸收率应不小于 40%；

202

同轴左右轮吸收率之差不得大于15%。

（2）用平板式检测台检测汽车悬架特性时，悬架效率应不小于45%；同轴左右轮悬架效率之差不得大于20%。

▶ 7.2.2 汽车悬架性能的检测

1. 谐振式汽车悬架检测台检测

（1）准备工作

第一，检查电缆线的连接是否可靠，有无破损和接触不良现象；

第二，将悬架检测装置台的电源开关打开，检查各指示灯工作是否正常，并按使用说明书的要求预热至规定时间；

第三，检查悬架检测装置台面上是否有泥、水、油污及石子等物，如有，应清除干净；

第四，车辆空载，不乘人（含驾驶员），核实汽车各轴负载，确保轴负载在试验台允许负载范围之内；

第五，检查轮胎气压是否正常，不足的应充至规定值；

第六，检查轮胎是否沾有泥、水、油污等物，如有，应清除干净；

（2）检测流程

第一，打开电源开关和计算机电源预热机器，显示屏幕出现检测主画面，机器处于全自动待机状态，屏幕右上角提示"全自动"。全自动状态下，按照点阵屏提示操作即可。

第二，若手动检测，点击工控机上"单机悬架"进入手动检测界面。按F2键输入车辆信息（车牌、行驶里程、检测类型等）后，点手动或按下F3键，依次对左、右轮悬架性能检测。

第三，将车辆驶上悬架检验装置检验台，使轮胎位于台面的中央位置；

第四，启动检测台，使激振器迫使汽车悬架产生振动，使振动频率增加超过悬架的共振频率；

第五，在共振点过后，将激振源关断，振动频率逐渐减少，并将通过共振点。系统自动记录显示谐振频率，轮重等信息，如图7.7所示。第六，试验结束后，可以读取并打印衰减振动曲线，纵座标为动态轮荷，横座标为时间。测量共振时动态轮荷，计算并显示动态轮荷与静态轮荷的百分比及其同轴左右轮百分比的差值等。

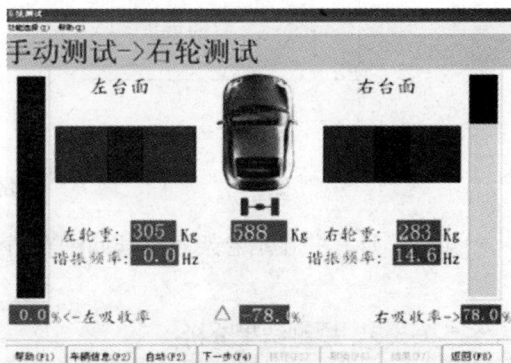

图7.7 悬架性能手动检测界面

（3）注意事项

第一，超出试验台额定载荷的汽车，禁止驶上悬架台。

第二，不要在悬架台上停放车辆和堆积杂物，严禁做空载试验。

第三，不要让肮脏的车辆直接检测，特别是轮胎和底盘部分粘有较多泥土的情况。应首先清洗并待滴水较少时进行检测。

第四，雨天检测必须为车辆除水，滴水较少时才能检测。

第五，严禁悬架台中进水，保持传感器干燥，以保证传感器正常工作。

第六，为保证测试精度，传感器必须预热 30 分钟。

第七，使用 3 个月，拆开面板检查设备上的所有螺栓螺母包括电气接线端子的螺栓，是否有松动现象并加固。

第八，使用 6 个月，除进行第 1 项的工作外，还须对台架内各部位进行清洁。同时检查线路固定是否牢固，对轴承座进行润滑。

第九，应按国标进行定期检定（两次检定最长间隔不得超过 12 个月）。

2. 平板式检测台检测

用平板式制动试验台检测汽车悬架特性时，按下列规定进行。

（1）准备工作

第一，检查电缆线的连接是否可靠，有无破损和接触不良现象；

第二，将平板式检测装置台的电源开关打开，检查各指示灯工作是否正常，并按使用说明书的要求预热至规定时间；

第三，平板检测台表面干燥，没有松散物质及油污，如有，应清除干净；

第四，车辆空载，不乘人（含驾驶员），核实汽车各轴负载，确保轴负载在试验台允许负载范围之内；

第五，检查轮胎气压是否正常，不足的应充至规定值；

第六，检查轮胎是否沾有泥、水、油污等物，如有，应清除干净；

（2）检测流程

第一，驾驶员将车辆对正平板台以 5～10km/h 的速度驶上平板，置变速器于空档，急踩制动，使车辆停住；

第二，测量制动时的轮荷，记录动态轮荷的衰减曲线，如图 7.8 所示

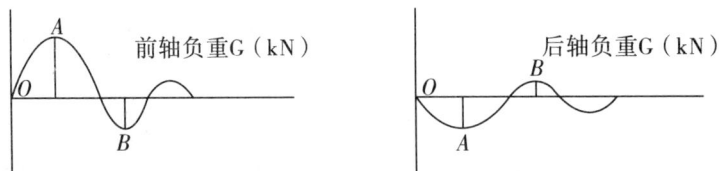

图 7.8　动态轮荷曲线

第三，计算并显示悬架效率和同轴左右轮悬架效率之差值。

7.2.3　检测结果分析

我国汽车悬架特性属于选择执行项目，没有明确的诊断参数与标准。而欧美一些国家已经广泛应用悬架检测装置检测悬架装置工作性能。表 7.1 为欧洲减振器制造协

会推荐的评价车轮接地性的参考标准。

表7.1　车轮接地性参考标准

车轮接地性指数/%	车轮接地状况	车轮接地性指数/%	车轮接地状况
60 ~ 100	优	20 ~ 30	差
45 ~ 60	良	1 ~ 20	很差
30 ~ 45	一般	0	车轮与路面脱离

注：①车轮接地性指数指在悬架装置检测台台面振幅6mm所测得。

②该标准适用于大多数汽车，对非常轻的小车例外，因为它们的一个轴（一般为后轴）的两个车轮接地性指数非常低，而它们的悬架装置是正常的。

当悬架性能不佳时，要先检查减振器工作状态，因为减振器是悬架装置中最易发生故障的部件。更换减振器后，还要对相关总成和零件进行检查，若发现故障隐患也应及时排除。

7.3　A – 850型四轮定位仪

汽车四轮定位设计的目的是要保证汽车在行驶时有自动保持直线行驶的性能，即当车轮转向后有自动回位的能力。为此，汽车的转向轮设计有几个角度，如：主销后倾角、主销内倾角、转向轮外倾角、转向轮前束，统称为转向轮定位角；后轮定位角主要有后轮外倾和后轮前束。转向轮与非转向轮定位检测称为四轮定位检测。

转向轮定位角是评价汽车前轮直线行驶稳定性、操纵稳定性、前轴和转向系技术状况的重要参数。如果前轮定位不正常，不仅会引起转向沉重，增加驾驶者的劳动强度，汽车的行驶也不稳定，不能保持直线行驶，车轮失去自动回正作用，还会造成汽车操纵失控，有导致事故的危险。后轮定位角可用来评价后轮直线行驶稳定性和后轴的技术状况。可见，车轮定位检测十分必要。

车轮定位的检测方法，有静态检测法和动态检测法两种。

动态检测法指在汽车以一定车速行驶的状态下，用侧滑试验台检测车轮定位产生的侧向力或由此引起的车辆侧滑量。其特点是设备结构复杂，操作简便，速度较高，非常适合快速检测，在安检线或综检线上应用较为广泛。

静态检测法指在汽车静止的状态下，根据车轮旋转平面与各车轮定位间存在的直接或间接的几何关系，用车轮定位仪对车轮定位进行几何角度的测量。车轮定位仪发展经历了气泡水准仪、拉线式、光学投影式、电子式（PSD式）、红外式（CCD式）、三维数字成像式（3D影像式）等不同发展阶段。其特点是仪器结构简单，但操作复杂、速度慢。

气泡水准式和光学投影式为前轮定位仪，属早期产品，它只对转向轮定位参数测量。现代车轮定位仪均为电脑式四轮定位仪，如拉线式、PSD式、CCD式、3D影像式

205

等均应用了计算机技术和精密传感技术，由装在车轮上的传感器（拉线式采用了电阻式角位移传感器，PSD 式采用了光电位置传感器，CCD 采用了数字图像传感器）将车轮定位角的几何关系转化为电信号送入微机处理、分析与判断，然后由显示器显示和打印机输出，并可以同时进行四轮定位。目前，前轮定位仪和拉线式四轮定位仪已经淘汰，CCD 式四轮定位仪为国内市场的主流。

通常，四轮定位仪和举升机配合组成四轮定位系统，用来检测汽车车轮定位参数。四轮定位的前、后轮定位参数依赖于悬架机构有关部件的相互位置在一个统一基准（线或面）上的合理匹配，以实现转向行驶系统的稳定效应，使汽车具有良好的行驶平顺性和操纵稳定性。只有当前、后轮定位参数均按标准值调整得当，才能保证汽车转向精确、运行平稳、行驶安全、降低油耗、减轻轮胎磨损等。目前，四轮定位系统已广泛应用于汽车制造、维修保养行业及管理部门，且种类繁多，结构各异，技术水平不一。

汽车综合性能检测线第四工位采用了车博士 A－850 型四轮定位仪和高昌 GC－3.5MS 剪式举升机。它们组成了四轮定位系统，可以测量前轮前束，左、右前轮前束，左、右前轮外倾，左、右主销后倾，左、右主销内倾，后轮前束，左、右后轮前束，左、右后轮外倾等多项内容，并自动将检测结果与原厂标准数据进行比较，指导使用者对车轮定位参数进行相应调整，使其符合原设计要求，以实现理想的汽车行驶性能。

7.3.1 四轮定位仪的结构

车博士 A－850 四轮定位仪是深圳市车博仕电子科技有限公司的产品。整体结构如图 7.9 所示，它主要由主机、传感器机头、通信系统、轮辋夹具、转角盘、附件等组成。

1. 电脑主机

它采用了电脑市场的商用机器，是一个控制操作中心平台。它由机柜、计算机、主机接口、打印机等组成。计算机内有四轮定位专用软件，有各种车型定位参数的数据库和操作帮助系统等。定位仪主机可完成数据计算、结果显示、打印输出等诸多功能。

2. 传感器机头

传感器机头是测量车辆四轮的尺子，决定了整机的测量精度，也从侧面反映了四轮定位仪的技术属性，为四轮定位仪的核心部件，其外形如图 7.10a 所示。四轮定位仪共有四个传感器机头，上面标有在车轮上的安装位置，各自随意不能互换。若更换任一传感器机头，需对所有的传感器机头重新进行标定。

传感器机头内主要有控制板、信号光源、位置传感器、倾角传感器、通信装置、电源等部件。每个传感器机头的端部和中部各装一个线阵 CCD 传感器，机头中部安装有一个双轴倾角传感器（测量机头在前后、左右方向倾斜角度）。线阵 CCD 传感器把获取的图像和双轴倾角传感器测量数据经过单片机处理，通过射频发射器无线传输给计算机系统，由计算机系统进行处理。

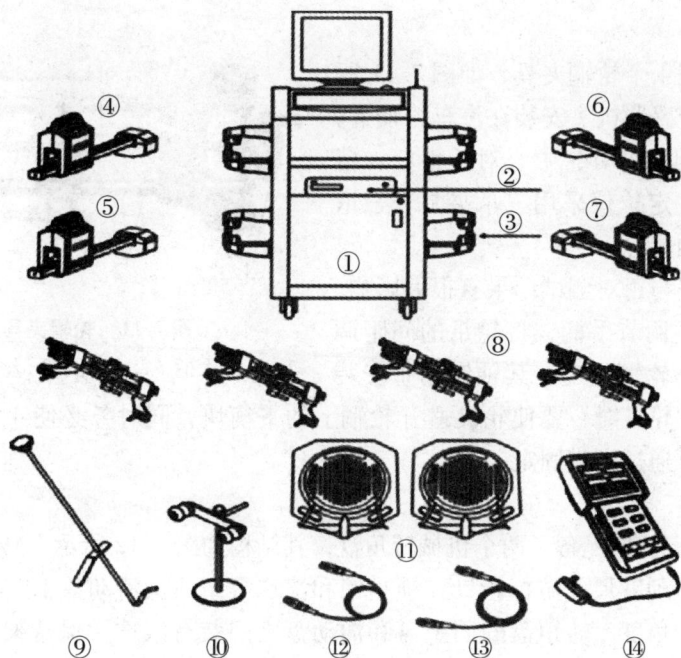

图7.9　四轮定位仪整体结构

1. 机柜　2. 电脑　3. 夹具挂架　4、5、6、7. 传感器机头　8. 轮辋夹具　9. 制动踏板固定杆
10. 转向盘锁定杆　11. 转角盘　12、13. 充电线　14. 遥控显示器

传感器机头中部有一按键面板，如图7.10b所示。面板上有6个指示灯，下面3个分别表示电源、充电状态、电池电量。上面3个表示机头是否水平，当左边红灯亮时，表示机头左边偏高；右边红灯亮时，表示机头右边偏高；中间绿灯亮时，表示机头处于水平状态。

传感器机头为精密器件，使用时要轻拿轻放，切勿撞击或滑落。

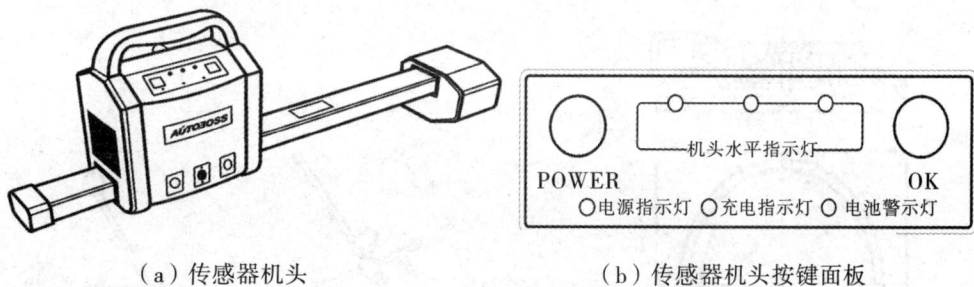

（a）传感器机头　　　　　　　（b）传感器机头按键面板

图7.10　传感器机头

3. 通信系统

A－850四轮定位仪采用了红外线传感器，通过红外信号发生器和信号接收器实现传感器机头之间、传感器机头与主机之间的数据传递。

数据传递最早是采用电缆来传输，现在普遍采用红外光，最新技术是采用蓝牙通信技术。

4. 轮辋夹具

四轮定位仪有 4 个轮辋夹具,如图 7.11 所示。其作用是将传感器机头安装在汽车轮辋上。该定位仪采用了四爪夹具,中心对正性好,精度高。也有的四轮定位仪采用三爪夹具,三爪夹具具有自定心功能。

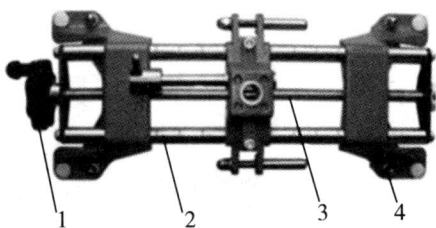

图 7.11 轮辋夹具

1. 调节手柄 2. 光杆 3. 丝杆 4. 轮爪

轮夹装配正确与否对测试结果有很大影响。使用时,先需通过调节手柄,将轮爪的间距调整合适,再与汽车轮辋相连。其轴销用于安装传感器机头。装配轮夹时,要使轮夹避开轮辋上的平衡块,同时务必使 4 个轮爪与轮辋充分接触,并可通过绑带固定。

5. 转角盘

A - 850 四轮定位仪配备了两个机械转角盘,其结构如图 7.12 所示。转角盘由固定盘、活动盘、扇形刻度尺、游标指针、锁止销和滚珠等组成。活动盘上装有指针,用以指示车轮转过的角度。转角盘的固定盘和活动盘之间装有滚珠及保持架,用以保证汽车前轮在置于转角盘上转向时能灵活偏转。

转角盘放置于举升机的汽车前轮位置处。车辆驶入前,用锁紧销将转角盘锁紧,防止其转动。汽车驶入后,松开锁紧销。在测试过程中,要尽量使汽车前轮正对转角盘的中心位置。

6. 附件

附件包括转向盘锁定杆、制动踏板固定杆等。转向盘锁定杆用于固定方向盘,防止在测前束时车轮转向。制动踏板固定杆在测定主销倾角时,用于固定制动踏板防止车轮滚动。其结构如图 7.13 所示。

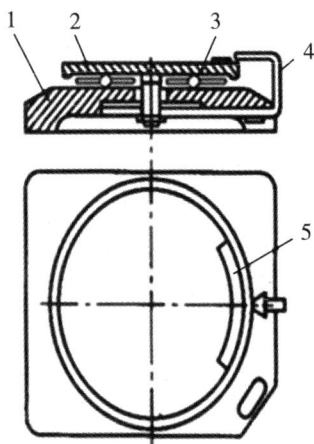

图 7.12 转角盘

1. 固定盘 2. 活动盘 3. 滚珠
4. 指针 5. 刻度尺

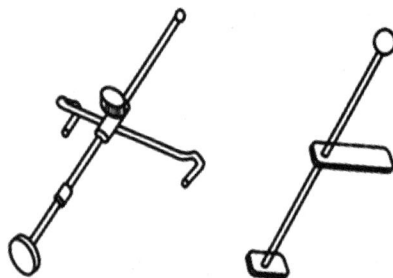

图 7.13 转向盘锁定杆和制动踏板固定杆

7.3.2　四轮定位仪的测量原理

A-850 四轮定位仪以微机为核心，配合标准系统软件，与传感器之间形成一个完整的检测系统。通过传感器光学信号的传递和传感器内部单片微机的运算处理，将其检测到的车轮前束值、前轴偏移量、主销后倾角和主销内倾角等多项指标，通过电缆线传输到微机主机，经运算处理后由显示器显示或由打印机打印输出。

A-850 四轮定位仪采用了"红外 8 束、16 传感器"封闭测量的方法，每个传感器机头内均有 2 个红外发射管、2 个位置传感器和 2 个倾角传感器。8 个红外发射管共发出 8 条光束，如图 7.14 所示，8 条光束由对应的传感器机头的位置传感器接受，形成了一个封闭的矩形。被检汽车置于此矩形中，可测量水平方向的定位角度（前束角、推力角、轴距差、轮距差

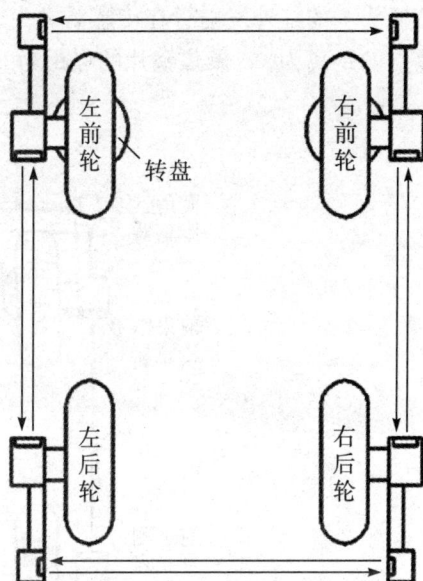

图 7.14　测量矩形

等）。倾角型的定位角度（车轮外倾角、主销后倾角、主销内倾角）的测量，可由倾角传感器测量。其它类型的四轮定位仪所采用的检测方法、数据记录与传输方式虽有所不同，但基本测量原理是一致的。

传感器机头内各传感器的位置布置如图 7.15 所示。大箱体内的位置传感器用于测量水平纵向平面内的定位角（前束角、推力角等），又称为前束传感器；小箱体内的位置传感器用于测量水平横向定位角（轴距差等），又称横角传感器。两个倾角传感器互成 90 度放置，外倾角传感器能直接测量车轮中性

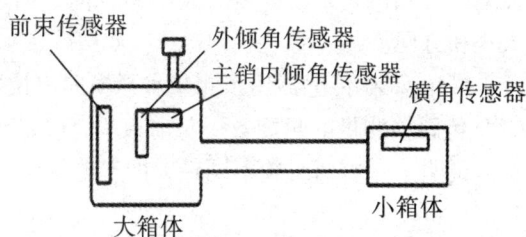

图 7.15　传感器布置位置

面的倾角，用于车轮外倾角和主销后倾角的测量。主销内倾角传感器则通过测量车轮平面绕转向节轴线的相对转角，计算出主销内倾角的大小。

1. 车轮前束和推力角、轴距差的测量原理

在测量前束时，必须保证车体摆正且方向盘位于中间位置。将被检汽车置于安装在车轮上的 4 个机头的前束和横角光学系统发出的 8 条光束形成的封闭矩形内，传感器机头上的 CCD 传感器的零点位置，表示前束或横角为零时对应传感器机头红外发射管的光点成像位置，其位置在设备标定时已进行确定。

当车轮存在前束时，左后轮其传感器机头上红外发射管的光点，在左前轮测量机

头的前束 CCD 传感器上的成像位置会偏离零点位置形成一个偏差值，可算出左前轮的前束角。

具体算法如下：如图 7.16 所示，由于传感器机头 2 偏离零线某一个角度 α，传感器机头 1 的红外发射管在传感器机头 2 中 CCD 传感器成像点也偏离零点，若成像点到零点的距离为 x，聚焦镜片的焦距为 f，则传感器机头 2 的偏角 α 为

$$\alpha = \tan^{-1}\frac{x}{f} \tag{7-1}$$

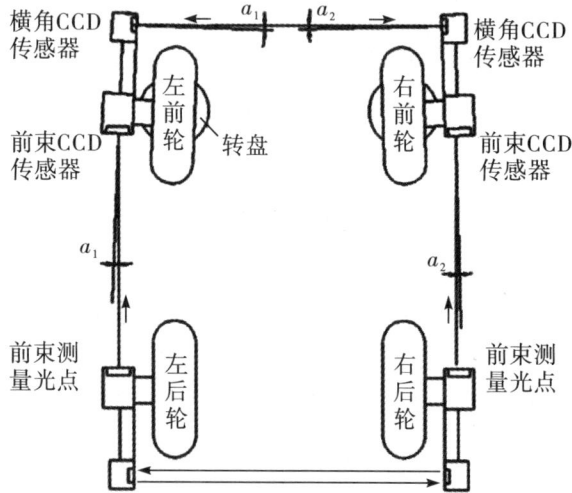

图 7.16　前束的测量

同理，通过安装在前轮机头发出的红外光束照射在后轮测量机头的前束 CCD 传感器上，可测出后轮前束角的大小和方向，而左右后轮前束角的差值即反映了推力角的大小和方向。

横角 CCD 传感器用于测量水平横向定位角度。如果同轴左、右轮测量机头的横角 CCD 传感器测量的角度 α' 与前束 CCD 传感器测得的前束角 α 不相等，如图 7.17 所示。说明了左右两车轮不同轴，即车轮发生了错位，则同轴左右轮的轴距差 θ 为

$$\theta = \alpha' - \alpha \tag{7-2}$$

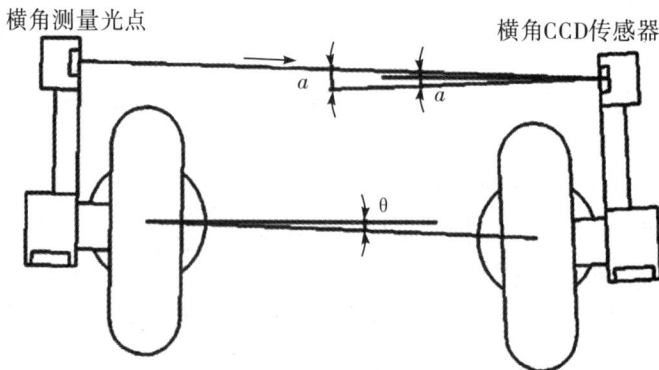

图 7.17　轴距差的测量

2. 车轮外倾角的测量原理

车轮外倾角是转向盘位于中间位置的车轮倾角，可由传感器机头内的外倾角度传感器直接测出。

3. 主销后倾角和主销内倾角的测量原理

主销后倾角 γ 和主销内倾角 β 不能由车轮的静止状态直接测出，只能采用建立在几何关系上的间接测量。

（1）主销后倾角 γ 测量原理

由于转向节轴线是车轮的旋转轴线，与车轮中性面垂直。当前轮存在外倾角 α 时，转向节轴线并不与地面平行。当车轮处于直线行驶位置时，转向节轴线与水平平面的倾角亦为 α，如图 7.18a 所示。

如图 7.18b 所示，以左前轮为例。AB 代表主销中心线，假设主销内倾角 β = 0°，主销后倾角为 γ，AC 为转向节轴线，前轮外倾角为 α。当车轮由直线行驶位置，绕 AB 轴在向左或向右各转规定角度 φ，转向节轴线由 AC 转至 AC′ 或 AC″。AC′ 和 AC″ 对水平面的倾角分别是 α′ 和 α″。则 α′ > α > α″，且满足一定的函数关系：γ = f（α′，α″，φ），当 φ 为一定值时，α′ 和 α″ 决定于主销后倾角 γ 的大小。因此，通过传感器机头外倾角传感器测出前轮外倾角 α′ 和 α″，可测得主销后倾角。

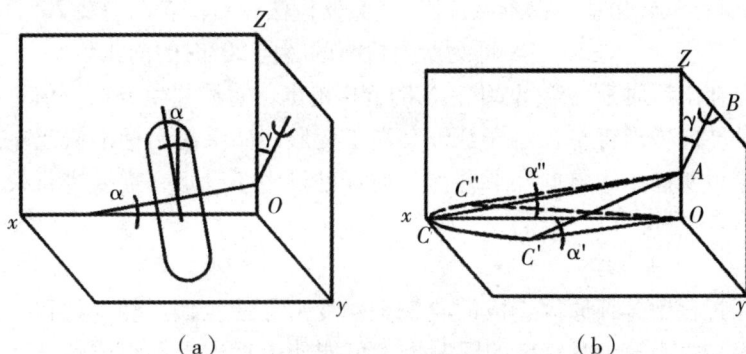

图 7.18 主销后倾角的测量原理

（2）主销内倾角 β 的测量原理

如图 7.19a 所示，以左前轮为例。假设主销后倾角 γ = 0°，则主销中心线 AB 在横向竖直平面 xoz 平面内，主销中心线 AB 与 oz 的夹角 β 为主销内倾角。当前轮处于直线行驶位置时，由于前轮外倾角 α 存在，转向节轴线 oc 与 oz 的夹角为 90° + α。若前轮在水平平面内向右转动规定角度 φ 后，转向节轴线 OC 绕 AB 轴转至 OC′，由于主销内倾角的存在，车轮上的最高点发生变化，D 点变成 M 点（如图 7.19b），即车轮平面在绕 AB 转动时，发生绕自身转向节轴线相对转动，其转角为 θ。此时，θ 取决于 α 和 φ，即满足一定的函数关系：β = φ（α，φ，θ），由于车轮外倾角 α 已测出，φ 为定值，所以 θ 角仅取决于 β，即满足 β = φ（θ）。这样，通过传感器机头的主销内倾角传感器测出 θ 角，即可反映主销内倾角度值。

测量时，一般也是将前轮向左转 φ 角，则转向节轴线 AC 转至 AC″，再将前轮向右转 2φ 角，转向节轴线转至 OC′，车轮平面绕转向节轴线则转过了 2θ 角。这种测量方法使测量灵敏度和读数精度提高，而且消除了主销后倾角 γ 对测量值的影响。

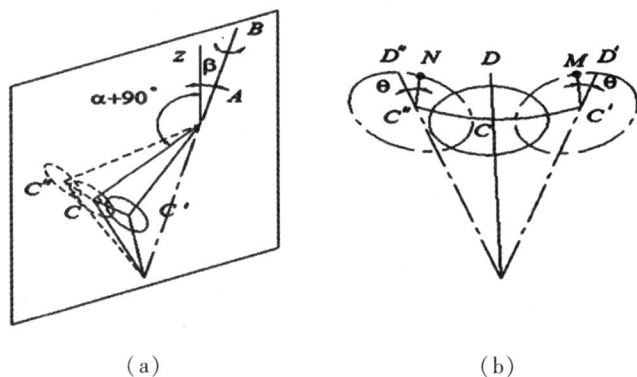

（a） （b）

图 7.19 主销内倾角的测量原理

4. 转向 20°时前张角的测量原理

为了检测汽车的转向梯形臂与各连杆是否发生变形，在四轮定位仪中均设置了转向 20°时，前张角的检测项目。其测量方法为：让被检车辆前轮停在转角盘中心处，右轮沿直线行驶方向向右转 20°时进行测量；左轮沿直线行驶方向左转动 20°时进行测量（该转向角可直接从转角盘上的刻度读出）。具体做法：右前轮向右转 20°，读取左前轮下的转盘上的刻度 X，则 20° – X 即为所要检测的转向 20°时的前张角。

一般汽车在出厂时都已给出 20° – X 的合格范围，将测量值与出厂值进行比较即可检测出车辆的转向梯形臂与各连杆是否发生了变形，如果超出标准值或左右转向前张角不一致，则说明该车的转向梯形臂和各连杆已发生了变形，需要进行校正、调整或更换梯形臂和各连杆。

5. 轮辋偏摆补偿原理

汽车使用过程中各种原因造成的轮辋钢圈变形，使轮辋在转动过程中，轮辋端面左右偏摆；另外，由于夹具精度的限制也不可能使轮爪支承点组成的平面与车轮轴心线绝对垂直。这两种原因造成轮辋夹具轴销与车轮旋转平面不垂直而形成一定的夹角，且该角随夹具安装在轮辋上的不同位置而随机变化。由于外倾角和前束角本身为微小值（分别为 1°~2° 和 5′~40′），当轮辋偏摆严重时，会影响车轮定位数据的准确性，甚至得出错误的测试结果。所以在测量车轮定位参数前，应对轮辋偏摆进行补偿。

如图 7.20 所示，当传感器机头与夹具装在具有外倾角 α 的汽车转向轮上后，由于摆差的影响，车轮中性面 AB 与传感器机头的侧平面 CD 不平行，向外倾斜 δ 角，待倾角传感器的摆锤回位到铅垂位置后，传感器输出值为 $\alpha_0{}'$。则

$$\alpha_0{}' = \alpha + \delta \qquad (7-3)$$

δ 角是未知量，并随夹具在轮辋上的安装位置随机变化，因此无法测得外倾角 α。解决办法是：将传感器机头与夹具中心轴线的紧固螺栓松开，将夹具随车轮一起绕车轮轴线转动 180°，再将传感器机头与夹具旋紧（测量单元保持纵向水平），倾角传感器测量值为 $\alpha_{180}{}'$，

$$\alpha_{180}{}' = \alpha - \delta \qquad (7-4)$$

由（7-3）（7-4）式可知车轮外倾角真实值 α 为车轮在 $0°$ 和 $180°$ 两位置测量值的算术平均值，即

$$\alpha = （\alpha_{0°}{}' + \alpha_{180°}{}'）/2 \qquad\qquad （7-5）$$

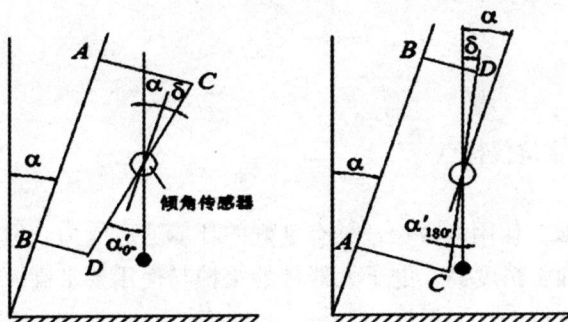

图7.20　轮辋偏摆补偿原理图

同理，车轮在上述 $0°$ 位置时，车轮向左右方向上偏斜 ε 角，CCD 前束传感器测得角为 $\varphi_{0°}{}' = \varphi + \varepsilon$。将车轮绕轴线转 $180°$，前束传感器测量值为 $\varphi_{180°}{}' = \varphi + \varepsilon$，则前束角为

$$\varphi = （\varphi_{0°}{}' + \varphi_{180°}{}'）/2 \qquad\qquad （7-6）$$

可见，轮辋偏摆补偿是通过将车轮举起，测量初始位置 $0°$ 和旋转车轮 $180°$ 两点位置外倾角和前束角的变化，从而计算出它们的真实值。这种补偿取点方式称为两点 $180°$ 补偿方式，也有的定位仪采用四点 $90°$ 补偿方式，即选取 $0°$、$90°$、$180°$ 和 $270°$ 四个位置进行测量。

7.3.3　四轮定位仪技术参数

车博士 A-850 技术参数如表7.2所示。

表7.2　车博士 A-850 四轮定位仪技术参数

参数	测量精度	测量范围	总测量范围
总前束（Total toe）	$±2'$	$±4°$	$±20°$
单一前束（Individual toe）	$±1'$	$±2°$	$±10°$
外倾角（Camber）	$±1'$	$±4°$	$±10°$
主销后倾角（Castor）	$±3'$	$±18°$	$±22°$
主销内倾角（SAI/KPI）	$±3'$	$±18°$	$±22°$
退缩角（Setback）	$±1'$	$±2°$	$±10°$
推力角（Thrust angle）	$±1'$	$±2°$	$±10°$
适用轮辋尺寸（Wheel size working rang）		$11\sim21$ 英寸	

7.3.4　测量项目

1. 前束

2. 外倾角

3. 主销后倾角

4. 主销内倾角

5. 退缩角

6. 推力角

7.3.5 四轮定位仪特点

CCD 无温度系数、使用寿命长，具有良好的环境适应能力。但是，这种传感器的四轮定位仪的机械加工精度高，电子元器件的维护与使用要求高，小心怕碰，并需在一定时间后要做一次校正。

7.3.6 其它类型四轮定位仪

除了采用红外传感器的车博士 A-850 这类四轮定位仪外，目前还有激光式和 3D 影像式四轮定位仪。

1. 激光式四轮定位仪

激光式四轮定位仪使用激光作为发射光束。激光是一种平行光，在行进途中不发散，对阳光的抗干扰性强，因此可保证其测量精度和分辨率。其工作原理同 CCD 式。使用激光测量技术的厂家有英国机灵狗、烟台三雄和北京万里马等。

2. 3D 影像式四轮定位仪

3D 影像式四轮定位仪的生产厂家有美国战车和美国猎人。3D（三维）影像式是采用数字图像识别技术，用数字 CCD 相机采集装在车轮采像板上的图像信息，以测量出车轮的相对数值，通过前后移动车辆，由 CCD 摄像头同时采集采像板信息，电脑计算出其坐标和角度，通过软件三维重建，实时显示四轮的三维状态。这是一种相当先进的测量方式，利用图像识别技术，无需校正，具有测量精度高，无误差，操作简单等优点。并且制造成本非常低，仅有两个（四个，一轮对应一个）CCD 摄像头和四个采像板（成本配件价格低无电子元器件）和夹具。软件也具有非常高的开发优势，可以实现三维重建，动画调整，四轮结构显示，轮胎直径，实时三维测量数据，板金车身测量，照相等功能。可以与电脑检测仪，车轮平衡机，发动机分析仪，车身校正仪等测量仪器通过蓝牙结合在一台主机上。但目前生产成本高，价格居高不下。

7.3.7 举升机

举升机是汽车维护中的辅助器材，用于举升和固定车辆，并和四轮定位仪配合对汽车四轮定位参数进行检测、调整的同时，以便于对车辆的检修。

目前，全国生产汽车举升机的厂家较多，生产的举升机的形式也比较繁多，有双柱式举升机、四柱式、剪式、组合移动汽车式等；从举升机的外型来分有：普通双柱式、龙门双柱式、四立柱式、剪式、移动式和单立柱式等；按照举升机的举升装置形式分有丝杠螺母举升式、链条传动举升式、液压缸举升式、齿轮齿条举升式等举升机；从举升机的驱动方式分，主要有电机驱动式举升机和液压驱动式等等。

高昌 GC－3.5MS 剪式举升机与车博士 A－850 型四轮定位仪配套组成了四轮定位系统。

1. 基本结构

高昌 GC－3.5MS 剪式举升机结构见图 7.21 所示，它一般由机械部分、液压系统和控制系统三部分组成。

控制箱

图 7.21 高昌 GC－3.5MS 剪式举升机

2. 特点

a. 剪式双层举升机，带有前轮转盘、后轮侧滑板及剪式二次举升，适用四轮定位。

b. 液压调平系统保证机器左右平台处于水平位置，水平调节能力强，水平精度精确可调。

c. 全行程机械保险装置，操作安全方便。限高保险装置，保护机器不受损坏；下降报警装置，保护操作者安全。具有液压锁和机械双齿保险爪双重安全保险装置，下降自动开启，通过锁定操作可以使保险爪实现反靠定位，安全可靠。

d. 所有活动点采用自动润滑无油轴承，保证长久的寿命。

e. 采用串联的同步油路，保证了整机举升同步。

f. 有液压失败和超载安全阀保护和防管爆装置，油管爆裂时机器不会快速下落。

3. 主要性能参数

高昌 GC－3.5MS 剪式举升机主要性能参数如表 7.3 所示。

表 7.3 高昌 GC－3.5MS 剪式举升机主要性能参数

电机功率	2.2kw
主机额定举升重量	3500kg
支撑面离地面高度	330mm
举升高度	330~1850mm

4. 使用及维护注意事项

（1）操作注意事项

一是工作前，排除机器周围和下方的障碍物。

二是升降时，举升机规定区域和机器上下方以及平台上的车辆内不能有人。

三是不能举升超过本机举升能力范围的车辆或其它货物。

四是主机举升时，应将车辆的刹车拉紧，垫上防滑三角木等防滑装置。

五是升降过程中随时观察举升机平台是否同步，发现异常，及时停机，检查并排除。下降操作时，注意观察两保险爪与保险齿间是否完全脱开，否则停止下降。

六是机器长期不用或过夜时，平台应降到地面最低位位置，并开走车辆，切断电源。

（2）补油调平操作（正常使用期）：

一是机器投入使用后，由于油缸内空气未完全排尽或液压油自然损耗，渗漏可能出现。

二是两平台不平需补油调整。

7.4　汽车四轮定位检测

7.4.1　汽车四轮定位检测标准

由于各汽车生产厂家对四轮定位的设计不同、制造不同，使得各种车系车轮的倾角与束值就各不相同，并且有可调部分和不可调部分之分，其检测数值没有国家统一标准。做四轮定位就是通过四轮定位仪，检测出被测车辆的各轮倾角和束值是否符合原厂标准，如不符合可进行调整。

一般在下述状况下都必须及时做车轮定位性能的检测与校准：

1. 车使用 3000km 以后，每行驶 16000km

2. 换新轮胎或轮胎出现异常磨损后

3. 行驶时转向盘不正、抖动或出现偏向行驶后

4. 车身出现蛇行、漂浮或摇摆后

5. 换悬架或转向系统的新零件后

6. 车辆出现碰撞事故后

7. 转向时出现异常手感后

8. 行驶过度颠簸与冲击的路面后。

换句话说，当驾驶员感到方向转向沉重、发抖、跑偏、不正、不归位或者发现轮胎单边磨损、波状磨损、块状磨损、偏磨等不正常磨损以及驾驶时车感飘浮、颠颤、摇摆等现象出现时，就应考虑做四轮定位了。

7.4.2 四轮定位仪检测方法

1. 前期工作（症状询问和车况检查）

仔细倾听并记录司机对车辆不适症状的描述，如转向沉重、跑偏和磨胎问题等。引起这些症状的原因除了四轮定位问题还有很多，四轮定位应放在消除其他因素之后进行，否则检测数据不准确，四轮定位没有效果。

通常需进行以下检查：

①检查轮辋和轮胎情况。包括胎压是否符合要求，前后轮两边花纹是否相同，轮胎磨损是否一致，轮辋变形情况等。轮胎变形或严重磨损应更换后再做四轮定位。②检查转向系情况。包括转向器、传动机构是否有间隙等。③检查悬挂部件。包括减振器是否失效，减振弹簧是否折断或变形等。④检查车轮动平衡。排除车轮动不平衡后再进行四轮定位检测。

2. 准备工作

①汽车驶入前，用锁紧销将转角盘锁紧，防止其转动。将汽车驶到举升机上，使前轮正好位于转角盘中心。汽车停稳后，拉紧手刹以确保车辆不移动和人员安全，然后松开锁紧销。②询问车主关于车辆行驶方面的问题和出现的现象，过去四轮定位的检测情况，并了解汽车的生产国家、生产厂家、车款、车型及出厂年代等有关情况。③检查底盘各零部件，包括胶套、轴承、摆臂、三角架球头、减震器、拉杆球头和方向盘是否有松动及磨损，检查轮胎气压和轮胎规格以及两前轮花纹是否相同，两后轮花纹深浅是否一致。④将夹具安装在四个车轮上，并旋转手柄以锁紧夹具。根据实际情况将卡爪固定在轮辋外圈或内圈，卡爪深浅应一致，并尽量避免卡在变形比较大的区域。⑤将传感器机头通过夹具按规定的位置分别安装在夹具上。⑥调节传感器机头水平，机头按键面板上绿色指示灯亮表明传感器机头处于水平状态。⑦将转向盘锁定杆放在驾驶座座椅上，压下手把使之顶住方向盘以锁定方向盘。将制动踏板固定杆下端顶在制动踏板上，上端卡在座椅上撑紧，以使车辆固定。

3. 检测流程

（1）开机及车型选择

打开电源，启动电脑进入测量程序开机界面，按下任何键进入测量程序主界面。主界面显示有7项功能：快速定位检测、标准定位检测、前轮定位检测、系统管理、语言选择、帮助系统、退出，如图7.22所示。

根据需要，选择相关的项目进入，然后根据提示操作即可。

快速定位检测：针对熟练的用户，可快速定位检测，高效完成测量。点击［快速定位检测］

图7.22　测量主界面

图标后，按系统提示完成选择车型，系统会快速测量出前后轴参数，如图7.23所示。

图中红色箭头表示超出标准范围，绿色箭头表示在合格范围。[悬空调整]按扭，举起车身调整，按界面提示步骤，可完成前后轴参数调整。[放下车身]按扭，松开转盘、滑板的限位装置，放下车身，按压车身，可检查汽车悬架及滑板是否异常。[调整信息]按扭，可参阅调整动画，获得调整帮助。按F4键可进行主销测量。

注：测量过程不包括偏心补偿，对于汽车轮辋变形的客户，可能会产生较大误差。

标准定位检测：标准定位检测是测量程序的核心部分，根据实际情况将汽车四轮定位检测分成多个测量步骤，用户可根据需要自由选择，完成四轮定位检测与调整。

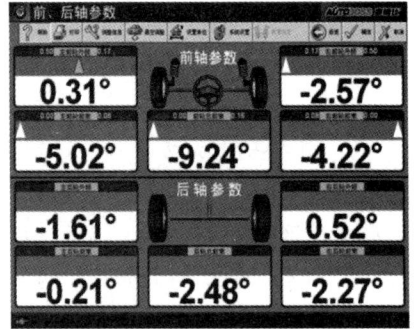

图7.23　快速定位检测界面

前轮定位检测：只使用两个传感器机头，用来测量前轮的外倾角和总前束。

系统管理：系统管理内有5项内容，分别为：

①使用者资料：用户可输入自己的资料，可打印、保存数据；②客户资料：可以管理顾客的资料以供随时查阅；③车型数据：可查询相关车型的四轮定位数据，可以设置常用车和自添加车型数据；④系统设置：可以进行演示模式、实测模式、超底底盘实测模式选择；⑤传感器标定：机头在出厂前已经标定完毕，不得擅自使用此功能，如不严格按照标定流程进行标定，将会对测试结果产生较大误差。

语言选择：可以选择所需要的语言。

帮助系统：在任何地方按F1键或点击[帮助]按钮均可以进入帮助系统。在不同的窗口进入帮助系统时显示的帮助主题不同，帮助主题与窗口的内容一致。

（2）轮辋偏摆补偿

进入标准定位检测，做好测量前准备工作（询问试车、悬挂检测、轮胎检查、举升机检查）后，进入偏心补偿项目，按提示进行轮辋偏摆补偿。偏摆补偿后，拉紧驻车制动器，用制动踏板固定杆固定制动踏板，防止车辆落下后滑动。慢慢放下车辆，用力压几次车身前部和后部，使汽车车轮处于自由状态。如果车辆轮辋良好，可跳过补偿程序直接进行测量调整。

（3）定位检测

①进入定位检测程序后，屏幕上会出现方向盘对中提示图案。先使方向盘对中，此时进行前轮前束、后轮前束的测量，同时测出车轮外倾角。②按照提示用转向盘转动前轮向右转10°或20°转角，用键盘或传感器机头的按键进行确认，再向左转动前轮10°或20°转角，并进行确认。最后回到对中位置，即初始位置，再进行确认。系统通过测量转向时左右两个转角位置的目标值，测出主销内倾角、主销后倾角。注意在转向时，车轮的转动将影响以上测量结果，必须锁好制动踏板固定杆。在以上过程中，禁止调整已经设定好的传感器水平位置，且转角盘归0°，传感器水平泡应处于中心位置。③测量结束后，屏幕自动显示出所有的测量数据。如果测量出的数据中，可调数据有超出允许范围的，则可进入到定位调整的步骤。

（4）定位调整

做定位调整前，先打正方向盘并将方向盘锁止，再升起举升机到合适调整的高度，将举升机锁止在水平安全位置。以保证后轴调整时的中心对称面的准确测量，并防止前轮调整时方向偏转，影响测量结果。将四个传感器调整为水平状态，再操作定位仪进入定位调整操作。

车辆调整的顺序规则是：

①先调后轮：先调外倾角，再调前束角；②再调前轮：先调主销后倾角，再调外倾角，最后调前束角（此时方向盘应对正锁止）。

（5）调整后复检

将举升机降回到调整前测量时的高度，将举升机锁止在水平安全位置，进行调整后复检。

4. 四轮定位仪的维护及使用注意事项

电脑四轮定位仪是一种较精密且贵重的检测设备，要求操作人员再使用前需经过专业培训。考虑到不同厂家生产的定位仪各有差异，使用前仔细阅读产品说明书，以便更好地掌握其操作过程。其维护和使用注意事项如下：

①被测车辆整体结构应符合定位仪的要求。②被测车辆应清洁干净，轮毂轴承预紧力应正常，轮胎螺母、悬架等连接可靠。③经常保持室内环境清洁干净。④传感器在卡盘上的安装要稳妥。不用时应妥善保管，避免受到振动和冲击。不要带电安装，以免损坏电子元器件。对于不用拉线的红外线传感器，使用完后应及时重电，以保证下次正常使用。⑤对于电脑和电子仪器，应避免接触高温；所接电源应加装过载保护装置。尽量不要使用外来的磁盘和光盘，以防止电脑病毒。⑥检测中，一定要进行传感器安装夹具的偏摆补偿，否则会引起很大的测量误差。⑦应适时进行校正（一般半年一次），以保证测量精度。⑧使用完毕后，应按照规定关闭电脑，切断电源，并对电脑和气柜加装防尘罩。⑨应及时补充新的车型资料，以便对于新车型的测量。

7.4.3 检测结果分析

四轮定位检测结果与技术文件不符，应进行相关参数的调整。四轮定位的各种角度都是相互关联的。一般调车顺序为：先调后轮外倾、前束，再调主销后倾角、主销内倾、前轮外倾和前轮前束，这样会轻松地将所有参数调至合格范围。

1. 四轮定位常用的调整方法

（1）从上控制臂调整的常用方法

①增减垫片调整主销后倾角和车轮外倾角，适用于别克、丰田和马自达等车型。②移动上控制臂来调整前轮外倾角和主销后倾角，适用于克莱斯勒等车型。③转凸轮来调整车轮外倾角和主销后倾角，适用于别克、凯迪拉克、雪佛兰和福特等车型。④旋转上控制臂上两个偏心凸轮来调整主销后倾角和车轮外倾角，适用于丰田皇冠、福特等车型。⑤分别旋转两个偏心螺栓，来调整车轮外倾角和主销后倾角，适用于本田、丰田等车型。

（2）从下控制臂调整的常用方法

①旋转偏心凸轮，可调整车轮外倾角，适用于雷克萨斯、林肯和马自达等车型。②调整主销后倾角时，松开环销并旋转即可。调整车轮外倾角时，旋转偏心螺栓，适用于奔驰等车型。③松开控制臂安装螺栓，旋转偏心凸轮可调整前轮外倾角，适用于丰田皇冠、福特等车型。④松开下控制臂前端的球头安装螺栓，可以推进或拉出球头，从而调整前轮外倾角，适用于奥迪、大众系列等车型。

（3）从减振器顶部进行调整的常用方法

①松开前减振器顶上几个定位螺栓，可以沿前卡孔左右移动减振器来调整前轮外倾角，适用于奥迪等车型。②松开前减振器顶上定位螺栓，向下推动前减振器并旋转180°，顺时针转增大外倾角，逆时针转减小外倾角，适用于福特、马自达等车型。

（4）从减振器支架部位进行调整的常用方法

①松开减振器支架上2个螺栓，旋转上部带偏心凸轮的螺栓即可调整前轮外倾角，适用于克莱斯勒、三菱、日产、佳美和保时捷等车型。②松开2个螺栓向里推或向外拉轮胎，可以调整车轮外倾角，适用于别克、凯迪拉克、雪佛兰和克莱斯勒等车型。③松开减振器2个螺栓向外或向内移动轮胎上部，可以调整车轮外倾角。调整后可以加进楔型锯齿边铁片，既能固定又可防松脱，适用于福特等车型。

2. 没有四轮定位调整部位的车辆定位角度的调整

（1）从其他定位部位进行调整

①调长或调短前轮上的推力杆，可调前轮主销后倾角。②后轮下控制臂一端装有偏心凸轮，松开螺栓，旋转凸轮可以调整后轮前束。③上部的偏心凸轮用来调整车轮外倾角或前束。下部悬架上的拉杆可用来调整外倾角。

（2）对前减振器顶部进行技术改进，可将定位螺栓孔扩为长孔，左右移动可调前轮外倾角。

（3）对减振器支架进行技术改进。如果外倾角失准，可先把减振器从转向节上拆下，把减振器支架下边的孔锉成长孔，然后装回减振器，即可调整外倾角。

3. 车轮定位参数的具体调整

（1）车轮外倾角

外倾角调整分可调式和不可调式两种。可调式一般通过移动上、下支臂或支臂球头的位置来调整；不可调式一般采用换件的方法解决或采用外力校正的方法（用外倾角校正器把顶端拉出或顶出）。外倾角调整按调整机构的不同，可分为垫片式、偏心螺栓式和长槽孔式。

a. 垫片式。

在上支臂固定处与车架之间添加或减少垫片，就可以改变外倾值的大小，如图7.24所示。

需注意的是：垫片加在上支臂固定处和车架的内侧与外侧，改变外倾角的方向正好是相反的；两只支臂固定螺栓的垫片厚底要一致，以免改变

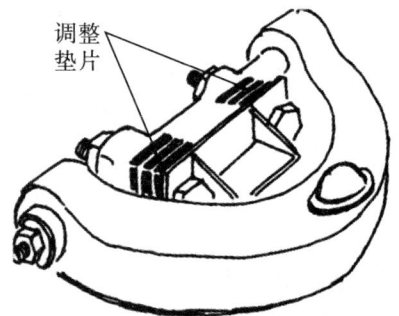

图7.24 垫片式调整

主销后倾（若主销后倾有少量的误差，也可以用此方法调整）；外倾角调整时，主销内倾角度也随之发生变化。

b. 偏心螺栓式。

如图 7.25 所示，在上支臂固定处内端设有偏心螺栓，松开锁紧螺母，转动偏心螺栓，上支臂内外移动，轮胎的倾角就会发生变化，主销内倾角度也随之发生变化。

c. 长槽孔式。

如图 7.26 所示，在麦弗逊式独立悬架中，有的滑柱上支座的螺栓孔式长槽孔，松开后可以向内、外移动而调整车轮外倾，有的转向节和滑柱连接处是长槽孔，松开螺栓后便可以调整角度。

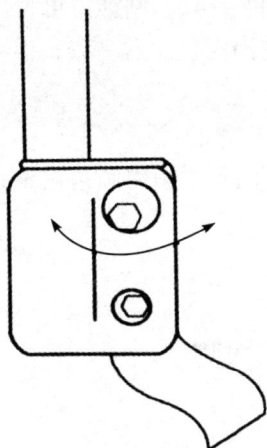

图 7.25　偏心螺栓式调整

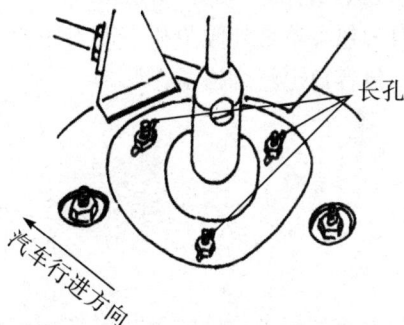

图 7.26　长槽孔式调整

（2）车轮前束

可通过改变转向横拉杆的长度来调整前束值。

（3）主销后倾

主销后倾的调整主要分垫片式、偏心螺栓式和撑杆式三种。

a. 垫片式。

调整外倾角时，若所加的垫片厚度不同，则会改变主销后倾角值。如图 7.24 所示，若加垫片的位置在上摆臂与车架的内侧，减少前固定螺栓上的垫片或增加后固定螺栓上的垫片，就可以增加主销后倾角值，反之，则减小。

b. 螺栓式。

在双摆臂悬架系统中，摆臂内侧的偏心螺栓若转动相同的角度，则可以调整外倾值；若转动的角度不同，则可以改变主销后倾角。

c. 撑杆式。

有些悬架系统中，下摆臂撑杆的前端有可调装置，松开锁紧螺母后，可调整撑杆的长度，即可改变主销后倾的值。撑杆变长，主销后倾变大；反之，变小。

（4）主销内倾

主销内倾的调整一般是在调整外倾的部位，也就是主销内倾与外倾角的调整是同步进行的，其目的是为了不改变包容角数值。当外倾角和主销内倾角无法同时调整到标准值时，应先解决外倾角的问题，而左、右主销内倾的差值不超过0.5°即可。

（5）退缩角

退缩角一般是由于撞击造成的。有时主销后倾角可以调整到标准范围内，但退缩角是无法调整过来的，必须将发动机支架和承载式车身校正到标准值（需车身钣金），才能调整好。

（6）推力角

推力角产生的主要原因是车架或承载车身发生了弯曲，或是后轮悬架系统元件出现故障造成的。这些故障往往直接体现在后轮前束上，所以推力角是由两个后轮前束的差值计算出来的。若左、右后轮的前束分别是 +10' 和 –14'，则推力角为 [10' – (–14')] /2 =12'。所以，只要后轮前束调整到标准范围内且左右一致，推力角也就调整好了。

（7）包容角

因为包容角是外倾角和主销内倾角之和，只需将外倾和主销内倾角调整到标准范围内，包容角也就合格了。

7.5 车轮平衡度的检测

随着汽车行驶速度的不断提高，车轮不平衡越来越严重的影响着汽车行驶的平顺性、安全性和乘坐舒适性。如果车轮不平衡，在高速旋转时，会造成车轮的上下跳动和摆动，使车辆难于控制，同时还会加剧轮胎及有关机件的非正常磨损和冲击，缩短了汽车使用寿命。因此，车轮平衡度检测已成为汽车检测的重要项目之一。

7.5.1 概述

1. 车轮静不平衡

假设车轮为一薄圆盘，以角速度 ω 匀速转动。若其质量分布对转轴中心 O 均匀对称，则车轮内各质点产生的离心力 $F_i = m_i\omega^2 r_i$ 相互抵消，合力等于零，这时车轮处于静平衡状态。若转子质心 C 不在旋转中心上，则合力不等于零，产生不平衡的离心力 $F = m_0\omega^2 e$，此时，车轮处于静不平衡状态。

判断车轮是否处于静平衡状态，其方法为：在车轮上任意位置作一标记，使车轮进行多次转动，当自然停转后所作标记的位置各不一样，则车轮处于静平衡状态。若进行上述试验，每次试验标记都会停在同一相位，则车轮处于静不平衡状态，不平衡点就

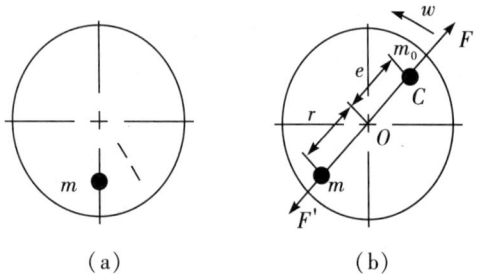

图 7.27 静不平衡示意图

在竖直向下的作用半径上，如图 7.27a 所示。

消除车轮不平衡的操作，称为不平衡的校正。显然，只需在 OC 反方向距轴心 O 为 r 加一个平衡质量块 m，如图 7.27b 所示。使其产生的离心力 $F' = m\omega^2 r$ 和不平衡力 F 大小相等，方向相反，则车轮平衡，即 $m\omega^2 r = m_0\omega^2 e$。

2. 车轮动不平衡

即使静平衡的车轮（车轮重心与旋转中心重合），也可能是动不平衡的，这是因为车轮的质量分布相对车轮纵向中心面不对称造成的。如图 7.28a 中，车轮是静平衡的，在该车轮旋转轴线的径向反位置上，各有一作用半径相同，质量也相同的不平衡点 m_1 与 m_2，它们不处于同一平面内。对于这样的车轮，其不平衡点的离心力合力为零，但离心力的合力矩不为零，转动中会产生方向反复变动的力偶 M，使车轮处于动不平衡中。动不平衡的前轮绕主销摆动。如果在 m_1 与 m_2 同一作用半径的相反方向上配置相同质量 m_1' 与 m_2'，则车轮处于动平衡中，如图 7.28b 所示。动平衡的车轮肯定是静平衡的，因此对车轮主要应进行动不平衡检测。

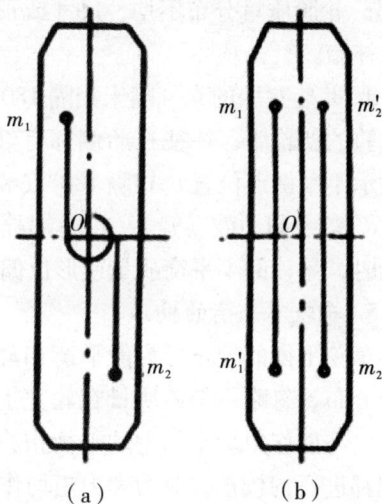

图 7.28 动不平衡示意图
a) 车轮静平衡但动不平衡　b) 车轮动平衡

3. 车轮不平衡的危害

由 $F = m\omega^2 r$ 知道，车轮转速 ω 越大，不平衡质量 m 越大，不平衡点离旋转中心越远，则不平衡力 F 就越大。

如图 7.29 所示，车轮不平衡质量 m 在高速下形成的不平衡力 F 可分解为水平分力 F_x 和垂直分力 F_y。垂直分力 F_y，使车轮上下跳动。这不仅影响乘坐舒适性，增加司机的疲劳程度，而且会加剧轮胎的噪声和不均匀磨损；水平分力 F_x，使车轮形成绕主销来回摆动的力矩，造成前轮摆振，严重时驾驶员无法控制行驶方向，影响汽车的操纵稳定性。会造成整车相关零件的损坏。

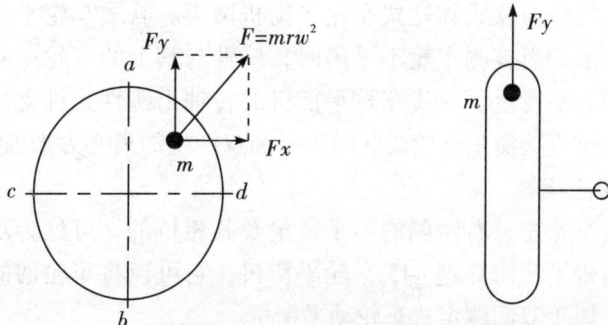

图 7.29 车轮不平衡

4. 引起车轮不平衡的原因

造成车轮不平衡的原因有很多，主要有：

a. 轮毂、制动鼓（盘）加工时定心定位不准、加工误差大、非加工面铸造误差大、热处理变形、使用中变形或磨损不均。

b. 轮胎螺栓质量不等、轮辋质量分布不均或径向圆跳动、端面圆跳动太大。

c. 轮胎质量分布不均、尺寸或形状误差太大、使用中变形或磨损不均、使用翻新胎或补胎。

d. 并装双胎的充气嘴未相隔180°安装，单胎的充气嘴未与不平衡点标记（经过平衡试验的新轮胎，往往在胎侧标有红、黄、白或浅蓝色的□、△、○、或◇符号，用来表示不平衡点位置）相隔180°安装。

e. 毂、制动鼓（盘）、轮胎螺栓、轮辋、内胎、衬带、轮胎等拆卸后重新组装成车轮时，累计的不平衡质量或形位偏差太大，破坏了原来的平衡。

5. 车轮不平衡的校正

车轮平衡的校正分为静平衡和动平衡。静平衡是指不考虑不平衡质量在车轮宽度上的分布，忽略不平衡质量在轮宽上形成的力矩，只在车轮单侧进行校正，只能作力平衡，不能作力矩平衡；动平衡指将车轮视为一个有一定宽度的回旋体，在车轮左右两侧都进行的校正，对力和力矩均作平衡。

7.5.2 车轮平衡机

车轮平衡机式是通过测量车轮不平衡的大小及其相位（位置），在轮辋上加装平衡块来实现车轮平衡的校正，也称为车轮平衡仪。

1. 车轮平衡机的类型

车轮平衡机按测量方式可分为离车式和就车式两类。使用离车式车轮平衡机时，需将车轮从车上拆下安装到车轮平衡机的转轴上检测其平衡状况。就车式车轮平衡机又称免拆式车轮平衡机，使用时无需从车上拆下车轮，就车就可以测得车轮的平衡情况。

按转轴的形式可分为软式和硬式车轮平衡机两类。软式车轮平衡机，安装车轮的转轴由弹性元件支承。当被测车轮不平衡时，该轴与其上的车轮一起振动，测得该振动即可获得车轮的不平衡量。硬式车轮平衡机的转轴由刚性元件支承，工作中转轴不产生振动，它是通过直接测量车轮旋转时不平衡点产生的离心力来确定不平衡量的。

2. 离车式车轮平衡机

凡是可以测定车轮左、右两侧的不平衡量及其相位的，可称为双面测定式车轮平衡机。综检线上附带了珠海嘉逸443车轮平衡机，它可以将车轮的的内外两侧作为平面校正进行校正，属于双面测定式车轮动平衡机。

（1）基本结构

珠海嘉逸443车轮平衡机外形结构如图7.30所示，该平衡机由驱动装置、测量系统、附加装置和平衡块等组成。

一是驱动装置

驱动装置由电动机、传动装置、主轴与支承装置、制动装置等组成。驱动装置封装在机箱内，由交流电动机和传动装置驱动主轴旋转。转轴由两个滚动轴承支承，每个轴承处均有一能将动反力变为电信号的传感器，转轴的外端通过锥体和大螺距螺母等固装被测车轮。制动装置可使车轮停转。

二是测量系统

测量系统由测振传感器、信号处理电路、控制与显示面板等组成。测振传感器采用压电式力传感器，置于支承主轴的两个滚动轴承内。信号处理电路实现信号的运算、分析、判断。控制与显示面板用于设定参数的输入、显示不平衡量和相位。

图 7.30 珠海嘉逸 443 车轮动平衡机

三是附加装置

附加装置包括车轮防护罩、车轮定位锥体和专用卡尺等。车轮防护罩可防止车轮旋转时，其上的平衡块或花纹内夹杂物飞出伤人。车轮定位锥体和快锁螺母配合，将被测车轮固装在主轴的外端。专用卡尺用于测量轮辋宽度和轮辋直径，标尺上一般同时标有英制和公制两种刻度，以适应不同计量制式，其结构如图 7.31 所示。

四是平衡块

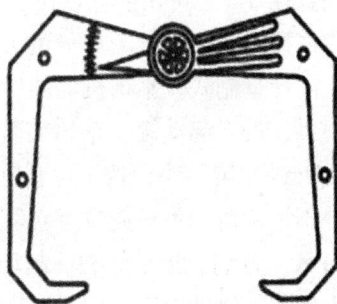

图 7.31 车轮动平衡机的专用卡尺

又称配重，通常有卡夹式和粘贴式两种类型。卡夹式配重适用于轮辋有卷边的车轮；粘贴式适合无卷边可夹的铝镁合金轮辋，其外表弯面有不干胶，粘贴于轮辋内表面。配重有 2 种计量单位，一种以（g）克为单位，另外一种以盎司（oz）为单位。以克为单位时，分为 14 档，最小配重 5g，最大 80g，配重最小间隔为 5g。以盎司为单位时，分为 9 档，最小 0.5oz（14.2g），最大为 6oz（170.1g）

（2）测量原理

车轮不平衡所产生的离心力是以力的形式作用在支承装置上的，只要测出支承装置上所受的力或因此而产生的振动，就可得到车轮的不平衡量。

离车式平衡机检测原理如图 7.32 所示。图中 m_1、m_2 为车轮不平衡质量，F_1、F_2 为对应的离心力，左右支承处的传感器测得的支承反力为 N_1 和 N_2。

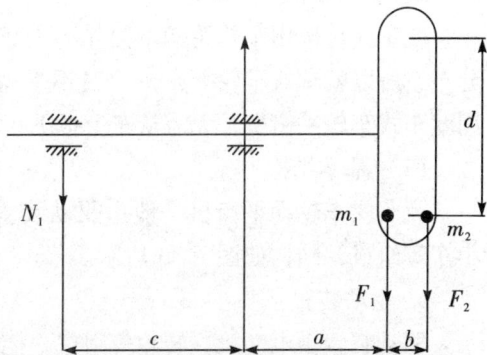

图 7.32 离车式车轮平衡机测量原理

a. 轮辋边缘到右支承距离　b. 轮辋宽度

c. 左右支承间距离　d. 轮辋直径

不平衡力和支承反力的力平衡和力矩平衡方程为

$$N_2 - N_1 - F_1 - F_2 = 0 \qquad (7-7)$$

$$F_1 * (a+c) + F_2 * (a+b+c) - N_2 * c = 0 \qquad (7-8)$$

求解上式得 F_1 和 F_2 为

$$F_1 = N_2 * (a+b)/b - N_1 * (a+b+c)/b$$

$$F_2 = N_1 * (a+c)/b - N_2 * a/b$$

可以看出，平衡点的质量仅与轴承处的反力 N_1、N_2 及参数 a、b、c、d 有关，c 为常数，将 a、b、d 通过测量输入计算电路，可计算出离心力 F_1、F_2，再根据 $F = m\omega^2 r$，确定两个校正面上的车轮不平衡质量 m_1、m_2。

（3）检测方法

①清除被测车轮上的泥土、石子和旧平衡块。②检查轮胎气压，视必要充至规定值。③根据轮辋中心孔的大小选择锥体，仔细地装上车轮，用大螺距螺母拧紧。④打开电源开关，检查指示与控制装置的面板是否指示正确。⑤用卡尺测量轮辋宽度 b、轮辋直径 d（也可由胎侧读出），用平衡机上的标尺测量轮辋边缘至机箱距离 a，用键入或选择器旋钮对准测量值的方法，将 a、b、d 直接输入指示与控制装置中。为了适应不同计量制式，平衡机上的所有标尺一般都同时标有英制和公制刻度。⑥放下车轮防护罩，按下起动键，车轮旋转，平衡测试开始，微机自动采集数据。⑦车轮自动停转或听到"笛"声，按下停止键并操纵制动装置使车轮停转后，从指示装置读取车轮内、外不平衡量和不平衡位置。⑧抬起车轮防护罩，用手慢慢转动车轮。当指示装置发出指示（音响、指示灯亮、制动、显示点阵或显示检测数据等）时停止转动。在轮辋的内侧或外侧的上部（时钟 12 点位置）加装指示装置显示的该侧平衡块质量。内、外侧要分别进行，平衡块装卡要牢固。⑨安装平衡块后有可能产生新的不平衡，应重新进行平衡试验，直至不平衡量 <5g（0.3oz），指示装置显示"00"或"OK"时才能满意。当不平衡量相差 10g 左右时，如能沿轮辋边缘左右移动平衡块一定角度，将可获得满意的效果。

3. 就车式车轮平衡机

就车式仅选用车轮轮辋单面作为校正平面进行车轮平衡，不考虑质量在轮宽上的分布，所以就车式车轮平衡机只对不平衡力进行平衡，不对不平衡力矩进行平衡。使用就车式车轮平衡机，无需从车上拆下车轮，就车即可测得车轮的平衡状况。

（1）基本结构

就车式车轮动平衡机一般由驱动装置、测量装置、指示与控制装置、制动装置和小车等组成，结构如图 7.33 所示。

a. 驱动装置。

驱动装置由电动机、转轮等组成，能带动支离地面的车轮转动。

b. 测量装置。

测量装置由传感磁头、可调支杆、底座和传感器等组成。它能将车轮不平衡量产生的振动转变成电信号，送至指示与控制装置。

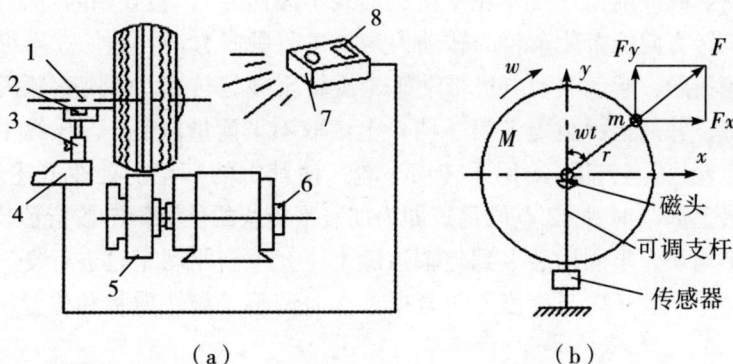

（a）　　　　　　　　　　　　（b）

图7.33　就车式车轮动平衡机示意图

1. 车桥　2. 传感磁头　3. 可调支杆　4. 底座　5. 转轮　6. 电机　7. 频闪灯　8. 不平衡度表

c. 指示与控制装置。

指示与控制装置由频闪灯、不平衡度表或数字显示屏等组成。频闪灯用来指示车轮不平衡点位置，平衡度表或数字显示屏用来指示车轮的不平衡量。不平衡量，一般有两个档位。第一档往往用于初查时的指示，第二档往往用于装上平衡块后复查时指示。

d. 制动装置。

制动装置用于车轮停转。

e. 小车。

除测量装置外，车轮动平衡机的其余装置都装在小车上，可方便地移动。

（2）测量原理

如图7.33a所示，先支起被测车轮的车桥。转轮5被驱动电机带动旋转，且其被压在被测车轮上，依靠摩擦力带动被测车轮以角速度 ω 旋转。传感器磁头2吸附在车桥下。

如图7.33b所示，假设车轮不平衡点质量为 m，到转轴中心的距离为 r，不平衡点引起的不平衡力为 $F_m = m\omega^2 r$。在 t 时刻，其竖直方向的分力为 $F_y = m\omega^2 r\sin\omega t$，该分力产生的上下振动通过车桥、传感磁头传给传感器。当车轮不平衡点转到最下方位置时，F_y 竖直向下并达到最大值，由传感器转换成的电信号控制频闪灯发光，以指示不平衡点的位置。同时，由传感器转换的电量与不平衡点质量成正比，并用数字显示不平衡量的大小。

（3）检测方法

I 准备工作

①用千斤顶支起车轴，两边车轮离地间隙要相等。②清除被测车轮上的泥土、石子和旧平衡块。③检查轮胎气压，视必要充至规定值。④检查轮毂轴承是否松旷，视必要调整至规定松紧度。⑤在轮胎外侧面任意位置上用白粉笔或白胶布做上记号。

II 从动前轮静平衡

①用三角垫木塞紧非测试车轮，将就车式车轮动平衡机的测量装置推至被测前轮一端的前轴下，传感磁头吸附在悬架下或转向节下，调节可调支杆高度并锁紧。②推

平衡机至车轮侧面或前面（视车轮平衡机形式不同而异），检查频闪灯工作是否正常，检查转动的旋转方向能否使车轮的转动力与前进行驶时方向一致。③操纵车轮动平衡机转轮与轮胎接触，起动驱动电机带动车轮旋转至规定转速。④观察频闪灯照射下的轮胎标记位置，并从指示装置（第一档）上读取不平衡量数值。⑤操纵平衡机上的制动装置，使车轮停止转动。⑥用手转动车轮，使其上的标记仍处在上述观察位置上，此时轮辋的最上部（时钟12点位置）即为加装平衡块的位置。⑦按指示装置显示的不平衡量选择平衡块，牢固地装卡到轮辋边缘上。⑧重新驱动车轮进行复查测试，指示装置用二档显示。若车轮平衡度不符合要求，应调整平衡块质量和位置，直至符合平衡要求。

III 从动前轮动平衡

①将传感磁头吸附在经过擦拭的制动底板边缘平整之处。②操纵平衡机转轮驱动车轮旋转至规定转速，观察轮胎标记位置，读取不平衡量数值，停转车轮找平衡块加装位置，加装平衡块和复查等，方法与静平衡相同。

IV 驱动轮平衡

①顶起驱动车轮。②用发动机、传动系驱动车轮，加速至 50～70km/h 的某一转速下稳定运转。③测试结束后，用汽车制动器使车轮停转。④其他方法与从动轮动、静平衡测试相同。

4. 注意事项

（1）离车式车轮动平衡机的主轴固定装置和就车式车轮动平衡机的支架上都装有精密的位移传感器和易碎裂的压电晶体传感器，因此严禁冲击和敲打主轴或传感器支架。

（2）在检修车轮动平衡机时，传感器的固定螺栓不得松动。因为这一螺栓不是一般的紧固件，需要由它向传感晶体提供必要的预紧力。当这一预紧力发生变化时，电算过程将完全失准。

（3）必须明确，车轮动平衡机的机械系统和电算电路都是针对正常车轮使用条件下平衡失准或轻微受损但仍能使用的车轮而设计的，对因交通事故而严重变形的轮辋或胎面大面积剥离的车轮是不能上机进行平衡检测的。一方面不平衡量过大的车轮旋转时的离心力可能损伤车轮动平衡机的传感系统，另一方面超值的不平衡力可能溢出电算范围而使仪器自动拒绝工作。

（4）当不平衡量超过最大配重时，可用两个以上配重并列使用。但这时要注意因多个配重占用较大的扇面会使其有效质量低于实际质量。

⊹ 复习思考题

1. 什么是汽车平顺性？

2. 汽车悬架性能检测方法有哪些？

3. 简述汽车悬架检测台的组成与工作原理?

4. 简述汽车悬架性能评价指标?

5. 简述跌落式悬架性能检测台的检测原理?

6. 简述平板式制动试验台悬架性能检测原理?

7. 汽车悬架特性的评价指标有哪些?

8. 什么是吸收率? 什么是悬架效率?

9. 转向轮定位参数有哪些?

10. 汽车四轮定位的目的是什么?

11. 车轮定位的检测方法有哪些?

12. 什么是动态检测法? 什么是静态检测法? 各有何优缺点?

13. 简述四轮定位仪的检测原理?

14. 汽车一般什么时候需要做四轮定位检测与校准?

15. 什么是车轮静不平衡? 什么是车轮动不平衡? 如何进行检测?

16. 车轮不平衡有何危害?

17. 车轮平衡机按测量方式可分为哪两种?

18. 简述离车式车轮平衡机的检测原理?

19. 简述就车式车轮平衡机的检测原理?

20. 一般什么情况下的车轮不适合做车轮平衡检测?

第八章

发动机综合性能检测

【导读】本章围绕着汽车综合性能检测线的第五工位，讲解了 DLFJ – 2000B 型发动机综合性能检测仪的结构与工作原理，阐述了发动机综合性能的检测方法，并对检测结果进行了分析诊断。

8.1 DLFJ – 2000B 型发动机综合性能检测仪

发动机综合性能检测，包括了发动机动力性、燃油经济性、气缸密封性、排放净化性等使用性能的全面检测。发动机综合性能检测仪，也称为发动机综合性能分析仪或发动机综合参数测试仪。现代发动机综合性能检测仪的功能已超越了发动机的范畴，如：增加了 ABS（Anti – lock Braking System）和 ASR（Acceleration Skid Response）等底盘系统的测试功能，而具有专家系统的发动机综合性能检测仪还具有故障自动判断功能。它已是所有汽车检测设备中功能最多，检测项目和涉及系统最广的装置，其结构复杂，技术含量也较高。

发动机综合性能检测与发动机台架试验不同。台架试验需从汽车中拆离出发动机，以测功机吸收发动机的输出功率，对功率、扭矩、油耗和排放等最终性能指标进行定量测定；而发动机综合性能检测装置主要用在检测线上或汽车调试站内，就车对发动机各系统的工作状态的静态和动态参数进行检测，可为发动机技术状态判断和故障诊断提供全面检测依据。

汽车综合性能检测线第五工位采用了 DLFJ – 2000B 型发动机综合性能检测仪，它是深圳市安车检测技术有限公司生产的产品，可用来检测发动机功率、气缸密封性、汽油机点火波形、电控系统检测、排放污染等多个项目。

8.1.1 发动机综合性能检测仪结构

DLFJ – 2000B 型发动机综合性能检测仪，它以工业控制计算机为主机，以 windows 系统为操作平台。主要由信号提取系统、信息预处理系统和采控显示系统三大部分组成，其外观如图 8.1 所示。

1. 信号提取系统

信号提取系统的任务在于拾取汽车被测点的参数值。DLFJ - 2000B 发动机综合性能检测仪配备了多种传感器（包括夹持器、测量探头和探针等），采用直接或间接地与被测点接触以提取被测点参数值。鉴于被测点的机械结构和参数性质不同，信号提取装置采取了多种形式以适应不同的测试部位，按接触式不同可以分为四类。

（1）直接接触式的拾取器。如：探针、鳄鱼夹和各种接头。

（2）非接触式的拾取器。对于直接接触测量困难的很大的信号，如：高电压和高电流等，须采用非接触式拾取器。这类传感器有次级高电压传感器、标准缸传感器、正时灯传感器等。

（3）非电量转变为电量传感器。对于电控燃油喷射

图 8.1 DLFJ - 2000B 发动机
综合性能检测仪

（EFI）发动机，因计算机计算喷油脉宽和自动控制过程的需要，各非电量被植入各系统的传感器直接转换成电量来采集信号。这类传感器有蓄电池传感器、初级点火传感器、缸压传感器、油压传感器、异响传感器、温度传感器、振动传感器、真空度传感器等。

（4）各种转接信号用的适配器。为了不中断计算机的控制功能，必须通过 T 形接头来提取信号。

2. 信号预处理系统

传感器采集来的信号都需要进行信号预处理系统进行处理。信号预处理系统也称前端处理器，俗称"黑盒子"。它是电控燃油喷射系统检测的关键部件，其作用是将发动机的所有传感信号经衰减、滤波、放大、整形，并将所有脉冲和数字信号直接输入CPU 的高速输入端（HSI），也可经 F - V 转换后变为 0 ~ 5V 或 0 ~ 10V 的直流模拟信号送入高速瞬变信号集卡。此外，从发动机采集来的信号千差万别，不能被检测仪中央控制器直接使用，必须预处理转换成标准的数字信号后才能送入计算机。

3. 采控与显示系统

DLFJ - 2000B 型发动机综合检测仪为 PC586 微机控制式，采用了 10/20Mbps、10bit 高速采集卡、并行通信卡和 RS - 232 输出接口，显示系统为液晶 LCD 显示器，采用多级菜单操作，实时显示当前动态参数和波形，十字光标可显示曲线任何一点的数值，同时也可显示极限参数的数值，并配以色棒显示以示醒目，用户可任意设定显示图和图形比例。

8.1.2 检测原理

DLFJ - 2000B 发动机综合性能检测仪是通过各种传感器，从发动机各相应部位采集得到多种信号，实现对多种电量、非电量参数（温度、压力、真空、转速等）的检测，经过放大和处理后输入计算机，并在相应的软件支特下，通过键盘操作完成发动机各种参数测量和故障判断，检测结果可由屏幕显示出来，还可由打印机打印输出。原理框图如图 8.2 所示。

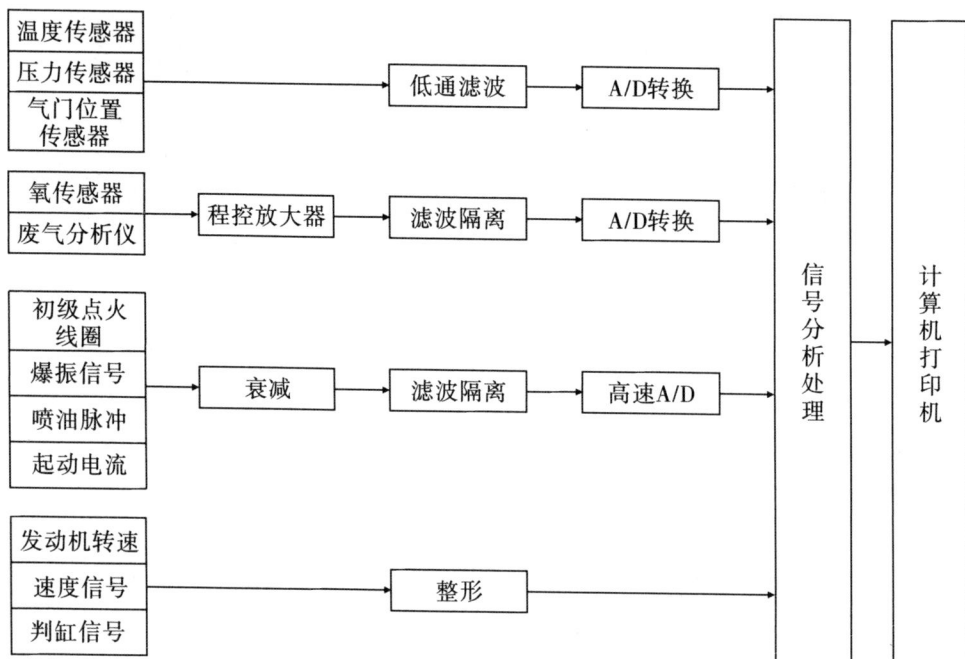

图 8.2　工作原理框图

检测系统装配的传感器是发动机控制和判断发动机故障的关键部件，但其输出的电信号千差万别，不能被车载计算机或信号处理器直接使用，必须经过预处理转换成标准的数字信号后送入计算机。

车载传感器的输出信号分为模拟和频率信号两种，应采用不同的处理方法。

（1）对于模拟信号，应根据其信号的特点进行相应的处理。

a. 对于幅值较小的模拟信号，如氧传感器输出为 0 ~ 1V，废气分析仪的电器接口输出信号多为 0 ~ 50mV，需经过信号放大、低通滤波和信号隔离处理后，才能进行 A/D 转换。

b. 对于幅值较大的模拟信号，须衰减后再进行低通滤波和信号隔离后进行 A/D 转换。如初级点火信号，由于线圈的自感和互感作用，其电压幅值可达 30KV，甚至更高，必须先进行电压衰减，再进行后续处理，由于其频率很高（可达 1MHZ 以上），需用高速 A/D 转换器，保证其信号不失真。启动电流的峰值可达 200A 以上，需利用电流互感器转换成 0 ~ 5V 的电压信号才能进行检测。

c. 输出信号为电荷量的信号，如车用爆震传感器、柴油机喷油压力传感器多采用压电晶体作为敏感元件，其输出信号为电荷量，可采用电荷放大器作为前级放大，再进行带通滤波，才能从频率丰富的振动信号中准确提取有效的信号。

d. 对于频率变化比较缓慢的模拟信号，如温度传感器、压力传感器、节气门位置传感器等，其信号幅值为 0～5V，频率变化比较缓慢，预处理系统主要进行低通滤波和信号隔离工作。

（2）对于频率信号，如发动机转速、判缸信号、车速信号等，一般多采用电磁式、霍尔效应式、光电式传感器，其输出为数字脉冲，由于传输过程中的衰减、交变电磁波辐射等原因，容易形成一定程度的失真，需用电压比较器或施密特触发器对其进行整形，整形后输出标准数字脉冲，再经高速光电隔离器送入后续电路，以消除干扰，提高系统工作可靠性。

为了实现传感器的准确测量，不影响发动机的正常运转，进行信号提取时需保证电路有足够高的输入阻抗，同时为保证预处理系统的主板安全，对各输出信号均采取了限幅措施。

DLFJ – 2000B 发动机综合性能检测仪的功能很强，可检测的项目很多，可以进行发动机常规检测功能检测（包括点火系检测，可检测分析点火系的波形，断电器触点闭合角，点火高压值和点火提前角等；无负荷测功；动力平衡分析；转速稳定性分析；温度检测；进气管真空度检测；起动机与发电机检测；废气分析；喷油压力检测，检测喷油压力值，检测供油压力波形；喷油提前角检测；烟度检测等）、发动机电控系统检测功能（包括空气流量检测；转速检测；温度检测；进气管负压检测；节气门位置检测；爆燃信号检测；氧传感器检测；喷油脉冲信号检测）、故障分析功能、参数设定功能功能、数字示波器功能、数字万用表功能等。下面以其中几个检测项目说明其工作原理。

1. 无负荷测功

汽车动力性的好坏，取决于发动机的有效功率。检测发动机功率的方法主要有稳态测功和动态测功（无负荷测功）两种。

稳态测功是将发动机拆下在专门的发动机试验台上，保持节气门全开，由测功器对发动机曲轴施加额定负荷，测出额定转速下的转矩，由公式 $Pe = Te * n/9550$ 计算出发动机的功率，其测量精度高，但使用的设备价格高，操作复杂。

无负荷测功是指发动机在怠速或某一空载低速运转时，突然全开节气门，使发动机克服自身惯性和内部阻力而加速运转时，用其加速性能好坏反映发动机功率大小的方法。按检测原理分，可分为两类。一类是根据 $Pe = C/t$，用测定加速时间的方法测定平均功率。另一类是根据 $Pe = C * n * dn/dt$，用测定瞬时角加速度的方法测定瞬时功率。在汽车使用和维修部门通常用动态测功就车检测发动机的动力性，因测量时无需对发动机施加外部载荷，也称之为无负荷测功，其设备简单，操作方便，但精度较差。

用发动机综合性能检测仪检测前，要求键入怠速转速、额定转速和当量转动惯量。当量转动惯量是测试过程中所有旋转元件换算到发动机曲轴处的转动惯量。一般小型车当量转动惯量在 0.1～0.5 之间，大货车的当量转动惯量在 1.0～5.0 之间。检测时，根据提示，将发动机转速从怠速转速加速到额定转速，系统通过自动记录加速时间，检测出发动机的输出功率并加以显示。

2. 动力平衡检测

动力平衡又称各缸工作均匀性，它可以通过测试单缸功率变化或测定各缸分别在不做功的情况下的转速降大小来定性判断各缸工作的相对好坏。

单缸功率变化的检测是在无负荷测功的基础上，通过单缸断火，测出发动机单缸断火时的功率，两者之差为各单缸的功率，通过比较各缸功率，可判断各缸工作状态。

单缸断火转速变化检测是通过单缸断火情况下，测得发动机转速下降值，来评价发动机各缸的工作状况。

注意：对带三元催化转换器的汽车不能长时间进行此项检测，以防触媒中毒。

3. 气缸效率检测

根据汽车发动机各缸间歇工作造成的转速微观波动的特点，高速采集各缸点火的间隔时间，通过计算各缸点火的间隔时间，求出各单缸的瞬时转速与平均转速之差值，作为判断各气缸工作能力及比较各缸工作均匀性的指标。

4. 气缸压力检测

因发动机起动时的阻力矩，主要由摩擦力矩和各缸压缩行程受压气体的反力矩组成。摩擦力矩可认为是常数，受压气体的反力矩是随各缸气体压力变化而波动的。起动机带动发动机曲轴旋转所需要的转矩是起动电流的函数，起动电流变化与气缸压力变化间存在着对应的关系，而起动转矩又与气缸压力成正比。通过测量起动过程中起动电流的变化评价相对气缸压力变化量（%）。

5. 进气管真空度检测

通过将检测仪真空度传感器的橡皮软管用三通接头连接到发动机的真空管上，用DLFJ-2000B 发动机综合性能检测仪作为示波器显示被检发动机的真空度波形。

8.1.3 技术参数

参数	量程	精度
转速	0～9999r/min	0.1%
闭合角	0～120.0°	±0.1°
重叠角	0～30.0°	±0.1%
点火提前角	0～60.0°	±0.1%
配气相位	0～360.0°	±0.1%
启动电流	0～999A	4%
启动电压	0～36.0V	2%
气缸压力	0～4Mpa	2%
喷油压力	0～30Mpa	2%
真空度	0～110kpa	2%

续表

参数	量程	精度
温度	0～120℃	2%
点火高压	0～40Kv	5%
火花电压	0～4000V	5%
点火持续时间	0～9.99ms	±0.01ms
加速时间	0～2000ms	5%

8.1.4 测量项目

DLFJ-2000B 发动机综合性能检测仪主要能完成如下检测功能：

①汽、柴油车的启动电压（压降）、启动电流、启动转速、各缸气缸压力、相对缸压数据测试与波形分析；②汽油车点火系测试：初级、次级点火波形实时分析，闭合角、重叠角、点火高压、单缸动力性的数据测试与分析；③柴油车供油系测试：喷油波形与数据实时测试与分析；④汽、柴油车、电喷车的启动时间测试；⑤汽、柴油车、电喷车的无负载测功、加速时间、减速时间；⑥汽、柴油车、电喷车的充电电压、充电电流、充电转速数据测试与波形分析；⑦汽、柴油车、电喷车的提前角测试与数据分析（缸压法、闪光法）；⑧汽、柴油车、电喷车的配气相位测试与数据分析（缸压法、闪光法）；⑨汽、柴油、电喷发动机的异响测试与分析；⑩各缸压缩压力与真空压力数据测试与波形分析；⑪进气岐管真空度数据测试与波形分析；⑫机油压力、机油温度测试；⑬气缸效率数据测试与波形分析；⑭电喷发动机各传感器数据测试与波形分析。

8.1.5 设备特点

有别于解码器和一般发动机单项性能的检测仪，DLFJ-2000B 发动机综合性能检测仪具有以下特点：

1. 动态的测试功能

检测仪的传感系统和信号采集与记忆功能能迅速、准确地捕获发动机运转中各瞬变参数的时间函数曲线，这些动态参数是对发动机工作性能和技术状况进行有效判断的科学依据。

2. 通用性

检测仪的测试、分析过程不依据被检车辆发动机的数据卡（即测试软件），只针对发动机基本结构和各系统的形式和工作原理进行测试，因此检测结果具有良好的普遍性，检测方法也具有最广泛的通用性。

3. 主动性

检测仪不仅能适时采集发动机的动态参数，还能主动地发出指令干预发动机工作，以完成某些特定的试验程序，如断缸试验等。

8.2 发动机综合性能检测

8.2.1 发动机性能相关检测标准

由于汽车发动机综合性能检测仪的功能很强，检测项目众多，下面仅以几种检测项目为例，介绍其检测方法。

1. 发动机功率检测标准

国家标准 GB7258《机动车运行安全技术条件》规定：发动机功率不允许小于标牌（或产品使用说明书）标明的发动机功率的 75%。对于大修竣工的发动机，根据国家标准 GB/T 15746.2《汽车修理质量检测评定标准·发动机大修》附录 B 的规定：发动机最大功率不得低于原设计标定值的 90%。

2. 发动机气缸压缩压力检测标准

对于在用汽车发动机，按照国家标准 GB18565《营运车辆综合性能要求和检验方法》的规定，发动机各气缸压力应小于原设计规定值的 85%；每缸压力与各缸平均压力的差：汽油机应不大于 8%，柴油机应不大于 10%。对于大修竣工发动机，按照国家标准 GB/T 15746.2《汽车修理质量检测评定标准·发动机大修》附录 B 的规定：大修竣工的发动机的气缸压力应符合原设计规定；每缸压力与各缸平均压力的差：汽油机不超过 8%，柴油机不超过 10%。

3. 进气岐管真空度检测标准

根据国家标准 GB/T 15746.2《汽车修理质量检测评定标准·发动机大修》的规定：大修竣工的汽油发动机在怠速时，进气岐管真空度应在 57～70kPa 范围内；进气岐管真空度波动：六缸汽油机不超过 3kPa，四缸汽油机不超过 5kPa（大气压力以海平面为准，真空度需根据当地海拔高度修正，一般海拔每升高 100m，真空度将下降 1kPa 左右）。

8.2.2 检测方法

1. 准备工作

（1）检测仪的准备

①接通电源，打开检测仪总开关，打开微机主机开关和显示器开关，暖机 20min。电源必须可靠接地。②在发动机不工作和点火系关闭的情况下，将信号提取系统连接到被测发动机上。③在测试电喷发动机 ECU 时，仪器必须与发动机共搭铁线，测试人员必须随时与汽车车身接触。

（2）车辆准备

①发动机应预热至正常工作温度。②调整发动机怠速，怠速转速应在规定范围内。③发动机保持运转。

2. 检测流程

①检测仪经预热后，用鼠标左键双击显示器上"检测仪图标"，启动检测仪综合性能检测程序。检测仪主界面如图8.3所示。②检测仪主机将对单片机通信、适配器逐一进行自检。自检通过为绿色，未通过将给予提示。③显示屏出现"用户资料录入"界面。点击"修改"按钮，录入用户资料，然后点击"确定"按钮，显示屏出现检测主副菜单。④在主菜单上，根据测试对象，选择"汽油机""柴油机""电控发动机参数"或

图8.3 综合检测仪主界面

"故障分析"等项目。如果前述步骤中未进行汽车用户资料录入，则选择"参数设定"，点击"修改"按钮，录入汽车用户资料后点击"确定"即可。如需清除以前测试的数据，点击显示器下方的"清除数据"按钮。

3. 检测方法

下面介绍几例发动机相关性能的检测方法。

（1）检测某6缸汽油机的点火提前角

①将一缸信号夹夹在一缸高压线上。②按动上下键或用鼠标，在屏幕上，选择点火提前角功能。③从检测仪挂架上卸下正时灯，对准在曲轴皮带盘或飞轮上的一缸上止点。④按下正时灯电源按钮。旋转正时灯调整电位器，直到旋转件的上止点标志对准壳体上的上止点标志为止。⑤显示器上的指针和数字将显示出点火提前角数值。按F2数据存储热键，可将有效数据保存。按F6图形打印热键，可将当前屏幕显示图打印。⑥检测完毕后，按F1热键，可返回上级菜单。

（2）无负荷测功（柴油机）

①在主菜单中（图8.3）单击"柴油机"，在柴油机下级菜单中选择"无负荷测功"，进入无负荷测功界面。

②设定起始转速 n_1 和终止转速 n_2。

③键入当量转动惯量。

④单击检测按钮，界面将出现5s倒计时。

⑤当倒计时为"0"，迅速踩下加速踏板，至发动机转速超过 n_2 时抬起加速踏板。

⑥读取发动机的加速时间和最大平均加速功率。

⑦单击"保存数据"和"打印报表"按钮，对数据进行保存和打印，无负荷测功结束。单击"显示菜单"，返回主菜单。

8.2.3 检测结果分析

1. 无负荷测功结果分析

如果发动机功率偏低，一般系燃料系技术状态不佳、点火系技术状况不佳或气缸密封性不佳等原因造成，应进一步深入诊断，找出具体原因，进行调整或维修。

2. 气缸压力检测结果分析

（1）气缸压力的测量结果如果高于原设计值

并不一定表明气缸密封性好，要结合使用和维修情况进行分析。造成的原因可能有燃烧室内积碳过多、气缸衬垫过薄或缸体与缸盖结合平面经多次修理加工过甚造成。

（2）气缸压力的测量结果如果低于原设计值

说明气缸密封性降低，可向该缸火花塞或喷油器孔内注入少量机油，再次检测并记录。

①若第二次测量结果比第一次高，接近标准气压。表明气缸、活塞环、活塞磨损过大或活塞环对口、卡死、断裂及缸壁拉伤等原因造成了气缸不密封。

②若第二次测量结果与第一次略同，仍比标准气压低，表明进排气门或气缸衬垫不密封。

③若两次测量结果均表明某相邻两缸压力都相当低，说明两缸相邻处的气缸衬垫烧损窜气。

3. 进气岐管真空度结果分析

诊断时，将发动机进气岐管各缸真空度的检测波形进行对照比较，若各缸进气过程所造成的进气岐管负压基本一致，且与标准波形相同，说明该发动机进气系统和气缸活塞组技术状况相同；若个别气缸波形异常，则说明进气系统和气缸活塞组存在故障。

进气岐管真空度检测，可以分析、判断气缸密封性和诊断相关几件故障的作用，但有时也不能指出故障的确切位置。如：某缸进气岐管真空度低，不能确定是气门还是气缸活塞组问题，还需结合气缸漏气量（率）检测去确诊。

复习思考题

1. 简述发动机综合性能检测仪的组成？
2. 简述汽车发动机综合性能检测方法？

附录 A

（规范性附录）
检测项目、技术参数能力

A.1 车辆唯一性确认能力应满足表 A.1 规定。

A.1 车辆唯一性确认能力

序号	项目	确认方式	计算机控制管理方式
1	车牌号码/颜色/车主（单位）		
2	整备质量或座位数		
3	车型类别/整车外廓尺寸		
4	厂牌型号和出厂编号（或 VIN 代码）		
5	车架号码/悬架型式		
6	发动机型式/号码	人工检验	人工录入检验结果
7	驱动型式		
8	燃油类别		
9	车身颜色		
10	制动型式		
11	车辆轴数		
12	前照灯制式		

A.2 整车装备完整有效性基本检验能力应满足表 A.2 规定。

表 A.2 整车装备完整有效性基本检验能力

序号	项目或参数	检验方式	仪器设备及主要技术要求				计算机控制管理方式
			名称	测量范围	分辨力	准确度等级或允许误差	
1	车容、漆面						
2	后、侧、下视镜						

239

续表

序号	项目或参数	检验方式	仪器设备及主要技术要求				计算机控制管理方式
			名称	测量范围	分辨力	准确度等级或允许误差	
3	车门、行李舱门、车窗及门窗玻璃	人工使用量具实施测量与检验	—	—	—	—	人工录入测量与检验结果
4	车门手把、车门锁、行李舱锁						
5	安全门、安全窗、安全带、灭火器						
6	刮水器/洗涤器						
7	灯光、仪表、信号装置及控制						
8	车内地板						
9	车身外缘对称部位左右差		钢卷尺（铅锤）	0~5000 mm	1mm	3等或±0.15mm	
10	车身对称部位高度差						
11	左右轴距差			0~20000mm			
12	挡泥板		—	—	—	—	
13	轮胎气压		轮胎压力表	0~1000kPa	10kPa	2.5级或±2%	
14	备胎		—	—	—	—	
15	轮胎规格及胎冠花纹深度		轮胎花纹深度尺	0~15mm	0.1mm	2等或±0.02mm	
16	牵引车与挂车联接机构		—	—	—	—	
17	可见螺栓、管、线紧固						
18	漏油、漏水、漏气、漏电						
19	离合器操纵装置自由行程		钢直尺	0~500 mm	1mm	3等或±0.15mm	
20	行车制动系统操纵装置自由行程						
21	应急制动系统操纵装置自由行程						
22	驻车制动系统操纵装置自由行程						

A.3 发动机技术性能检测能力应满足表 A.3 规定。

表 A.3 发动机技术性能检测能力

序号	项目或参数	检测方式	仪器设备及主要技术要求				计算机控制管理方式
			名 称	测量范围	分辨力	准确度等级或允许误差	
1	起动、燃料供给、润滑、冷却、排气系统机件齐全及功能	人工检验	—	—	—	—	人工录入
2	柴油机停机装置及功能						
3	发动机功率	仪器有线连接、规定工况采样、数据自动处理、记忆、输出	发动机综合性能检测仪	应符合 JT/T 503 和 JJG（交通）013 的规定			受　控
4	最低稳定转速						
5	最高转速						
6	单缸转速降						
7	相对气缸压力						
8	点火提前角						
9	触点闭合角						
10	分电器重叠角						
11	供（喷）油提前角						
12	火花塞点火电压						
13	起动电流						
14	起动电压						
15	电喷系　a) 电压　b) 电阻　c) 脉冲频率　d) 脉宽						
16	气缸压力	人工检验	气缸压力表	0～50 Mpa	10kPa	1 级或 ±2%	人工录入
17	机油污染指数		润滑油质分析仪	0～10	0.01%	±0.1%	

A.4 使用可靠性基本检验能力应满足表 A.4 规定。

表 A.4 使用可靠性基本检验能力

序号	项目或参数	检测方式	仪器设备及主要技术要求				计算机控制管理方式
			名称	测量范围	分辨力	准确度等级或允许误差	
1	发动机异响 a) 敲缸 b) 活塞销 c) 连杆轴瓦 d) 曲轴轴瓦 e) 气门敲击 f) 其它	人工检验	——	——	——	——	人 工 录 入
2	底盘异响 a) 离合器 b) 变速器 c) 传动轴 d) 主减速器		——	——	——	——	
3	总成紧固螺栓、铆钉 a) 发动机（附离合器）紧固 b) 底盘传动系紧固 c) 转向装置紧固 d) 悬挂装置紧固 e) 制动器（系）紧固 f) 轮胎螺栓（母）、半轴螺栓（母）紧固 g) 备胎紧固 h) 车轴 U 型螺栓（母）紧固 i) 油箱螺栓（母）紧固	人工辅以扭力板手及专用手锤检验	——	——	——	——	
4	主要部件间隙 a) 车轮轮毂 b) 传动轴万向节 c) 传动轴过桥轴承 d) 传动轴滑动槽 e) 转向横直拉杆球头 f) 转向节主销 g) 钢板弹簧衬套（销） h) 减振器杆件衬套（销） i) 传动轴跳动量	人工辅以地沟和专用设备检验	底盘间隙观察仪（注：可选配）	支撑板平分线 4 个垂直方向位移量分别 20～50 mm	——	——	

续表

序号	项目或参数	检测方式	仪器设备及主要技术要求				计算机控制管理方式
			名称	测量范围	分辨力	准确度等级或允许误差	
5	重要部位缺陷 a）承载轴（桥）裂纹 b）转向系杆件（臂）裂纹 c）悬架弹性组件裂纹及位移 d）车架裂纹 e）制动管路磨损、老化、龟裂	人工辅以专用手锤检验	—	—	—	—	人工录入

A.5 动力性检测能力应满足表 A.5 规定。

表 A.5 动力性检测能力

序号	项目或参数	检测方式	仪器设备及主要技术要求				计算机控制管理方式
			名称	测量范围	分辨力	准确度等级或允许误差	
1	校正驱动轮输出功率	台架程序测试	汽车底盘测功机	应符合 JT/T 445 和 JJG 653 的规定			受控
		人工采集测试现场环境要素	大气压力表	80～170 kPa	0.1kPa	应符合气象测试仪表要求	人工录入气象要素，工位计算机自动换算校正系数
			温度计	−50～+100℃	1℃		
			湿度计	0～100%	2%		
2	整车外特性曲线	自动跟踪采样					受控
3	加速性能	台架程序测试	汽车底盘测功机	应符合 JT/T 445 和 JJG 653 的规定			
4	加速性能曲线	自动跟踪采样					

A.6 燃料经济性检测能力应满足表 A.6 规定。

表 A.6 燃料经济性检测能力

序号	项目或参数	检测方式	仪器设备及主要技术要求				计算机控制管理方式
			名称	测量范围	分辨力	准确度等级或允许误差	
1	等速百公里燃料消耗量	台架程控测试或道路试验	汽车底盘测功机	应符合 JT/T 445 和 JJG 653 的规定			受控
			油耗计	应符合 JJG（交通）009 的规定			
			非接触式速度计或五轮仪（注：可选配）	应符合 JJG（汽车）02 的规定			仪器自行采集、处理、记忆、存贮数据

A.7 整车滑行性能检测能力应满足表 A.7 规定。

表 A.7 整车滑行性能检测能力

序号	项目或参数	检测方式	仪器设备及主要技术要求				计算机控制管理方式
			名称	测量范围	分辨力	准确度等级或允许误差	
1	滑行距离	台架程控测试或路试	汽车底盘测功机（注：宜选配惯量模拟装置）	应符合 JT/T 445 和 JJG 653 的规定			受控或人工录入
2	滑行时间						
3	滑行阻力	道路试验	拉力计	0 ~ 10kN	10N	2 级或 ±2%	人工录入

A.8 噪声控制检测能力应满足表 A.8 规定。

表 A.8 噪声控制检测能力

序号	项目或参数	检测方式	仪器设备及主要技术要求				计算机控制管理方式
			名称	测量范围	分辨力	准确度等级或允许误差	
1	车辆定置噪声	场地检测或道路试验	声级计	应符合 JJG 188 的规定			人工录入
2	客车车内噪声						
3	驾驶员耳旁噪声						
4	喇叭声级	仪器程控测试					受控

A.9 车速表、里程表核准检测能力应满足表 A.9 规定。

表 A.9 车速表、里程表核准检测能力

序号	项目或参数	检测方式	仪器设备及主要技术要求				计算机控制管理方式
			名 称	测量范围	分辨力	准确度等级或允许误差	
1	车速表示值误差	台架程控测试	汽车车速表检验台	应符合 GB/T 13563 和 JJG 909 的规定			受 控
2	里程表示值误差		汽车底盘测功机	应符合 JT/T 445 和 JJG 653 的规定			受 控

A.10 制动性能检测能力应满足表 A.10 规定。

表 A.10 制动性能检测能力

序号	项目或参数	检测方式	仪器设备及主要技术要求				计算机控制管理方式
			名 称	测量范围	分辨力	准确度等级或允许误差	
1	轴（轮）重量	台架程控测试	轴（轮）重仪	应符合 JJG 907 的规定			受 控
2	整备质量变化率						
3	制动力		滚筒反力式制动检验台或平板式制动检验台	滚筒式应符合 GB/T 13564 和 JJG 906 的规定 平板式应符合 GB/T 11798.9 的规定			
4	a）前轴制动力因数 b）整车制动力因数						
5	制动力平衡因数						
6	车轮阻滞力因数						
7	驻车制动力						
8	制动协调时间						
9	制动力特性曲线	自动跟踪扫描					
10	轮产生最大制动力时的踏板力	监控	制动踏板力计	应符合 JJG（交通）008 的规定			受控或人工录入
11	产生最大驻车制动力时的操纵力		驻车制动操纵力计	0～1kN	5N	±3.0%	

续表

序号	项目或参数	检测方式	仪器设备及主要技术要求				计算机控制管理方式
			名称	测量范围	分辨力	准确度等级或允许误差	
12	驻车制动	道路试验	标准坡道	20%和15%，坡道长度与被检车型相适应。			人工录入
13	制动距离		非接触式速度计或五轮仪	应符合 JJG（汽车）02 的规定			
14	制动减速度		制动性能测试仪或非接触式速度计	时间：0～10s	0.01s	±1%	
				减速度：0～9.8m/s²	0.01m/s²	2% ±0.05m/s²	
15	制动跑偏量		标准试车道路	应符合 GB 7258 的规定			
16	ABS 防抱制动性能	台架程控测试或道路测试	ABS 防抱制动检验台（注：可选配）	应符合 JT/T 510 的规定			受控

A.11 转向操纵性检测能力应满足表 A.11 规定。

表 A.11 转向操纵性检测能力

序号	项目或参数	检测方式	仪器设备及主要技术要求				计算机控制管理方式
			名称	测量范围	分辨力	准确度等级或允许误差	
1	转向自动回正能力	道路试验	人工检验	——	——	——	人工录入
2	转向盘自由转动量	人工辅以仪器测试	转向盘转向力—角仪	应符合 JJG（交通）007 的规定			人工录入或受控
3	转向盘操纵力						
4	转向轮最大转角		转向轮转角仪	左右各50°	0.1°	±1°	
5	转向轮侧滑量		侧滑检验台	应符合 JT/T 507 和 JJG 908 的规定			

续表

序号	项目或参数	检测方式	仪器设备及主要技术要求				计算机控制管理方式
			名称	测量范围	分辨力	准确度等级或允许误差	
6	车轮定位 a）转向轮前束值/张角 b）转向轮外倾角 c）转向轮主销内倾角 d）转向轮主销后倾角 e）后轮外倾角 f）后轮前束值/前张角 g）推进角 h）车轮轮距 i）转向20°的张角	人工辅助作业	前轮定位仪或四轮定位仪 （注：均可选配）	前轮定位仪应符合 JT/T 504 的规定 四轮定位仪应符合 JT/T 505 的规定			人工录入或受控

A. 12 前照灯性能检测能力应满足表 A. 12 规定。

表 A. 12 前照灯性能检测能力

序号	项目或参数	检测方式	仪器设备及主要技术要求				计算机控制管理方式
			名称	测量范围	分辨力	准确度等级或允许误差	
1	基准中心高度	程控测试	前照灯检测仪	应符合 JT/T 508 和 JJG 745 的规定			受控
2	远光光强						
3	远光光束中心垂直方向上、下偏角（或偏距）						
4	远光光束中心水平方向左、右偏角（或偏距）						
5	近光光束中心垂直方向上、下偏角（或偏距）						
6	近光光束中心水平方向左、右偏角（或偏距）						

A.13 排气污染物检测能力应满足表 A.13 规定。

表 A.13 排气污染物检测能力

序号	项目或参数	检测方式	仪器设备及主要技术要求				计算机控制管理方式
			名 称	测量范围	分辨力	准确度等级或允许误差	
1	点燃式发动机 a）怠速工况法 CO HC b）双怠速工况法 CO HC	仪器程控测试	排气分析仪（注：宜带有发动机转速显示功能）			应符合 JT/T 386 和 JJG 688 的规定	受 控
	c）加速模拟工况法 CO HC NO	仪器、设备程控测试	汽车底盘测功机排气分析仪			应符合 GB 18285 的规定	
2	压燃式发动机 a）烟度	仪器程控测试	滤纸式烟度计			应符合 JJG 847 的规定	
	b）光吸收系数		不透光烟度计			应符合 JT/T 506 和 JJG 976 的规定	

A.14 悬架特性检测能力应满足表 14 规定。

表 A.14 悬架特性检测能力

序号	项目或参数	检测方式	仪器设备及主要技术要求				计算机控制管理方式
			名 称	测量范围	分辨力	准确度等级或允许误差	
1	吸收率	台架程控测试	悬架装置检测台			应符合 JT/T 448 的规定	受 控
2	左右轮吸收率差						
3	悬架特性曲线						
4	悬架效率						
5	左右轮悬架效率差						

A. 15 客车防雨密封性检测能力应满足表 A. 15 规定。

表 A. 15 客车防雨密封性检测能力

项目或参数	检测方式	设备名称	仪器设备及主要技术要求	计算机控制管理方式
客车防雨密封性	人工辅以装置测试	喷淋装置（注：可选配）	应符合 GB/T 12480 的规定	人工检验并录入结果

参考文献

［1］张建俊编．汽车检测技术［M］．北京：高等教育出版社，2008
［2］张建俊编．汽车诊断与检测技术［M］．北京：人民交通出版社，2003
［3］陈焕江编．汽车检测与诊断（上）［M］．北京：机械工业出版社，2009
［4］鲁植熊编．汽车运用工程［M］．南京：东南大学出版社，2008
［5］余志生编．汽车理论［M］．北京：机械工业出版社，2007
［6］高延龄编．汽车运用工程［M］．北京：人民交通出版社，2007
［7］黄会奇编．汽车使用性能与检测［M］．北京：电子出版社，2003